김수현 드라마 전집

김수현 드라마 전집

04

청춘의 덫 2

솔

1. 대사 문장에는 띄어쓰기 원칙을 적용하지 않았다.

가장 먼저, 김수현 극본의 대사에는 마치 악보처럼 리듬이 존재한다는 것을 알면 이해가 한층 쉬워진다. 대사의 리듬과 더불어 대사의 타이밍, 대사의 전환점, 호흡의 완급, 감정선의 절제 또는 연장 등이 대본 자체에서 표현되고 있다. 따라서 문법적 원칙보다 대사의 리듬, 장단이 우선하는 이유로 띄어쓰기 원칙은 간혹 무시되고 있으며 이러한 작가의 의도를 손상시키지 않기 위해 띄어쓰기 문법을 적용시키지 않고 원본 그대로 실었다.

2. 대사에는 맞춤법을 적용하지 않은 경우가 적지 않다.

김수현 극작품의 대사는 구어체에 가까운 것으로 한글, 곧 '소리 나는 대로 읽기-쓰기'에 충실하다. 사투리가 대사에 적용될 때, 캐릭터의 어투나 억양을 강조하기 위한 수단으로 쓰일 때에도 그러하다. 곧 모든 대사의 바탕은 실제 생활 속 일상 언어의 발성이며, 때문에 공식적인 맞춤법이 적용되지 않은 경우가 많다. 외래어 또한 대부분 표기법을 적용해 사용하지 않았고, 문장부호의 사용 또한 일부 맞춤법을 적용하지 않았다.

> 예) "가께 오빠"("갈게 오빠") "늘구지 마세요 선생님"("늘리지 마세요 선생님") "택시 타구 갈게요"("택시 타고 갈게요") "어뜩해. 들으셨어요?"("어떡해. 들으셨어요?") "잔소리 피할려 그러지."("잔소리 피하려 그러지.") "친구 잘못 사겨 착한 내 아들 버렸다는 거랑 같아"("친구 잘못 사귀어 착한 내 아들…") "납쁜 자식"("나쁜 자식") "이제 여덜시야"("이제 여덟 시야") "키이"("키key")

마침표(.)를 넣지 않은 대사 문장에 대해
마침표의 유무에 따라 호흡과 말투, 대사와 대사와의 연결, 뉘앙스에서 차이가 있음을 지시하는 것으로 원본 그대로 실었다.

3. 의성어 및 의태어의 사용은 김수현 작가만의 언어를 반영하여 최대한 수정하지 않은 원문을 싣거나, 부분 삭제하였다.

예) '식닥식닥'(화나거나 흥분해 가만히 있지 못 하고 숨을 헐떡거리는 상태), '채뜰 듯'(낚아채서 빠르게 들어 올리는 모양)

4. 작품에 쓰인 용어의 설명은 다음과 같다.

S#: S: Scene의 약자. / #: Number를 의미하는 기호.

E: Effect의 약자.
E는 여러 쓰임새가 있다. 이번 전집에서는 대체로 다음 두 가지로 쓰인다.
　① 화면상에서 A의 얼굴 위로 B의 목소리를 나오게 할 때
　② 특별한 음향효과를 지시할 때
　이번 전집에서는 ①에서처럼 화면 연출상의 기법을 위한 경우로 쓰일 경우에는 전후 문맥상 반드시 필요한 경우를 제외하고 부분 생략하였다. 그러나 ②에서처럼 전화벨이나 음향효과를 위한 장면에서는 원문 그대로 E라고 표기하였다.

예) E 전화벨 울리고 있고 / E 볼륨 줄여놓은 피아노 연주곡.

F: Filter의 약자.
이것은 예를 들면 A와 B가 통화를 할 때, A가 화면에 나와 있는 상태에서 B의 전화 목소리를 들려줘야 하는 경우, 상대방의 목소리를 전화 저편에서 말하는 것처럼 들리게 하는 음향적 효과를 지시하는 부호이다.

오버랩: Overlap.
앞의 장면과 뒤에 연결되는 장면이 겹쳐지며 다음 화면으로 넘어가게 할 때 쓰는 부호이다. 대본에서의 오버랩은 앞 사람의 대사가 끝나기 전에 다음 사람의 대사를 겹쳐서 말하게 할 때 주로 쓰이고 있다.

인서트: Insert.
일련의 화면에 글자나 필름을 삽입하는 것을 뜻한다. 이 대본에서는 대부분의 경우 이 지시 사항은 생략되었고, 건물의 외경이나 풍경 등의 씬을 삽입할 때 주로 쓰였다.

디졸브: Dissolve.
한 화면의 밀도가 점점 감소되어 사라짐과 동시에 점차 다른 화면의 밀도가 높아져 나타나는 장면 전환 기법 중 하나. 대본에서의 디졸브는 시간이나 장소의 변화를 보여주기 위해 사용되었다.

페이드 인: Fade in.
영상이 검정색 상태에서 다음 이미지가 점차 선명하게 나타나는 장면 전환 효과를 말하는 것으로 대본에서는 'F.I'로 표기했다.

페이드 아웃: Fade out.
화면이 어두워져 완전히 꺼지는 상태. 장면의 전환, 또는 시간을 건너뛸 때 주로 쓰인다. 대본에서는 'F.O'로 표기했다.

스니크 인: Sneak in.
해설이나 대사 등이 진행되고 있는 사이에 음악이나 효과음을 서서히 삽입시키면서 점점 확대해가는 오디오 연출 용어이다.

5. 기호와 지시문에 대한 설명은 다음과 같다.

/ : 대사 속의 / 부호와 지문 속의 / 부호가 있다.

① 대사 속의 / 부호

대사 도중에 나오는 / 부호는 말투, 억양을 바꿀 때, 텀term 혹은 호흡을 지시 할 때 쓰인다. 그 길이는 길 수도, 짧을 수도 있으며 바로 전 대사의 호흡을 끊고 바로 다음 대사로 빠르게 연결해야 할 때도 쓰인다.

예) **수정**   (일어나 아들 앞으로 가 서며)너 어떻게/어디 아파? 돌았어?

② 지문 속의 / 부호

연출할 화면을 나열, 혹은 순서대로 지시하는 부호이다.

예) **서연**   ???(허둥지둥 다른 손으로 무릎에 놓은 가방 휘저으며 전화 찾는/도저히 전화가 손에 안 잡힌다/브러시질 멈추고 아예 가방 내용물을 무릎에 몽땅 쏟아버린다/지갑 수첩 필통 손수건 콤팩트 립스틱 선글라스 두통약병 등등/그러나 전화는 없다/설마 하는 얼굴로 내용물들 다시 손으로 움직이며 체크/역시 없다)

③ 지문과 대사 속의 //

/ 부호를 겹쳐 사용한 것은 대사와 지문 모두 호흡을 위해 그대로 표기하였다. 행동이나 대사를 완전히 끊고 마무리할 때 사용되었다.

예) 지문: (대화 시작되고 유창하게 응답하는 이모//매일 전화로 학습시키는 영어 회화)

대사: ⋯⋯그럼 // 충격받을 준비해.

( ): 배우의 연기에 대한 지시 사항.

[ ]: 작중 정황을 지시하는 지문.
설정, 행동, 환경, 동선 등을 지시하는 부호이다.

…: 말줄임표
　　① 대사의 말줄임표: 배우의 대사에서의 감정선에 따른 호흡의 길이를 지시하는 부호.
　　② S#의 말줄임표: 도입되는 장면에 대한 연출의 길이를 조절하라는 뜻이다.
　　③ [ ]의 말줄임표: 해당 장면에 대한 추가 연출이 필요하다는 뜻으로 쓰인다.

(오버랩의 기분): 오버랩처럼 대사가 완전히 겹치지 않고 앞 대사가 마무리될 때쯤 대사를 시작하는 것을 말한다.

　　예) **이여사**　글쎄 기분 나쁜 이유가
　　　영주　　(오버랩의 기분)엄마 내가 말하구 싶지 않은 거 그래서 알아
　　내본 적 있수?

(에서): 장면의 마지막 대사 뒤에 붙여 대사 후 화면이 바로 전환됨을 나타낸다. 간혹 대사 후 바로 화면 전환을 하지 않고 그대로 두어 여운을 줄 때도 사용한다.

　　예) **채린**　어머니 꿈꾸셨어요?(에서)
　　　S# 준모의 침실

6. 배우의 연기나 대사, 작중 정황 등 대본의 서술과 실제 방영된 드라마 방송분이 다를 경우 대본을 우선으로 한다.

| 등장인물 |

주요 인물

서윤희 일진상선 비서실 대리. 동우와 사실혼 관계이다.

강동우 일진상선 미주수출 영업부 대리.

노영주 일진상선 서녀. 동우의 약혼자.

노영국 일진상선 서자. 영주의 오빠.

윤희네 가족

조모 윤희의 외할머니.

이모 윤희의 이모.

지숙 윤희의 사촌동생.

강혜림 윤희와 동우의 딸.

이모부 윤희의 이모부.

동우네 가족

강만수(부친) 동우의 아버지.

모친 동우의 어머니.

강동숙 동우 남매의 막내.

강동철 동우 남매의 넷째.

영주 남매네 가족

노모 영주 남매의 호적상 할머니.

한여사   영주 남매의 호적상 어머니.

이여사   영주 남매의 친어머니.

노태섭   영주 남매의 호적상 작은아버지. 일진상선 회장.

노영은   영주 남매의 막내.

그 외 인물

안수연   윤희의 친구.

인주   윤희의 비서 동료.

배실장   윤희의 비서실 실장.

허기사   영국의 수행기사.

차례

제13회

S# 윤희네 마루(이른 아침)

　　비어 있는 마루.

S# 화장실

윤희　(칫솔질하는)…(칫솔질하다가 문득 멈추고 거울 속의 제 얼굴 뚫어

　　져라 보는)…

S# 동우 아파트 식탁

동우　…(묵묵히 먹고 있는 위에)

모친　E (웅얼거리듯)아무리 그래두‥ 며느리는 며느린데/

모친　(먹으며)얼굴보기가 너머 힘드네에…(동숙 옆에서 먹으며 엄마

　　보고)직장엘 나가는 것두 아니구…그렇게 먼데두 아니구…저 혼자

　　라두

모친　E (먹는 동우 위에)한번 잠깐 다녀가면/‥아버지가 을마나 좋아

　　하실텐데…전화 한통두 안하구 혜림에미하구는 여엉 다르구나.

동우　?(엄마 보는)

모친　얼굴이 어떻게 생겼는지 생각두 안나‥약혼식날 잠깐 보구는

동우 (오버랩의 기분)윤희 얘긴 왜 하세요.

모친 ?..(아들 본다)

동우 걔 얘기 하지 마세요.

모친 …그래 알어어어.

동우 ….(묵묵히 먹는)

동숙 …..(먹으며)

모친 혜림이는 잘 있다니?

동숙 (얼른 동우 보는)

동우 ..(묵묵부답)

모친 저 위해서두 우리가 키우는 게

동숙 (오버랩의 기분)출근하는데/ 기분 상하게 엄만 왜 자꾸 그래요오.

모친 (아들 눈치 잠깐 보고)…알었다..그만하마….(먹다가)애는 혜림
에미가 진국이었지이.

동숙 (오버랩의 기분)엄마(와 동시에)

동우 (수저 탁 놓아버리며 일어선다)

모친 ?(놀라서)아이구 얘 알었어.안하께.안하께에..

S# 윤희 마루

아침 먹기 시작하며

이모 (화면 시작과 동시에)회장님 비서실하구 어때/

윤희 ?

이모 근무하기가 말야.

윤희 (끄덕이며)좋아요.

이모 점잖은 사람야?

윤희 (먹는 지숙 잠깐 보며)으응,괜찮아요.

지숙 ....(모르는 척)

이모 오늘두 늦어?

윤희 ..모르겠어요.

이모 어젠 누구하구 늦었는데.

조모 누구하구 늦었거나..(이모 돌아보고)애 밥 먹어.(말시키지 마)

이모 그러다 술꾼 될까 무섭다.(안 보는 채)타락할까 걱정돼.

지숙 것두 소질야. 아무나 타락해?

이모 술 먹다보면 실수해.(여전히 안 보는 채)술 많이 먹구다니지 마.
　먹구싶으면 집에 와 먹으면 되잖어.

윤희 알았어 이모.

이모 사람 타락하는 거

조모 (오버랩의 기분)어허어어(그만하라는)

이모 ....(엄마 잠깐 보고 그만둔다)

윤희 ....(먹는)

S# 기획실 윤희 공간

윤희 (핸드백 치우고 탕비실로 빠르게 들어가는데)

영국 (들어서며 상쾌하게)굿모닝 아가씨.(목례하는 윤희/곧장 자기 방
　으로 가며)차는 필요없구 잠깐 봅시다.(손에 신문지 둥글고 가늘게 만
　것 하나 들고)

S# 영국 방

영국 (들어오며 테이블 위에 신문 만 것 놓고 양복 상의 벗는다)

윤희 (들어오며 받으려)

영국 아 됐어요.그럴 필요 없어요.(자기가 걸고 소파로 오며)앉아요.
　앉읍시다...(보며)앉아요.

윤희 ....

영국 (윤희 등 뒤로 와 잡아다 어깨 눌러 앉히며)날씨가 기가 막히게 좋
아요.

윤희 ....네.

영국 (자기 자리에 앉으며)지금부터 우리 회의합시다.

윤희 ?

영국 바둑두 하루 이틀 낮잠두 하루 이틀/서대리하구 나/회사에서
하구 있는 짓 좀 우습다구 생각안해요?

윤희 (혼자 좀 웃으며)네.

영국 우습다는거요 아니라는 거요 분명히 대답해요.

윤희 우습습니다.

영국 (오버랩의 기분)그래서/..이렇게 비생산적으루 지낼게 아니라
정신을 좀 차리구 싶은데/(와이셔츠 주머니에서 메모한 접힌 종이—노
트 한 장에 빼곡하게 쓰여진—꺼내 탁자에 밀어놓으며)도서실에 올라
가 이 책들 좀 갖다줘요.

윤희 (영국 잠깐 보고 메모 집어 펴본다)

영국 낮잠을 자더라두 공부하는 척/책권이나 쌓아놓구 자는 게 남
보기에 훨씬 낫잖겠소?

윤희 정말..공부를 좀 하시는 게 어떠세요.

영국 (비쭉하는 기분)유학까지 했소.공부안해두 아는 게 너무 많어
골이 쑤셔요.부탁해요.

윤희 (일어나며)이게 다 있을지 모르겠습니다.

영국 (일어나며)도서실 책임자한테/이십사시간 안에 구해노라구
해요.

16

윤희   알겠습니다(움직이는데)

영국   아 서윤희씨.

윤희   ? 네 상무님.

영국   (일어나 테이블로 가 신문지 안에서 셀로판지에 싼 장미 한 송이 들
         고 와 내밀며)떠난 사람은 빨리 잊는게 상책이요.잊어요. 잊으라는
         의미로 주는 거요.

윤희   ....(보며)

영국   받아요.

윤희   (받으며)고맙습니다 상무

영국   (오버랩의 기분)상무님 소린 빼구요.

윤희   ...

영국   빨리 부탁해요.

윤희   (목례 가볍게 하고 돌아서 나가는데)

영국   외로와하지 말아요,내가 있으니까.

윤희   (잠깐 돌아보면)

영국   (자기 테이블로 가고 있다)

S# 동우 사무실

동우   (컴퓨터 두드리고 있는데/곧장)

      E 전화벨

동우   네 미주수출 영업부

영주   F 나야.지금 막 집 나섰어.니 어머니랑 통화했구/

S# 집 골목을 빠지고 있는 영주 차 안

영주   (전화 중)삼십분에서 사십분이면 도착할 거야.어머니랑 놀다
         가 점심 사드리구 터미날까지 모셔다 드릴테니까 걱정마 너.내가

잘하께.

S# 동우 사무실

동우   그래 고맙다.그렇게 해줘.

영주   F 오늘 꼭 가셔야하니?며칠 더 계시면 안돼?

동우   (오버랩의 기분)안돼.아버지 혼자 계셔.가셔야해.

영주   F 금 동우야.내가 아예

S# 차 안

영주   춘천까지 모셔다 드리구 올까?동숙씨랑 같이 드라이브 삼아
          가서/ 아버님두 뵙구

동우   F (오버랩의 기분)아냐/(약간 당황하는)그럴 거까진 없어

S# 동우 사무실

동우   터미날까지만 부탁해.춘천은 나하구 같이 가자.그러는 게 좋
          아(에서)

S# 기획실 복도

윤희   (책 한 아름 들고 오고)

도서실 여직원   (책 한 아름 들고 따라오고 있다)

S# 회사 로비(인서트)

S# 윤희의 사무실

윤희   (책 보고 있다가 벽시계 본다)

S# 인서트/오후 2시/아주 짧게/

S# 윤희 사무실

윤희   ·····(책 놓고 잠시 생각하다가 영국 방으로 가 노크한다)

S# 영국 사무실

영국   (책 잔뜩 쌓아놓고 /책 보고 있다/골똘하게)

E 다시 노크

영국 ?…(얼른 책 놓고 의자 빙그르 옆으로 돌리며 잠들어 있는 시늉)…

윤희 (들어온다/··보고…영국의 옆으로)··상무님……점심시간이 지났
는데요 상무님……(반응 없자 그냥 자리 떠나는데)

영국 (의자 돌리며)차 한잔 합시다(웬일인지 웃음기 없이 뚝뚝하게)

윤희 ?(돌아본다)….점심 시간이 지났어요.두십니다 상무님.

영국 (그대로)차 줘요.

윤희 알겠습니다.(목례하고 나간다)

영국 ……(생각에 빠지는)……(문득 일어서 창으로 가 선다)….(창밖 내다
보며)…..

S# 윤희 사무실

윤희 (탕비실에서 차 쟁반 들고 나오는)

S# 영국의 방

윤희 (들어와 영국 테이블로/찻잔 놓고 보면)

영국 …..(그대로)

윤희 …날씨가 흐려졌습니다 상무님.

영국 …..(그대로)

윤희 차 드십시오.

영국 (돌아본다)…

윤희 …차 달라구 하셨잖아요.

영국 …..(윤희 주시하는)

윤희 날씨가 흐려졌어요.

영국 귀 안 먹었어요.(하며 찻잔 든다)

윤희 ?….

영국   나가지 왜 그러구 있어요.

윤희   ····(목례하는데)

영국   난 한번 결혼한 경력이 있어요.(하고 마시는)

윤희   ····(알고 있는 사실/보며)

영국   (안 보는 채)알구 있겠지만.

윤희   ··네···

영국   (오버랩의 기분)그 녀석말요,서대리 울게 한 그 녀석/ 지금 어디
       있죠?

윤희   ··여기 있어요.

영국   여기?··(둘러보며)여긴 나밖에 없는데 난 서대리 울게 안했어
       요····서울 안에 있다는 말이겠지.

윤희   ···네.

영국   결혼했나?

윤희   ··약혼했습니다.

영국   (끄덕이다가)이율 알구 싶은데.

윤희   ···싫증났대요.

영국   나하구 비슷한 눔인가보군.서대리는 싫증안났을 테구.그럴
       사람이 아니니까.

윤희   ···네··

영국   부럽군.(창 쪽으로 돌아선다)····

윤희   (보며)·····(돌아서는데)

영국   점심 안 먹었소?

윤희   (되돌아서며)···

영국   (돌아보며)세시에 팀장들 회의 소집해주구 나가 점심 먹어요.

20

윤희　상무님은요.

영국　샌드위치 하나 사다 주겠소?

윤희　…알겠습니다.

영국　(오버랩의 기분)아니 그러지 맙시다.같이 나갑시다.(하며 찻잔 놓고 상의 떼어들고 앞선다)

윤희　?….(보며)

S#　근처 스파게티집

영국　….(묵묵히 먹기만 한다)

윤희　….(먹으면서 간간이 영국 보는)…

영국　…..(먹기만)

윤희　…..(괜히 눈치 보이는)

S#　현관 출입구

동우　(현관문으로 나오려다가 멈추고 본다)

영국　(현관 밖에서 앞서 들어오며 문 잡고 윤희 들어올 때 기다려주는/회전문 쪽이 아닌)

윤희　(들어와 움직이다가 동우 보고 잠깐 멈칫하는데)

동우　(영국에게 목례)

영국　외근 나가는 길야?(윤희 그냥 스치고)

동우　예 그렇습니다.

영국　서대리/(불러 세우고)서대리 본 적 없어?몰라?

동우　회장님 비서실에서

영국　(오버랩의 기분)아는데 왜 모른 척 해.서루 목례라두 나누는 게 좋잖아.

동우　예..(목례)

윤희 (목례)

영국 시간 날 때 내 방에 두 좀 들리구 그래.

동우 알겠습니다.

영국 (손 들어 보이고 윤희 쪽으로)

동우 (뒤에 대고 인사하고 나서 두 사람 뒤 보는)

S# 승강기 앞

　　두 사람 와서 서자/경비/다른 엘리베이터 타게 하려고 와서

경비 상무님 저기/

영국 (오버랩의 기분)아 됐습니다.(마침 문 열리는)감사합니다.(윤희
　　먼저 타라는 액션하고 따라 탄다)

S# 움직이는 승강기 안

영국 저 친구 어때요.

윤희 ?(본다)

영국 영주 약혼자 말요.

윤희 잘··모르겠습니다.

영국 느낌이 어떠냐 말요 내 말은.

윤희 ····(보며)

영국 회사 여사원들끼리 뭐 지껄이는 말 없어요?

윤희 모르겠어요.

영국 남자들한테는 저런 눔 깁 새요.(윤희 돌아보는)열등감 자극하
　　거든.

윤희 ····

영국 지나치게 잘빠졌어 자식.

윤희 ··(에서)

22

S# 터미널 주차장에서 건물로 가는 동우…(생각에 빠져서/길지 않게)

S# 터미널 대합실

동우 (들어오는데)

영주 E 동우야아!

영주 여기야 여기/(손 흔들며)

모친 (동우야 소리에 놀라서 영주 올려다보는)

동우 (다가와 서며)잘 지내셨어요?

모친 (올려다보며)바쁠텐데 뭐하러 나와.(옆에 쇼핑 보따리)

동우 실컨 보셔서 이제 흡족하세요?

모친 (웃고 있는 영주 돌아보며 웃는)그래.한결 마음이 좋아아.

영주 (환하게 웃으며)저두 좋아요 어머니.담엔 꼭 아버님이랑 같이 오세요 네? (에서)

S# 터미널 건물에서 걸어 나오고 있는 두 사람

영주 (나서면서 곧장/얘기의 연결이다)별 거 아냐.아버님 봄 스웨터랑 바지/어머니(동우 팔 끼고 있다)옷 두벌/약국 들러서 아버지한테 좋다는 약 몇가지에/ 어머니 아버지 영양제 좀 사구 그랬어.자꾸 사양하셔서 많이 못 사드렸어.아버님 나 보구싶어하신다는데 주말에 움직이자 우리 응?

동우 …..

영주 너 내말 듣니 안 듣니.

동우 (오버랩의 기분)회사 나오다 오빠 만났어.

영주 그래?

동우 서대리하구 들어오더라.어디갔다 오는 건지.

영주 물어보지 왜?

동우   (힐끗 돌아본다/걸 어떻게 물어봐)

영주   어디갔다 오는 걸까?울엄마 걱정 많든데.

동우   무슨…

영주   여비서랑 사고칠까봐.오빠 여자버릇 별루거든.엄마/오빠 치다꺼리에 학질 뗀 사람야.망신두 여러번 당하구 돈두 상당히 깨졌구.있잖어 왜/지가 멍청하게 굴구는 혼인빙자 간음으루 걸겠다구 물구 늘어지는 케이스.접때 서대리 집에 왔었잖아 왜.너 저녁먹으러 온날.엄마 서대리 불러서 경고했대드라.만에 하나 오빠 접근하더라두 절대루 넘어가지 말라구.

동우   ……

영주   오빠두 문제있지만 엄마두 문제야.여비서한테 그런 말 하믄/그 여비서가 오빨 뭘루 보겠니.졸루 볼 거 아냐.

동우   …

영주   우리 오빠 악명/들은 적 있니?

동우   …

영주   너 뭐해.(멈추며)무슨 생각을 그렇게 하는 거야.

동우   (같이 멈추고)아무 생각두 안해.

영주   뭐 안해.계에속 딴 생각하는 얼굴인데.

동우   (걷기 시작하며)그런 거 없어.(자동차 리모컨 작동시키며)

S# 영국의 방

영국   (희의 중/금융 담당/홍보 담당/기획 담당)남미 해운 시장 형편은 어떻습니까.

기획팀장   영업본부에서 그쪽 경제 및 물동량 현황 통보해 왔는데/수치상으로 채산성에 문제가(에서)

S# 윤희의 방

윤희 (책 보고 있다가 문득 시선이 길다란 유리컵에 꽂아놓은 장미 한 송이에/영국이 아침에 준)…….(컵째 당겨서 냄새 맡으며)…..

S# 어느 호텔 전경(밤)

S# 특실

영국 ….정치인 집 딸이었어요.(안 보는 채 좀 무겁게/글라스 가장자리 손끝으로 천천히 훑으며)…중매였죠…우리 집안 약점에두 불구하구/흠흠 그 집에서는 정치자금줄이 필요했던 거죠.

윤희 ….(보는)

영국 이혼까지 구개월 동안….한번도 그 여잘 안지 않았어요.

윤희 ….(좀 의외고)

영국 (윤희 보며 조금 웃는)나처럼 여자 좋아하는 늠이 말요.모르겠어요 희생양으루 바쳐진 그 여자가….웬일인지 재미가 없었어요.건 어거지루 안되는 일입디다.(술잔 들며 시선 술잔으로)추물은 아니었어요.

영국 E 지금 기억은 잘 안나지만 그냥 여자처럼 생겼었어요

영국 ….(마시고 내리며)자존심과 교양으루 일곱달 참더니/흠흠 여덟달째 오빠되는 사람이 부르드군.가서 늑씬하게 두둘겨 맞었지.

영국 E 이유를 대라.그저 싫다는 거 밖에 대꾸할 말이 없었어요.

영국 난 결혼 안한다구 했었어요.(보며)그런데 하라구 했어요.하래서 했으면 됐잖냐 뭐 그런 거였어요.(쓴웃음)힘쓰는 사람 집안이 총동원해서 들구 일어나니까 거 겁나드군.

영국 E 회사 일은/고비고비 다 막히구 되는 거 없었죠.명예를 추락시키구 자존심을 손상시킨 댓가루…분풀이 다 당한 끝에

영국 꽤 큰 위자료 지불하구 해방됐어요.(훌쩍 잔 비우고 내리며 보며) 발톱 감추구 있을 때와 발톱 내놨을 때 여자…소름끼쳐요.

윤희 학대 안했으면 …안 그랬을 거에요.

영국 (술 따르며 끄덕끄덕)

윤희 과음하시는 거 같아요.

영국 …(시선 들어 보며)아직 멀었어요 걱정 말아요…(좀 기대앉으며) 나는 게름뱅이구 의욕상실이구/방탕했던 과거가 있구 여전히 방탕할 소지두 있으며/이혼경력두 있구 남을 잘 안믿구/ 내장은 꼬였구/(술잔 들며)책임지는 거 싫구… 말하자면 불성실의 표본이요.(시선 들어 보며)어떻게 생각해요.

윤희 자신의 결함을 그렇게 다 알구 있으면…고칠수두 있는 거 아닐까요?

영국 ……(쏘듯이 보며)

윤희 ……(보며)

영국 (술잔 놓으며/시선 그대로인 채)나는 거미줄에 걸렸소……서윤희가 쳐논 거미줄요.

윤희 ……(보며)

영국 웃지 말아요.웃었다간 가차없이 후려갈길테니까 조심해요.

윤희 ……(보며)

영국 (시선 내리며)난 갈긴다면 갈겨요.웃구싶으면 집에가서 혼자 웃으쇼…안 웃는다구 약속해요.

윤희 그러겠습니다.

영국 습니다/김 빼는군.관둬요.

윤희 ……(보며)

영국 (훌쩍 한 모금 마시고 일어서며)갑시다.

윤희 ?…(에서)

S# 호텔 현관 앞

자동차 불러놓고 기다리고 있는 두 사람.

영국 …….

윤희 …….

영국 (윤희 돌아본다)

윤희 …..(그대로)

영국 (윤희 팔 잡아 한쪽으로 끌어당긴다)

윤희 ?…(한 채 끌려가는)

자동차 대기하는 곳에서 좀 떨어진 한적한 곳.

영국 (팔 놓으며)먼지처럼 떠다니며 사는 것에 싫증이 나요.누가 좀 날 붙잡아줬으면 좋겠어.그걸 당신이 해줬으면 좋겠단 거요

영국 E (윤희/? 연결)내말은/…..당신은 분명 바보는 아니니까 요즘 내가 줄곧 당신 언저리 돌구 있는 거 알 거요.

윤희 …..(보며)

영국 요즘 그래요…어느 날 부턴가 그러기 시작했어요….이런 기분은… 처음이요.(정시하며)

윤희 …..(보며)

영국 (픽 웃으며)이 대목에서 웃어야하는데 안 웃는군.이런 기분 처음이야.너무 많이 들은 소리 아뇨?그래서 다른 말 찾았어요.그런데 없더라구.머리 속이 근질거리지만 별수 없소.(하는데)

허 (신나게 두 사람 앞으로 차 댄다)

영국 (힐끗 보고)저 자식/눈치가 백치야.탑시다.(윤희 어깨에 팔 가볍

게 두르듯)

S# 달리는 자동차 안

윤희   ······

영국   ······

S# 슈퍼 앞에 대어지는 자동차

허   (잽싸게 내려 윤희 차 문 열고)

윤희   (내린다)

영국   (같이 내리고)

윤희   안녕히 가세요 상무님.

영국   ····(그냥 보고)

윤희   (허기사에게 웃어 보이며)가세요.

허   (윤희에게 꿈벅)

윤희   (돌아서 가기 시작)····

영국   (잠시 보다가 따라가기 시작)···

윤희   (발소리에 돌아보는)

S# 나란히 걷는 두 사람

영국   ····한 마디 쯤 해요 남의 얘기 그렇게 많이 들었으면.

윤희   ······

영국   서윤희씨.

윤희   (멈추며)뭘 ···원하세요.

영국   ······(멈추고 보며)

윤희   원하는 걸 알구 싶어요.

영국   ····(보며)

윤희   상무님 그러시는 뜻 ···잘 모르겠

영국　(오버랩의 기분)좀 사귀어보자는 얘기 아니에요.그런 건 안하구 싶어요.나두 지치구 이제 피곤합니다.(좀 화난듯)

윤희　……(보며)

영국　우리 집에 들어와 내 마누라 노릇 좀 해주슈.욧점은 그거요.

윤희　(무슨 말인가 하려고)

영국　(오버랩의 기분)당신은 성실한 사람이니까 일단 결혼만 하면 과거와 상관없이 잘 해낼 거요.그건 믿어요.

윤희　(또 무슨 말인가 하려는데)

영국　(오버랩의 기분)그리구…느닷없다 생각말아요.서윤희씨 지켜본게 육년이요.너무 단정하구 고아서…지저분한 놈 가까이 안갔었구…그 동안 애껴뒀다 생각하면 좋겠소.

S#　골목 끝 동우 시각에서 보이는 마주 선 두 사람(상당한 거리)

동우　……(보고 있는)……

S#　영국과 윤희

영국　(자조적으로)손해날 건 없을 거야.살다 따분해지면 그냥 헤어지자군 안해.벌이루 쳐두 밑질 건 없을 거요.

윤희　전 그런 결혼은 안합니다 상무님(하고 돌아서는데)

영국　(잡는다)

윤희　……(본다)

영국　당신이 날 맡아준다면…나두 뭔가 일을 좀 할 수 있을 것 같소.

윤희　……(보며)

영국　대답은 지금 안해두 돼요……

윤희　……(보며)

영국　편히 쉬어요 그럼.

윤희 ‥‥(보며)

영국 ‥‥(뒷걸음 두어 걸음/손 들어 보이고 가는)‥‥

윤희 (잠시 보다가 제 갈 길로 걸으며)‥‥‥(골똘히 생각하는)‥‥‥

S# 골목/동우의 시각에서/오고 있는 윤희

동우 (윤희 쪽으로 저벅저벅)‥‥

윤희 ‥‥‥(앞에 와 서는 동우/멈추고 본다)‥‥

동우 (잠깐 시선 내렸다가 들며 부드럽게)왜 이렇게 늦게 다녀.

윤희 ‥‥무슨 상관이야.

동우 잠깐 좀 나가자.

윤희 ‥왜.

동우 해줄 얘기가 있어.

윤희 나한테?…뭔데.여기서 해.

동우 ‥‥(보다가)차 한잔두 못마시니?

윤희 여기서 해.‥‥할말 있으면.

동우 (시선 내려 바닥 보며)…(잠시 있다가 윤희 보며)노상무 조심해.

윤희 ‥‥‥(보며)

동우 영주 그러는데‥(잠깐 시선 피하면서)버릇이 나쁘대.

윤희 (좀 쓴웃음)내 걱정 돼 그러는 거야?

동우 사모님 경고두 받았다면서 왜 같이 다녀.

윤희 왜 신경 써?내가 무슨 말 할까봐?

동우 (오버랩의 기분)너 피해볼까봐 그래.(좀 화난 듯)

윤희 언제부터 내 걱정 그렇게 해줬어?

동우 너 쑥맥이잖어!여자 후리는 전문이래.당하구 나서 후회해봤
     자 소용없어.너두 정상이 아니잖아 현재.

30

윤희　우스워.고양이 쥐 생각한다 그러지.지금 그래.

동우　비상식적이잖아.여비서와 상사/ 밤늦게 한 차 타구 집근처 와 내리는거.(화나서)

윤희　그게 무슨 상관이냐구.

동우　(오버랩의 기분)똑바른 놈하구 데이트 하란 말야.신세 망치구 싶어?

윤희　이 이상 더 망칠 신세가 어딨어.참견하지 마.내가 누굴 만나구 누구와 데이트하든 무슨 권리루 참견해?정말 웃긴다(하고는 또박 또박 걷는)

동우　….(보다가 윤희 쪽으로 빠르게 와 팔 잡아 세우며)혜림이 잘못되구 얼마나 됐다구 이래 너….나 보라구 이러는 거야?

윤희　….(보며)

동우　정신차려.노상무는 아냐. 희롱만 당한단 말야.

윤희　(오버랩의 기분)강 대리.

동우　?…

윤희　솔직하시죠.내 걱정으루 꾸민 자기 걱정인 거 나 알아요.그만하세요.

동우　(오버랩의 기분/터지듯)내 걱정같은 거 안해!너 아무 짓 못해!

윤희　(오버랩의 기분)그럴까요?

동우　(오버랩의 기분)아무 짓 못할 위인인 거 내가 알아!

윤희　(오버랩의 기분)그럴까?

동우　(오버랩의 기분)노상무한테 넘어가지 마!자포자기 하지 말란 말야!널 위해서야!

윤희　(오버랩의 기분)자포자기라구 누가 그래.왜 맘대루 생각해?착각하지 마.난 질겨.자포자기 같은 거 안해.

동우 ....(보며)

윤희 별참견 다하네 정말.(하고 제 갈 길로).....

동우 ....(보다가 옆으로 고개 돌리는)......

윤희 (씩씩하게 걷는)

동우 .....(윤희 쪽 보는)

S# 동우 시각에서 멀어져가는 윤희

동우 ....(그저 보고 있는)

S# 윤희 마루

윤희 (들어오며)다녀왔습니다.(걸음걸이에 비해서는 별로 씩씩하지 않은)

지숙 (안방에서 나오며)할머니때매 속상해 죽겠어.(중얼거리는 것처럼)

윤희 ?..왜.

지숙 하루 종일 우셔.(하며 윤희 방으로)

윤희 ....(있다가 안방으로)

S# 안방

윤희 (들어오며 보면)

조모 (소주잔 들이키고 딸에게 소주잔 내미는데 지이이이 흐르고 있는 눈물)

이모 (소주잔 받아놓고 휴지 뽑아 눈물 닦아주며)그만 좀 하슈,이제 그
만 좀 해.

조모 (휴지 받아 코 푼다/패애앵/패애앵)

윤희 (조모 옆에 앉으며 가만히 할머니 어깨 만지는)

조모 (윤희 쓸어 담듯 안으며)크으으윽,큭 큭큭....

윤희 .....(안긴 채 안으며).....

조모 못살겠다아아....눈에 밟혀 못살 것어어어어..

윤희 할머니.

조모 이 구석에서 톡 튀어나올거 같구우우우우 저구석에서 톡 튀
어나올거 같구우우우‥응응‥‥허망하구 허전해서 내가‥‥살 수가 없
어어어어‥‥응응응

윤희 할머니이이‥(울음 터뜨리는)

조모 응응응응응응 응응응응응‥

이모 ‥‥(보다가)엄마‥‥엄마아(달래려는/지숙 뿌우한 채 들어온다)

조모 이 구석에서 톡 튀어나올 거 같구우우우 저 구석에서 톡 튀어
나올거 같구우우우‥

이모 아이구 차암.

조모 할무니할무니 잉잉‥ 방울같은 소리 서언한데에 응응‥

윤희 할머니이이이 (하며 통곡이 터지고)

조모 (함께 마음 놓고 통곡이 터진다)‥‥‥

지숙 (픽 주저앉으며)엉엉엉엉엉(같이 터지는)

이모 ‥‥(한동안 뒀다가)아이구 초상 또 난줄 알겠어.그만 해요오
(자기도 울음 터지며)

조모 (울음 줄이면서 /한 손으로 얼굴 덮고)

윤희 (껴안고 우는)‥‥

조모 (눈 가린 채)어이구우후후후 불쌍하구 가련한 거 잉잉‥‥호적
에두 못올라가보구‥‥세상에 나왔던 흔적 한 줄 없이 잉잉‥‥내강아
지/‥그 어린 게 뭐가 뭔지두 모르구 구천을 헤매구 있을 걸 생각을
하면 내가 잉잉잉잉잉

이모 밤 새슈 밤새‥‥밤 새라구/어이구우우우 돌겠다 그냥 내가(목
꽉 메어서 나간다)

S# 마루

이모 (나와서 마루에 퍼질러 앉으며 휴지 뽑아 눈물 닦으며)베락맞을 놈.(작게 중얼거리는)어이 나쁜 놈....

지숙 (나와 옆에 앉으며)뭐하러 술은 드시게 해애.(작은 소리로 원망)

이모 한번두 제대루 못 우셨어.괜찮어.울음 채여있으면 병돼.

지숙 웬일루 잘 참으시나 했어.

이모 참는다구 참어져?후우우우(한숨 토해내며)노인네 골병들어 오래 못사시겠다아.

지숙 그러구보니 증말..호적에두 한번 못올라가 봤네...

이모 ....(눈물 찍어내며)

지숙 너무 불쌍해애...(눈물 툭툭툭)...

윤희 (나오면서)이모 들어가보세요.(하고 제 방으로)

S# 윤희의 방

윤희 (들어와서 핸드백 든 채 주저앉는).....(눈물 범벅)

지숙 (들어와 서서 본다)....

윤희 .....

지숙 옷 벗어.걸어주께.(장으로 가 잠옷 꺼내주며)

윤희 ......

지숙 (보며)....

윤희 .....

지숙 (옆에 앉아 종이로 얼굴 닦아준다)

윤희 (제가 받아 닦으며)....

지숙 ....(보며)

윤희 (입 꼭 여며지는)....

지숙 강동우 전화했어…왜 자꾸 전화해 걔?

윤희 (일어나며 옷 벗기 시작)

지숙 (시중들러 일어나는 데서)

S# 운전하고 있는 동우. 차 안

동우 …..

  E 핸드폰 울리는

동우 네에.

영주 F 어디니?

동우 들어가는 길야.

영주 F (오버랩의 기분)왜 이렇게 늦었어?

동우 그렇게 됐어.

S# 영주 거실

영주 (딸기 먹으며)얘 서대리 있잖니 쪼꼼 아까 생각났는데/ 작년인
   가 재작년인가 우리 작은 아버지가/누구넨가 사업하는 집 막내 아
   들이랬지 아마. 중매든다 그러신 적 있다?

S# 차 안

동우 ?‥그런 일 있었어?

영주 F 엉,근데 서대리가 극구 사양했대.

동우 …왜.

영주 F 그런 집안으루 시집가 살 자신 도저히 없다구.

동우 ….

영주 F 난 어딘가 좀 맥힌 거 같구

S# 거실

영주 그런데/ 어른들은 그런 여자 좋아하나부지? 작은 아버지 굉장

히 신임하시거든?총각 사원두 많은데 왜 그러구 있을까 근데 그
여자.누구 정해논 사람 있나?

S# 차 안

동우   무슨 관심야 갑자기.

영주   F 글쎄 갑자기 그러네?오빠때매 신경쓰여선가?…설마 여비서
한테까지 그러진 않겠지 울오빠.

동우   집에 다 왔어.끊어야겠다.

영주   F 엉 그럼 들어가 씻구 걸어.

S# 거실

영주   (딸기 찍으며 연결)기다리께‥엉‥(끊으며)오빠 점심 시간두 아닌
데 서대리하구 밖에서 같이 들어오더래다.동우가 봤대.어디서 뭐하
구 들어오는 거였을까.설마 벌써 엄마 걱정하는 일 벌어지구 있는
건 아니겠지.

영은   아무리 생각이 없어두 오빠 그건 안할 거야.

영주   청탁 안가리잖어.

영은   서대리 깔끔해.집에 와서 하구 가는 거 보면 몰라?…오빠 괜히
이상하게 굴다간 망신 당할 걸?오빠두 알거야 바보 아니니까(하는
데 이여사 외출에서 들어오는)

영은   (벌떡 일어나 의자 빠지며)늦었네요?재밌었어?

이여사   재밌을 게 뭐야.(안방으로 가며)지루하기 짝이 없는 모임.

영주   지루하면 나가지 말지이?

이여사   (돌아보며)하구싶은 일만 하면서 사니?하구싶은 일보다 하
기 싫은 일이 더 많은 게 인생살이야.

영주   (쭝긋하고)

이여사 (들어가려다)아줌마 자니?

영은 글쎄에? 내가 해주께. 들어가요.(엄마와 안방으로)

S# 안방

이여사 쟤 일찍 들어왔니?

영은 집에서 저녁 먹었어.

이여사 (옷 갈아입으며)별 소리 없구?

영은 시어머니 되실분 올라오셨대나봐. 점심 사드리구 쇼핑 좀 해드리구 터미날 모셔다 드렸다든데?(시중들며)

이여사 효부났다.(비웃는)챙피해 죽겠어 증말.

영은 ?

이여사 있는대루들 며느리 자랑 사위 자랑인데 찍쩍 소리 못하구 앉었어야하는 내 기분 어떤지 알어 너?

영은 자랑하는 게 촌스런 거지 뭐.

이여사 할말없어 입다물구 있는 거 그 사람들 몰라서?

영은 언니가 좋다면 됐잖아. 사랑해서 결혼하는 거 이상 존 결혼 어딨어.

이여사 사랑 좋아한다. 헛똑똑이(오버랩의 기분)나두 몰라 이제. 내버려둘 거야. 누가 후회하구 누가 책임질 건지 두구 볼 거야…성북동에서 책임지겠지.(에서)

S# 한여사 거실

한 (탁자에 차 쟁반 놓고 노모의 방으로)

S# 노모의 방

한 (조용히 문 열고)차 드세요.

물리치료사 예 사모님(한여사 문 도로 닫고/가방 챙기는 중이고)

영국 (이불 덮어주며)할머니 이제 푸욱 주무세요.치료 끝났어요.

노모 ?(영국 올려다보며)

영국 좋은 꿈 꾸세요.

노모 ……(그저 멍하니 올려다보는)

영국 늦은 시간에 수고 하셨습니다.

치료사 아 예 저는 좋습니다.

S# 거실

영국과 치료사 나온다.

영국 저리 가시죠.

치료 예.(소파로 움직이며)

영국 좀 좋아지시나요?

치료 좋아지신다기 보다 현상유지라구 봐야지요…안하시면 더 나빠
지시니까…

영국 예에..

한 (그 동안 차 따라 놓고)너무 늦은 시간에 미안합니다.오늘따라
기분이 영 안좋으신지··내켜하시질 않으셔서.

치료 그러신 날두 있습니다 간혹.

한 두번 오신 거잖니.(치료사가)

영국 그러세요?차 드십쇼.

치료 예··(찻잔 집는데)

노모 E (지렁이 소리처럼 부르는)야 이년아아아아아..

영국 ?(하는데)

한 (벌써 노모 방으로 내닫는다)

한이 열었다 닫는 문 틈으로 새어 나오는 소리

노모   E 이년들아아아..

영국   ······

S# 노모의 방

노모   (누운 채)어떤 년이 오줌 쌌어어어어.척척해 죽겠어어어어

한   예..예 어머니.조금만 참으세요,갈아드릴 께요.금방 갈아요.(하며 성인용 기저귀 꺼내는데)

노모   니가 쌌지.

한   예 제가 쌌어요.제가 쌌습니다.(부지런히 손 놀리는/노모 아랫도리께서/)

영국   (문 연다)

한   (손 놀리며)들어오지 마라.

영국   뭐 어때요.

한   들어오지 말라니까.(좀 야단치는)

영국   ····(보는)

한   ···손자한테/ 보이구 싶으시겠니?

영국   ···네 알았습니다.(문 닫는다)

S# 거실

치료사는 갔고/모자가 앉아서

영국   어머니하구 똑같이···할머님 시중 들 여자····데리구 들어올께요.

한   (마시며)요새 그럴 여자가 어딨니.시대두 변했지만 사람두 변했어.내가 있는데 괜한 걱정할 거 없어.노인 시중 들어야한다면 도망갈게다.

영국   다 도망갈까요?

한   열에 아홉은.

영국   그럼 나머지 하나 잡아오죠 뭐.

한   운이 좋으면.

영국   운이 좋으면요.

한   그 아가씨 만났니?

영국   ‥네.

한   …어떻게 만났는데‥누가 소개했어?

영국   스을슬/ 궁금하세요?

한   조금‥다른 생각이 들어서…집에서 여자 얘기한 거 처음이야. 말 썽이 나면 그때 알군 했지.

영국   흠흠흠흠‥

한   어떤 아가씨야.

영국   이뻐요.

한   인물 아니구.

영국   맘두 이뻐요.

한   회사원인 건 맞어?

영국   그럼요…확실한 회사원이에요.

한   정말‥결혼할 생각이 있는 거야?

영국   아직 절 싫어해요. 워낙 소문이 나쁘니까요. 제 별명이 이주일 이었대요. 코미디언 이주일 선생이 아니라 일주일 이주일 이주일 요. 한 여자랑 이주일 이상 못간다/ 그래서 이주일요.

한   누가 그런 소릴 해.

영국   그 아가씨가요. 저두 첨 들었어요. 하하.

한   그런 소리하면서 만나는 주구?

영국   예 그러면서두 만나는 줘요.

한   이주일이냐?

영국   ?..(무슨 소린지 잘 몰랐다가)아녜요 평생짜리에요 이번엔.하하 하하하(에서)

S# **윤희의 방 화장대 거울 안**

윤희   (젖은 머리 타월로 물기 닦으면서 시선은 똑바로 거울 속의 제 얼굴로).....

F.O

S# **일진상선 기획실 복도**

S# **윤희의 비서실**

윤희   .....(테이블에 두 손 모아 얹어놓고 생각에 빠진)....(문득 시계 본다)

S# **벽시계 오후 5시**

S# **윤희 비서실**

윤희   (일어나는데)

S# **영국 사무실**

영국   .....(책 보고 있다/편안한 자세)

      E 노크…

영국   .....(잠시 못 듣고 있다 문득)?…네에.

윤희   (들어온다)

영국   .....(그대로)

윤희   .....(영국 앞으로 와서)....(보며)

영국   ?(문득 봤다가 다시 책으로 시선 내리며)뭐 할 얘기 있어요?

윤희   ....(보며)

영국   우물거리지 말구 해요…거절이요?(안 보는 채)

윤희   애기가 있었어요.

영국 (책장 넘기려던 손 멈춰지고/⋯천천히 시선 들어본다)

윤희 결혼할 거기때문에⋯낳아서 키웠어요.

영국 ⋯⋯(그대로 보는)

윤희 ⋯⋯(피하지 않고 보는)

영국 (편안한 자세 풀고)⋯⋯(시선 피하면서)앙큼하구먼.

윤희 ⋯⋯(보며)

영국 회사⋯(보며)모르는 일 아뇨?

윤희 ⋯모릅니다.

영국 (보다가)발칙하군.(하며 책장 덮어놓고)⋯⋯(시선 안 주는 채 한동안
     있다가 여전히 안 보는 채)고생이 많았겠군요 그동안.

윤희 ⋯⋯(보며)

영국 (시선 들어 보며)그런데⋯.아이가 있단 말을 왜 과거형으루 해요.애
     아버지가 데려갔소?

윤희 사고루⋯잃어버렸어요.

영국 ⋯⋯(보다가 일어나며 안 보는 채)앙큼발칙하지만⋯안됐군요.언
     제 잃었어요.

윤희 최근에요.

영국 ?(돌아보며)조카가⋯.그 애였소?

윤희 ⋯.네⋯

영국 ⋯⋯(보다가 외면하며 뚝뚝하게)나가요.내가 부를 때까지 콧배
     기두 보이지 마쇼.

윤희 ⋯⋯(보며)

영국 (창으로 돌아서고/폼 잡지 말고)

윤희 (돌아서는데)

영국　입 꼭 다물구 있어요.특급 기밀이요.

윤희　⋯⋯(보다가 나간다)

영국　⋯⋯

S#　기획실 시계 7시 반

S#　윤희 비서실

윤희　⋯⋯⋯(책상 위에 두 손 모아 쥐고 앉아서)⋯⋯

S#　실내 수영장

　　가운 걸치고 음료 마시고 있는 영주.

동우　(헤엄쳐 영주 쪽으로 와서)뭐야 너.물에서 오분/밖에서 이십분/ 그러구두 수영했다 그럴 거야?

영주　나와.나와서 좀 쉬어라.죽기살기 그러지 말구/ 나 심심해.

동우　(물에서 나오며)못말리겠군.그럴 거면 뭐하러 왔어.그냥 집에 있지.(가운 집어 들어 입으며)

영주　난 집에 처박혀있구 넌 니 볼일 보구/어느새 싫증났니? 나 싫증 났어?

동우　(음료 집어 들며 앉으며)운동하러 나왔으면 꾀피지 말구 해.그렇 게 움직이기 싫어함 어떡해/(음료 마시고 내리며)그럼 빨리 늙어.

영주　풋/(음료 뿜으며 웃고)나 늙는데 넌 안늙구 있니? 왜 운동하기 때매?

동우　너보담 덜 늙지.

영주　어떻게 늙어갈까 우리.(돌아보며)넌 상상되니?

동우　다른 사람 늙는 것처럼 늙어가겠지.

영주　너무 멋있겠지.

동우　멋있어?

영주 웅…우리 늙는 것두 멋있게 늙자.(앞 보며)애들 다 키워놓구 여행하면서 존데 보구 존 거 먹구 존 얘기 많이 하면서…

동우 ….(영주 보며)

영주 아니 별루 할 얘기가 없는 노부부가 되자 우리(하며 본다)오래 같이 살아 한 사람처럼 된 부부들은 별루 말할 필요가 없다드라.

동우 (피식 웃으며)그게 아니라 기력이 빠져서 기운 애끼느라 그러는 거야.

영주 푸/아하하하하하

S# 윤희 비서실

윤희 (핸드백 테이블 위에 올려놓는다)

S# 영국의 사무실

영국 (창틀에 발 올려놓고 앉아서)……

　　E 노크.

영국 ….(못 듣고 있다가)…네에.

윤희 (들어온다)…..(문께 서서)퇴근 시간이 훨씬 지났습니다 상무님.

영국 (오버랩의 기분)내가 깨끗치 못하면서 상대한테는 완전무결을 요구할 만큼 염치없지는 않아요.

윤희 …..(보며)

영국 (의자 돌리며 발 내리며)치명적인 약점을/것두 야구 방맹이루 뒷통수 후려갈기듯 쏟아논 건/혹시 거절을 위해 꾸며낸 얘기 아뇨?

윤희 아닙니다.

영국 딱 하나였소? 말난 김에 다 해버려요.상관없으니까.

윤희 …..(보며)

영국 그렇다면 그럼에도 불구하구 내가 좋다면 청혼/받아들인다는

44

의미루 해석해두 되겠소?

윤희 …그렇습니다.

영국 좋소(일어나며)그럼 결혼이라는 걸 한번 해봅시다.서윤희라는 여자하구.감격할 건 없어요(상의 떼러 움직이며)오히려 나쁘지 않아요.내가 그걸 약점으루 이용하진 않겠지만 스스루 아마 나한테 열심히 봉사할 수 밖에 없을 거요.나쁘지 않아요 나갑시다.밥 먹자 구요.(앞서는)

윤희 ….(보며)

S# 승강기 안

영국 (숫자판 올려다보며)…(있다가)생각보다 의외루 선선히 청혼 받아들인거…이런 심리라구 생각해요.

윤희 (돌아본다)

영국 변심한 남자한테 보여주겠다.(윤희 보며)너한테 당한 걸루 지리멸렬 할줄 아냐 나두 이런 결혼/ 할 수 있다.포장지 말요/내용물은 형편없지만 포장지는 그럴듯 하잖소?

윤희 ….(보며)

S# 레스토랑/

　식사 오기 전/와인/

영국 (연결로)아니요?아직 날 좋아하지두 않구 뭐냐 사랑한다는 단계는 더더구나 아니요.그런데두 불확실한 미래에 자신을 던져 결혼이라는 모험을 하겠다는 거….그 남자에 대한 시위 아뇨?

윤희 ….(보며)

영국 그만큼 아직두 그 남자를 놓치 못하는 거겠구.

윤희 상무님.

영국   (오버랩의 기분)좋아요.날 이용해요.이용당해 주겠소.

윤희   ….(보며)

영국   흠흠,당신 그런 기분 도와주겠소.화려하구 이쁘게 꾸며주지.
어디 내 놓아두 당신 이상 근사하구 아름다운 여자는 없을 만큼.그
리구 흠흠…나 자신두 한번 흉내 내 보죠.유능하구 성실한 직장인/
아내만 아는 충실한 남편…흠흠흠 재밌겠는데? 해볼만한 일 같은
생각이 들어요.

윤희   ….(볼 뿐인데 식사가 놓여지기 시작)

영국   (식사와 상관없이)사랑 중에 젤 처절하구 아름다운게 짝사랑이
라구 합니다.짝사랑두 사랑인 건 분명하구요.합시다 결혼.(웨이터
음식 놓으며 잠깐 영국 보는)

윤희   ……(보는)

S# 윤희의 골목길(밤)

나란히 걸어오는 두 사람.

영국   ……(걷다가 문득 보며)어깨 좀 안으면 안되겠소?

윤희   ?….(보는)

영국   …(부드럽게 어깨 한 팔로 안는)….(그대로 걷는)…..(그러다가 걸음
멈추고 윤희 마주 세우며)입이 딱 붙어버렸군 내내.

윤희   …..(보며)

영국   나한테 맡겨요…내가 당신 영혼에 입은 상처…치료사가 한번 돼
보겠소.

윤희   …..(보는)

영국   하하하하(하늘 보고 웃는듯한)웃기는 놈이요 참 나는.내 주제
에 무슨.하나님두 웃으시겠네 해놓구 보니까/…..그래두 한번 해봄

46

시다.그동안 숱한 여자들한테 못할 짓 한/…·속죄루…해 볼테요.…

(어깨에 올려놓았던 손 윤희 뒤통수로 가며 조금 당긴다)

윤희 …··(당겨 안아지면서 뚜르르르 눈물)죄송합니다 상무님.

영국 ……(조금 더 있다가 떼어내며)내일은 뭐할 거요.

윤희 집에요.너무 늦게 다녔어요.

영국 그래요.나두 낼은 바쁠 거 같으니까 …모레 봅시다.

윤희 …··(보며)

영국 많이 지쳤을 거요.나한테 다 기대요.그러길 바랍니다.

윤희 …··(보며)

영국 똑똑히 알아둬요.이주일 짜리 아닙니다(빙긋 웃으며)

　　두 사람 잠시 그대로 두었다가

F.O

S# 윤희 마당(낮/짧게)

S# 마루

윤희 (다리 둘둘 걷어붙인 채 앞서 들어오며)뭐하러 와 안와두 된다니까.

수연 (귤 박스 들고 들어오며(오버랩의 기분/처지지 마세요))니 핑계루
　　나두 애들한테서 좀 해방될려구.할머니이 저 왔어

윤희 (오버랩의 기분 수연 건드리며)안계셔.이모랑 다같이 목욕.

수연 얘 이거…(귤박스 내밀며)

윤희 ….(박스 보며)

수연 왜 너무 작어?

윤희 우리 안먹어 수연아.(받아서 현관께 놓으며)이따 도루 갖구가.

수연 왜애애.(이상해서)

윤희 우리 혜림이가 …유난히 좋아했거든.

수연   (어머 하는 얼굴)

윤희   E 아무두 안 먹을 거야 당분간은.

수연   미안하다 몰랐어.

윤희   괜찮아.여기 앉을래 들어갈래.

수연   (오버랩의 기분)아무데나 앉자.너 뭐하구 있었던 거야?

윤희   (오버랩의 기분)목욕탕 청소.다 했어.차 주께.현미차 밖에 없어.

수연   (오버랩의 기분)얘 필요없어 마시구 싶을 때 먹자.(앉으며)얘 미
안해 귤‥

윤희   (앉으며)뭐어.몰랐는데.

수연   …(잠깐 보고)할머니 괜찮으시니?

윤희   (끄덕이며)잘 견디셔.

수연   강동우는 여전하구?

윤희   여전해.좀 쫄아있긴 하지만.

수연   저두 인간이면 쫄긴 쫄았겠지.

윤희   (오버랩의 기분)그게 아니라 가만 안있겠다 그랬거든.

수연   ?…니가?

윤희   응.가만 안놔둘거야.

수연   ?

S# 동우 아파트 주방

　　　점심 먹는 중인 동숙과 동우. 영주.

영주   (된장찌개 뜨며)이거 어떻게 끓인 거에요?

동숙   ?‥그냥 뭐 ‥(좀 웃어 보이며)된장하구 고추장 넣구 끓이면 돼요.

영주   첨부터 얘기해봐요.맨 처음부터.

동숙   (오빠 잠깐 보고 나서)맹물에 멸치 일고여덟마리 넣구 팔팔팔 끓

48

이다가 국물 우러 났을 때 쯤 멸치 건지구 된장 고추장을 사대 일 비율루 풀구

영주 사대 일.

동숙 네. 거기다 호박이나 감자나 뭐 아님 묵은 김치나 두부나 그런 거 넣구요

동숙 E (열심히 듣는 영주)청양 고추 두세개 썰어넣구 마지막에 파마늘 넣음 돼요.호박이나 두부나 그런 건 나중에 파 마늘 넣기 직전에 넣구요.호박 너무 익으면 맛없거든요.그리구

동숙 신김치 넣을 땐 된장고추장 양을 쪼끔 조절해야 해요.짜지면 안되니까.

영주 됐어요.그럼 이 건 어떻게 했어요?(오징어 조림 집어 들며)

동숙 먼저 건오징어를 물에 푸욱 불궈서요(에서)

S# 마루

수연 ....(아연해서)농담하니?

윤희 농담 아냐/

수연 농담이래두 끔찍하다.

윤희 (오버랩의 기분)농담 아냐.

수연 ?.....(그래도 정말 심각하진 않다 가볍게)너 언젠가 그 남자/웃긴다 안그랬니?우습지두 않은 농담하구 실속없이 집적댄다구?

윤희 ...(보며)

수연 소문 형편없는 사람이라면서.

윤희 소문은 형편없어.

수연 (오버랩의 기분)그런데 뭘해?

윤희 결혼하재.중요한 건 그거야.

수연 (오버랩의 기분)그럼 어떻게 되는 건데.강동우는 노영주하구 결혼하구 너는 노영주 오빠하구/뭘해?그게 무슨 보복야.콩가루지.될법한 소리해.니가 그런 짓을 어떻게 해.

윤희 나 해.

수연 윤희야.

윤희 (오버랩의 기분)내가 결혼하면 그사람은 못할 거야.

수연 ?….(비로소 헛말만은 아니구나)(다잡듯)너 뭔가 잘못 생각하구 있어.강동우 결혼 못하게 만들자구 엉터린 줄 뻔히 아는 남자랑 결혼을 해?강동운 지 인생 살라 그러구 넌 니 인생 살아.그런 짓 할 필요없어.누구보다두 너 자신 위해서 그만둬.강동우 잊어 이제 그만.놔버려.복수하겠다는 것두 집착야.너한테 이롭지 않단 말야.(이제는 농담이 아니다)

윤희 이롭다 해롭다 상관없어.

수연 …(보다가)차라리 그집에 대구 불어버려/그래서 깨버려.

윤희 …..

수연 그러는 게 훨씬 깨끗해.니가 생각하는 건 말두 안돼.너 정상 아냐 지금……(보며)

윤희 (저쪽 마루 보며)

수연 (윤희 쪽으로 자리 옮겨서 어깨 잡으며)꼭 해야겠으면 직접적인 방법으루 해.그럼 되잖아.니가 결혼까지 할 거 없잖아.

윤희 (오버랩의 기분)그건 덜 잔인해 수연아.(보며)

수연 ?…..(아연해서 보는)

윤희 천천히..차츰차츰 조여줄 거야.

수연 ….(겁나서)

50

윤희 ‥갚아줄거야.우리 혜림이 당한 거/할머니 이모 피토하게 만든
   거/꼭 갚을 거야.

수연 ‥‥(보며)

윤희 ‥‥‥(안 보는 채)

수연 ‥‥(보며)애엄마였다는 거 그 사람 아니?

윤희 ‥‥(본다)알아.말했어.

수연 강동우라는 것두 말했어?

윤희 아니/그건 안할 거야.

수연 강동우랑 너랑 다른 게 뭐야.그 남잔 뭐야 너한테 이용당하는 거
   잖아.

윤희 (외면하며)여자한테 나쁜 짓 많이 한 사람야.

수연 너한테 나쁜 짓 한 건 없어.(좀 화나서)

윤희 이용하는 대신 성실히 봉사해 줌 돼.그럴 작정야.

수연 너 왜 이렇게 됐니‥‥왜 이렇게 망가졌냐구!

윤희 망가졌어.(울음 차오르며)알아 나두 알아 (안 보는 채)그래두 나
   꼭 할 거야.그대루 안돼‥‥절대루‥‥절대루/

수연 (보면서 가여워져서)‥‥‥

S# 성북동 한여사 집 앞
   노회장의 차 세워져 있는데/이여사의 자동차 와서 멎고/

이여사 (차에서 내린다)

정원사 안녕하십니까.

이여사 회장님 벌써 오셨군요.

정원 예에.

이여사 (대문으로)‥‥‥

S# 노모의 방

여자   (노인에게 뭔가 먹이고 있고)…

회장   ….(가만히 보고 있는)

영국   (보고 앉았는)…

한   E 서방님.구기동 사람 왔습니다.

회장   예에..(일어나고)

영국   (일어난다)

S# 거실

　　두 남자 나오면서 동시에

이여사   (들어오며)어머님 어디 계세요.

한   (의자 쪽에서)방에 계시네 걱정 말게.

이여사   (의자로 움직이며)안녕하십니까.

회장   안녕하십니까.

　　[네 사람 의자로 움직이는데서]

제14회

S# 한여사 거실

여자 (찻잔 회장에게)

회장 고맙습니다 아주머니.(찻잔 한/이여사/영국 순으로 놓고 아웃되고/찻잔에 손 뻗히면서)그래‥중요한 일이 뭐냐.

영국 예‥흠흠‥궁금하시죠 들.궁금하실 거에요.

이여사 일요일에 어른들 모이게 해놓구…건방지게.(하며 찻잔 든다)

영국 따루따루 말씀드리기 저두 복잡하구요/또/따루따루 설왕설래하실 거 번거롭지 싶어서 한 자리에서 끝내시라구요.

이여사 별일 아니면 혼날 줄 알아.

영국 별일일걸요.아마 상당히 별일 일 거에요.

한 무슨 일인데 그래.

이여사 (오버랩의 기분)회사에서 손 뗀다 소리니?

영국 그러길 바라세요?아닌데요.회사 일 아니에요.

회장 뜸드리지 마라.

영국 흠흠 놀라실 거 생각하니까 재밌어서요.

이여사　우리 놀래키는 게 너는 재미있니?무슨 일인데 그래 또 사고
　　쳤어?

영국　(오버랩의 기분)저 결혼합니다 작은 아버지.

회장　?

한　　?

이여사　?(모두 영국 보는)

영국　봐요 놀래셨잖아요.

이여사　결혼한다구?

영국　네.

이여사　(회장 보는)

한　　(회장 보는)

회장　결혼해?

영국　네.

한　　그 아가씨냐?(조용히)

영국　네.

이여사　?형님은 벌써 뭐 알구 계신 거 있군요.

한　　만나는 아가씨 있다는 건 들었네.

회장　너는/…결혼이라는 형식에 별 흥미 없는 줄 알았는데.

영국　마음이 바꼈어요.하구 싶어졌어요.

이여사　어느 집 딸인데/

회장　(이여사와 함께)누구야.

영국　또 놀라실 걸요?

이여사　(좀 화나서)얘길 할려면 정식으루 해.니밀거리지 말구.무슨 버
　　릇야.

54

영국   서대리요 작은 아버지.

회장   ?(영국 보는)

한   ?…(회장 보는)

이여사 ?……(아들 보며)서대리…그

영국   (오버랩의 기분)예 그 서대리요.

이여사 …세상에…얼마됐다구 어느새

회장   (오버랩의 기분)서대리하구는 얘기가 됐구?

영국   그럼요 우리 둘은 얘기 끝났습니다.

한   (오버랩의 기분)서대리였니?

영국   네··

회장   진심야?

영국   네…

회장   자리 좀 비켜라….

영국   ··네…(일어나 의자 빠지면서)기분좋게 만장일치 해주세요.한분
       이라두 반대하시면 껄쩍지근 하니까요.

한   어서 올라가.

영국   네…작은 아버지 서대리 좋아하시죠.

회장   올라가.

영국   예··올라갑니다.(계단으로 가고)

회장   ……

한   ……

이여사 (올라가는 아들 돌아보며)

S# 윤희의 마루

윤희   (마루 걸레질 죽자 사자 열심히 하고 있는)

E 전화벨(윤희 방)

윤희 (걸레 놓고 일어나는)

S# 윤희의 방

윤희 (들어와 받는다)네 여보세요.

영국 F 뭐하는데 이렇게 숨이 차요.

윤희 걸레질 하구 있었어요.

영국 F 작은 아버지까지 오시게 해서/우리 결혼한다구 방금 말씀드렸어요.

윤희 ······

S# 영국의 방

영국 (클래식 틀어놓고)세분이 따루 의논하실참인지 빠지라구 하셔서 내방으루 올라왔어요.찬성 두표/반대 한표 나올 거에요.그럼 결혼하는데 지장 없어요. ····듣구 있는 거요?

S# 윤희의 방

윤희 ···네.

영국 일 너무 많이 하지 말아요.내 사람 닳으니까 하하····끊어요. 다시 연락 하리다····(끊기는)

윤희 ······(수화기 내리며)···

S# 한여사 거실

회장 ······전석이 결혼을 하겠다구 스스루 나선 건···일단 대환영입니다.

한 예에.

이여사 결혼하는 게 장땡은 아니에요 먼저 결혼두

한 (오버랩의 기분)하구싶지 않아 했네.억지루 시켰어.

56

이여사 꼬뚜레 꿰 끌구 들어가지 않았어요.지발루 걸어들어갔습니다 식장에.

한 그렇게 불행한 얼굴 본 적이 없네.자네 소원 풀어준 거야.

이여사 소원을 풀어줄래면 잘 살았어야죠.보란듯이 엇나가 집안에 입힌 피해가 얼마에요.

회장 (오버랩의 기분)서대리면 신부감으루는 더할나위 없어요.

한 참한 아이지요.

이여사 남들이 뭐라겠어요.딸은 회사 사원에 아들은 여비서

한 (오버랩의 기분)여비서가 어때서.사람들이 훌륭하다 그럴 거네.끼리끼리 혼인 안시키구 당사자 좋다는 결혼 시켰다구.

이여사 형님하구 저하군 맞는 게 하나두 없으니까요 아뭏든.

한 맞는 게 있으면 이러구 살겠나.전생에 업보 갚느라 피차 이런 꼴인 걸.

회장 (오버랩의 기분)기획실 맞으면서 서대리 달라구 하더니..그때 벌써 작정한 마음이 있었군요.격려차원으루 췄더니 녀석 흐흐

이여사 (오버랩의 기분)걔 달라구 했었습니까?

회장 (끄덕이며)결혼을 하겠다는 건 맘잡구 살어보겠다는 의미에요.

한 손자 안겨준다구 했네.

이여사 그 손자 내 차지 되겠습니까?아들두 내 차지가 아닌데..

한 무슨 말이 하구 싶은 건가...대충 해 두게 이제.

이여사 똑똑한 줄 알았드니 맹추였군.

한 (좀 화나서)원하는 게 뭐야.애가 혼인하겠다는데 어째 기뻐할 줄 몰라.

이여사 믿을 수가 있어야죠.오죽하면 제가 이래요.

한　　살인한 아들 감옥살이하는 데 쫓아가 냉방에서 자는 게 어미라는 사람들야.자네는 어떻게

회장　(오버랩의 기분)그만하세요.거북합니다.

한　　....

이여사　.....

회장　(오버랩의 기분)(일어나며)좀 올라가 보겠습니다.

한　　(일어서고)

이여사　(마지못해 일어선다)

S#　영국의 방

영국　....(클래식 틀어놓고 책장 넘기고 있다/의자)

　　　E 노크.

영국　?...(책 든 채 일어나며)네에.

회장　(들어온다)...

영국　아 작은 아버지.

회장　(오버랩의 기분/영국 보며)너 진심이야?

영국　...예.

회장　성실할 자신 있으면서 한 결심인지 묻는 거야.

영국　그 자신은..솔직히 말씀드려 없습니다.

회장　....(보다가)그럼 그만 둬.좋은 아이야.불행하게 만들지 말구.

영국　(오버랩의 기분)그런데..그 여자라면 저를 성실하게 만들어주지 않을까 하는 느낌/기대/희망이 있습니다.

회장　무책임야.니가 불성실하면 그럼 서대리 탓이 되냐?

영국　저한테는 대단히 중요한 느낌이에요 작은 아버지.이날까지 어떤 여자두/이 여자라면 그런 생각 든 적 없어요.

58

회장   ·····(보며)

영국   처음입니다.

회장   가여운 아이야.

영국   압니다.

회장   고지식한 애구.

영국   알구 있습니다.

회장   ·····(보며)

영국   한번… 잘 해보구싶습니다 작은 아버지.

회장   ····(보며)

S# 윤희의 마루

조모   (발톱 딸에게 맡기고 콩나물 다듬으며)····

이모   콩나물 죽 쒀먹으까? (발톱 바르며/잊어버리지 말 것)

조모   콩나물 죽을 쑤든 뭘하든··(시들하게)

이모   죽 싫으니?

윤희   아무래두 좋아요.

지숙   나 싫어 죽.

이모   너한테 물은 거 아냐.

지숙   난 인간두 아니니까.

조모   (윤희 보며)싫으면 밥하구…

윤희   아무래두 좋다니까요.

지숙   죽 싫어.

이모   너 아냐.

　　　E 전화벨(윤희 방)

지숙   언니 전화왔어.

윤희　(일어나고)

S#　윤희의 방

윤희　(들어와 받는다)네에.

영국　F 허락 떨어졌어요.결혼합니다.

윤희　‥‥‥

영국　F 이대 일 아니구 이점 오대 영점 오에요.모자라는 영점 오는 나
　　　에 대한 회의가 깊고 깊은 구기동 이여사에요‥‥‥소감이 어때요.

윤희　‥모르겠어요.

영국　F 지금 그쪽으루 가는 중이에요.

윤희　?

영국　F 어른들께 인사드리구 같이 나옵시다.

윤희　(오버랩의 기분)아녜요,낼 만나요.(소리 죽여)저는 아직 아무 말
　　　씀두 못드렸어요.너무 성급해요.

S#　달리는 차 안

영국　나 가는 동안 말씀드려요.충분하잖아요 시간‥‥안될 거 없어
　　　요 그렇게 해요.갑니다 그럼‥‥아 집 알아요.알아뒀어요.

S#　윤희의 방

영국　F 여태 집두 모르구 있을 거 같아요? 말씀드려요 어서.끊습니
　　　다.(끊어지는 소리)‥‥

윤희　‥‥‥(수화기 내리며 고개 돌려 사진 보는)‥‥‥‥(한참 그대로 있다가
　　　일어나 나간다)

S#　마루

윤희　(나오는데)

이모　(콩나물 다듬으며)누가 온대니?

60

윤희   ‥‥‥

이모   집 모르는 사람이면 지숙이 내보내면 되잖아.

윤희   (앉으며)이모…할머니…나 지금 결혼한다면 미친 애라 그러겠지?

이모   ?‥

조모   ?

지숙   (신문 보다가)?‥

윤희   결혼하자는 사람이 있어요…하자구 했어(슬퍼지며)

지숙   누가‥‥

이모   누가‥

윤희   회장님 조카.

이모   ?

지숙   ?(입 딱 벌리는)언니 혹시 그 날라리 얘기하는 거 아니지.

윤희   날라리 아냐.

이모   (오버랩의 기분)잘 사는 집야?

지숙   맞어?노영국이란 남자?

윤희   맞어.

이모   사는 건 괜찮냐구.

지숙   (오버랩의 기분)밥 못먹구 사는 사람 어딨어 요새.사는 거 걱정
        왜 해.회사 권 외아들이라는데에.

이모   ?…?(조모도 의외)

지숙   언니 나랑 얘기 좀 하자.

윤희   (오버랩의 기분 안 보는 채)넌 그냥 가만 있어줄래?나중에 해 우
        리 둘이.

지숙   ‥‥‥(보며)

윤희 말리지 마세요. 말리지 말아줬으면 좋겠어 이모.

이모 회장님이 중매서시는 거야?

윤희 전부터 알구 있는 사람이에요. 전부터 좋다구 그랬었어.

이모 그그그런데 그 사람이 결혼하재?

윤희 어른들 허락 받았대요. 지금 인사하러 오구 있는 중야.

이모 ? (엄마 본다)

조모 진실한…사람이냐?

지숙 (무슨 얘긴가 하려는데)

윤희 (잡아 제지하며) 좋은 사람이에요. 할머니.

조모 그래서….(목이 메면서) 시집…가구 싶냐?

윤희 (같이 목메며)..네에에..

조모 면사포 쓰구?

윤희 으응…할머니…

조모 다아…잊어버리구 싶어?

윤희 (끄덕이며) 네에에..

이모 너 처년줄 처년줄 알구

윤희 (오버랩의 기분) 다 얘기했어. 전부다. 그리구/그 사람두 재혼이
에요.

이모 …다 얘기했다네..재혼이라네. (엄마에게)

조모 (오버랩의 기분/ 안 보는 채) 그래애…그런 맘..할미 알 거 같애…알
거 같애.

윤희 ….(보며)

조모 가라…가거라…가서…다아 잊구..괴로운 일들일랑 다 잊어버
리구/..살어. 살면 또..살어지느니라…그래서 인간이 모질구 독한

62

거야…못살 거 같어두 살어지구…평생 웃을 일 없을 것같어두 웃어두 지구…그러면서 또 그렇게그렇게 사느니라.누가 말려…말릴 사람 읍서 여기.

이모 누가 말려.뭣때매 말려.여봐란듯 가서 잘 살어.너만 잘났냐 나두 잘났다/너만 부자 딸이냐?나두 부자 아들이다 어쩔래/깃발날리며 살어.잘살어.잘사는 걸루 웬수갚어 너.

지숙 유치해서 정말 못듣겠네.

이모 뭐가 유치해 이년아.

지숙 너만 부자 딸이냐

이모 나는 부자 아들이다/

지숙 어으어으어으,그렇게 부자 좋아하면서 왜 부잔 못되구 이모양 이유.

이모 넌 그럼 언니가 맘고생 돈고생 직사하게 하구 시집두 변변찮게 갔음 좋겠어?

지숙 돈많은 결혼보다 맘편한 결혼이 더 난 거야.엄만 알지두 못하구 괜히

이모 어이구 낫다 그래.모르는 거 빼구 다 알지 그래.주둥이만 선생. (에서)

S# 이여사 거실

이여사 (들어오면서/화나서)딸년 뒷통수 쳐 눈 튀어나오게 하더니 아들놈 앞통수 쳐 (책 보고 있던 영은과 영주?)

이여사 E 튀어나온 눈 제자리 박아주네.

이여사 건 고맙다구 해야하는 건지 원(의자에 앉으며)얼음 냉수 좀 줘요.

여자　예 사모님.

영주　오빠 또 사고쳤어요?

이여사　결혼한댄다.

영주 영은　결혼?

이여사　상대는 서대리래.

영주 영은　서대리?

이여사　비엔나 합창단야? 웬 합창야.

영주　오빠 서대리하구 결혼을 한대?

이여사　동지 생겨 좋겠다. 하나같이 안목이라구는 기가 막혀. 세상
에 여자가 반 남자가 반야. 그 반중에 그래 고작 고거냐? 고작 고것
들야?

영주　엄마

이여사　뭐 하나 볼게 있어야지 하나나. 집안이 번듯해 학력이 좋아 명
예가 있어 뭐가 있어.

영주　(싫증나서)서대리가 오빠한테 시집와준다면 우리 다같이 절해
야해요.

이여사　?뭣때매.

영주　오빠 재혼이잖아. 경력은 좋수?

이여사　재혼이면 어때서/학벌좋구 집안 존 노처녀 수두룩해. 하려
구만 들면 장차 대학 교수깜은 없어?

영주　장차 대학교수깜 오빠 싫을 걸? 근데 영은아. 서대리 무슨 맘 먹
구 오빠하구 결혼한다는 거지? 오빠에 대해서 다 알텐데?

영은　(오버랩의 기분)좀 잘 꼬셨을라구. 도사 아냐. 맹꽁이가 넘어간
거지 뭐 (하며 쟁반의 물 잔 집어 들어 벌컥 마신다)

여자   그래서 허락하셨어요 사모님?

이여사   허락하구 말구가 어딨어요.애들 숙부랑 성북동 마님이 껍벅
        해서 시키자는데.

여자   (좋아서)아이구 잘됐네요 사모님.그 처녀 정말 마음에 들던데.

이여사   가족끼리 얘기하는데 아줌마 끼어들지 마세요.

여자   축하드려요 사모님.

이여사   그런 말두 하지 마세요.축하받구 싶은 기분 아니에요 지금.

영은   엄마/(싫어서/뭘 그렇게 심해)

이여사   (일어나며)내가 묵인하는 건 그저 한가지 이유야.만약에 경
        우/만약이라는 내가 우습지만/만약에 경우/보잘 것 없는 집 애니
        별루 시끄럴 건 없지 싶어 그냥 넘어가 내가.(하며 들어가고/가정부도
        이미 아웃됐고)

영주   (인상 쓰고 있다가)세상 뜨는 날까지 저럴 거야 아마.정말 싫어.
        (하며 전화 들고 다이얼링)(발딱 일어나 주방으로)‥아 동숙씨.오빠 좀
        요…언제 나갔는데요?‥알았어요.(전화 끊으며 일어난다)이발하러
        나갔댄다.커피 마실래?

영은   (일어나며)생각없어.(에서)

S# 윤희네 마루

허기사   (갈비/굴비 박스/오렌지 사과 배 과일 큰 박스 세 개/망고 박스 멜
        론 박스/끌어들이는 중/이미 거의 다 들어왔고 마지막 들어오는/영국도
        거드는데 커다란 케이크 상자도)

지숙   (입 벌리고 보고 있고)

이모   (옷 한복으로 갈아입고 어정쩡 서서 들어오는 물건 봤다 윤희 봤다/
        벙벙한/내놓고 좋아하면 안됩니다/마루 가운데/현관께가 아니고)

윤희 …(현관께 가 그냥 서 있고)

허 다 됐습니다 상무님.

영국 수고했어.(허 굽신/식구들에게도 굽신하고 나가고/윤희에게 작은
소리로)올라가두 돼요?

윤희 올라오세요.

영국 (올라선다)

윤희 이모세요.

영국 (정중하게)처음 뵙겠습니다.인사여쭈러 왔습니다.

이모 ‥들어와요…이리 와요.

영국 예…

이모 (문 열고 윤희에게 눈짓/먼저 들어가라고)

영국 아니 먼저 들어가십시오.

이모 들어가요.금방 들어갈테니까.

윤희 (들어가며)들어오세요.

영국 (들어가고)

이모 (들어가려는 지숙 밀치며)차 준비 해야지.(지숙 뿌우)

S# 안방

윤희 ‥할머니….왔어요.

조모 (단정하게 앉아서 고름 만지며)그래‥앉으라구 해.

영국 인사 드리겠습니다.(들어온 이모)앉으십시오.이모님.

이모 그래‥좌우지간에/‥인사는 받아야지.내가 애 엄마 대신이니
까‥(앉으며)안그루?

조모 나부대지 좀마.(가만히 중얼거리듯)

영국 (큰절 한다)‥

66

조모 …(그저 가만히 받고)

이모 …‥

영국 (다시 하려는데)

이모 아이구 됐어요.한번이면 족해.앉아요 앉아.

영국 (윤희 본다)

윤희 앉으세요.

영국 그럼‥(무릎 꿇고 앉는다/윤희도 앉고)

조모 편히 앉게.

영국 아닙니다.편합니다 할머님.

이모 (오버랩의 기분)우리‥사는 거 보구 놀래지나 않었는지 모르겠
네요.

영국 아뇨.말씀 낮추십시오 이모님.

조모 후우우우우우(답답한 숨 내쉬는)

이모 ?엄마는 손님 앉혀놓구 한숨으은

조모 (오버랩의 기분)노인이 되면 …(영국 못 보는 채)산 세월이 무거
워서…별 뜻없이 한숨두 나오구 그러니까…오해는 하지 말게나.

영국 알구 있습니다.너무…갑작스러운 일이라 놀라지는 않으셨는
지요…윤희 …저 주십사구 왔습니다.저 주십시오 할머님.

조모 ….(비로소 시선 들어 영국 보는데)

이모 글쎄/ 아닌 밤중에 홍두깨루 불쑥 얘길 하는데(하며 엄마 보고)?

조모 (영국 보는 눈에서 눈물이 뚜르르르르)

이모 ?..엄마.(황급히 휴지통 당기며)아이구 참 엄마는 뜬금없이‥(휴
지 뽑아주며)아 왜 이래요 남부끄럽게에.

조모 (휴지주는 손 밀어내며 오버랩의 기분/가슴이 찢어지면서 한탄처

럼/고개 아래로)아무 것두 필요없어 아무 것두.아아아무것두 필요

없구 그저…에미애비한테서 못받은 사랑까지…사랑만 흐음뻑…아

무쪼록 그저/저 불쌍하구 가련한 거/··평생…죽는 날까지 사랑하구

··귀하게만 여겨주면··

조모　E (보는 영국 위에)나는 더 바랄 게 없어.더 바라는 거 없어.(영

국의 고개 윤희에게 돌아가고)

윤희　(툭툭툭툭 우는 위에)

조모　E 자네가 그래만 준다면…그 약속만 해준다면 나…이 자리에서··

조모　목숨이라두 내놔··내 놀 거야.(윤희 입 막으며 일어나 나가고)

조모　E (보고 있는 영국 위에)내놓구 말구··내놓구 말구···

영국　……(가만히 보면서)

S#　골목···(저녁 시간)

　　묵묵히 걸어나오는 영국과 윤희····

영국　……

윤희　……

영국　(문득 윤희 손잡는다)(걸음은 걸으면서)

윤희　····(본다)···

영국　훌륭하신 할머님…소탈하신 이모님…마음에 들어요…뭐랄까··

사람의 고향같은 냄새가… 물씬 나요…

윤희　잘봐줘서/·· 고맙습니다.

영국　습니다.(멈춰 마주 보며)당신 선생님 아니요.좀 더 편하게 굴어

두 돼요.

윤희　……

영국　(다시 걸으며)우리 집은…그런 냄새가 안나거든.

윤희 .....

영국 그렇게 많이…할머니 마음을 아프게 한 사람이요 당신이?

윤희 너무 많이요··

영국 아주 나쁜 사람이군…고약한 손녀딸야.(혼잣말처럼)

윤희 (끄덕이며)··네에

영국 (멈추고 보며)·····

윤희 ·····(보며)

영국 당신이 나보다 행복한 사람일 수 있어요…

윤희 (보는)…

영국 나를 위해서/··나때문에 할머님처럼 그렇게…쓰라리게 울어줄
사람…있을까?

윤희 ······(보며)

영국 우리는…그런··무조건적인 사랑은/ 다 잃어버린 사람들이요…
부러워요.(쓸쓸하게)…

윤희 ······(보며)

S# 동우의 아파트 침실

동우 (무선 전화 찍으며 발로 양말 벗는)

　F 전화벨/두 번/

영주 F 네에?

동우 전화했니?

영주 F 엉,벌써 왔어? 한참 걸릴 줄 알았는데?

동우 니맘대루? 가까운데 갔었어.(겉옷 벗으며)

영주 F (오버랩의 기분)회사 구내 이발소 이용하지 왜애.

동우 약혼하구 이발소 아저씨 나한테 아첨해.거북해.

영주   F 흐훗/실세라 그거지.

동우   실센 무슨 얼어죽을.

영주   F (오버랩의 기분)동우야 우리 집 톱뉴스있어.오빠가 서대리랑
　　　결혼한댄다.

동우   ?····뭐라구?(작게)

S# 영주의 방

영주   (침대에 엎드려 콘칩 먹으며 전화하다 일어나 앉으며)못들었니?
　　　서대리 있잖아 숙부님 방에 있다 기획실루 내려간 애.오빠가 걔랑
　　　결혼한다구····동우야···동우야 전화 끊겼니?여보세요.

동우   F 옷벗느라 그래.어디서 들은 소문야 그거.

영주   소문?소문 아냐 애.엄마 아까 성북동 갔다 왔어.작은 아버지랑
　　　다 모아놓구 오빠가 공표했나봐.울엄마 화 잔뜩 나서 들어와 딸년
　　　뒷통수치구 아들놈 앞통수치구 얼마나 시끄러웠는데.엄마 맘에
　　　안든다 그거지 서대리두.암튼 우리 엄마 주제파악 못하는 덴 뭐 있
　　　으니까(계속 콘칩 씹으며)

동우   F (버럭)너 지금 뭐 먹는 거야.

영주   ?응?··콘칩.

동우   F 전화하면서 뭐 먹는 게 어딨어.안들리잖아.

영주   어머 그랬니?미안해.안 먹을께.

동우   (오버랩의 기분)그래서

S# 동우 침실

동우   허락하신다는 거야 뭐야.

영주   F 허락 하셨대.눈치가 작은 아버지랑 성북동 어른은 대 찬성하
　　　신 거 같구/우리 엄만 떫지만 눈감아준단 거 같애.서대리면 황송하

70

지 뭐얼?

동우 (오버랩의 기분 눈 감았다 뜨며)그럼 우리 결혼은 어떻게 되는 거야.

영주 F 우리 결혼 뭐?

동우 아냐.

영주 F 뭐가아…우리 결혼 뭐.

동우 우리 결혼 밀리는 거 아니냐구.

영주 글쎄?그런 얘기두 나올 수 있겠지?오빠니까.

동우 ….(고개 옆으로 돌아가는/이 기집애)

영주 F 우리 오빠 재주 비상하지.그 짧은 동안 서대릴 어떻게 꼬셨을까 응?

S# 영주방

영주 아니 이럴 일이 아니라 우리 축하해줘야할 일야.오빠가 집에/누구랑 결혼한다 소리한 거 생전 첨이거든?이건 예삿일 아냐 동우야.서대리 매력있니?내가 볼땐 뭐 그냥 깨끗하기만

S# 동우 침실

영주 F 하든데.남자가 볼때 어떠니,걔 매력있어?

동우 매력있음 너 걔랑 결혼할 거야?무슨 상관야.

영주 F 고맙긴 한데 걔 맹꽁인가봐 동우야.다 알텐데 무슨 맘먹구 한다는 걸까 궁금해 죽겠어 진짜.

동우 저녁 먹으래.끊자.

영주 F 어 그래 먹어.끊어어(할 때는 이미 수화기 귀에서 내려 떨어지고)

동우 ………(수화기 천천히 본체에 놓으면서)

S# 윤희의 부엌

설거지 마무리 하는 중.

지숙 (들릴까봐 소리 죽여)좋아서 해야지 사랑해서어어.무슨 일을
이렇게 저질러?바루 얼마전에 형편없다더니 어떻게 결혼을 하
냐구.

윤희 형편없는사람인줄 알았는데 아냐.그럼 됐잖아.(깨끗한 행주 짠 것
널고 나간다)

S# 마루

윤희 (나와서 제 방으로 들어가는데)

지숙 (나온다)

S# 윤희의 방

윤희 (손에 핸드크림 바르는데)

지숙 (들어오며/소리 여전히 죽여)제 버릇 개 못줘 언니.오기 나서 강
동우 너 봐라/결혼하자니까 (펄썩 옆에 앉으며)좋아요 해요 그랬나
분데/결혼은 그렇게 하는 게 아니지이이.오기루 신세망칠 일 있어?

윤희 ....

지숙 그사람은 타이밍 맞춰 결혼은 왜 하재 결혼은.

윤희 (쓰게 웃으며)구세주지 뭐.

지숙 ?....(보다가)언니 진짜 얘기 다 했어?

윤희 ?(보는)

지숙 강가 얘기/혜림이 얘기 다 했어?

윤희 했어.

지숙 진짜 상관없대?

윤희 없대.

지숙 ....괜찮은 남잔 거 같기두 하구...(인상 쓰지 말 것/연기하지 마세

요)···생긴 건 뭐 멀쩡하더라. ··강가만은 못하지만···

윤희　····

지숙　엄만 아주 엎어졌다.부자라 좋단 소린 깨놓구 못하구 인상이
　　　좋대나/예의바르구 어른 알어보구 딴소리만 해.속 보여.(표정 쓰지
　　　말 것)

윤희　···

지숙　····(보다가)그 남자 좋아?

윤희　좋아할 거야.

지숙　좋아한다 그럼 좋아져?

윤희　····

지숙　뭐가 뭔지 모르겠네진짜.혼란 그 자체다·····(혼자 생각하다가)어
　　　쨌든 결혼 전에 자지마 언니.

윤희　?(본다)

지숙　알게 뭐니.건달이라면서.자구나서 흐지부지 만들면 죽일 놈
　　　만 하나 더 생기는 거잖어.

윤희　원고 안써?

지숙　써야지.안풀려 죽겠어.뻰찌 맞겠어 아무래두·····(뿌우)

윤희　가 빨리.

지숙　혜림이 화 안낼까?

윤희　····(보며)

지숙　화낼 거 같아.

윤희　빨리 가.나 좀 눕게.

지숙　····(일어나 나간다)

윤희　····(고개 돌려 사진···손 뻗혀 사진 집어 들고 혜림이 손끝으로 쓰다듬

으며)....

S# 안방

이모 (멜론 깎아 토막친 것 찍어 엄마에게 내밀며)드슈.평생 첨이네.

조모 (두 무릎 세워 껴안고 쪼그리고/방바닥 보며)

이모 맛 좀 보라구.설탕이야 설탕.

조모 먹구 싶은 니나 먹어.(옆으로 조금 돌아앉으며)

이모 ...아 뭘그래.잘됐구먼.웬수눔 웬수갚구 잘된 일에 그럴 거 없어.시집 안보내구 평생 끼구 살 거야?

조모 ....

이모 안 먹어?

조모 너는 좋겠다..(안 보는 채)안 먹구싶어...나중에 먹으께 나중에.(하며 휴지 뽑아 눈께 누른다)

이모 또 울어?

조모 안울어.속눈썹이 눈을 찔러서 그래.

이모 수술한지 얼마됐다구 어느 새 또 찔러.어디 봐.좀 보자구.

조모 (밀어내며)귀찮어.건드리지 마.

이모 .....(보다가 과일 놓으며)이제 그만 맙시다.(안 보며)누군 속 없어 이러는 줄 알어?

조모 ....

이모 고스톱 쳐?

조모 ....

이모 그나저나 ...너머 기울어서/혼수를 어떡해야 하는 거유.

조모 .....

이모 (고개 돌려 엄마 보는데)....

E 윤희 방 전화벨 가늘게/

이모 (고개 윤희 방 쪽으로 돌아가고)

S# 윤희의 방

윤희 (사진 틀 놓고 받는다)네에.

S# 대문 앞

동우 (전화)잠깐 나와……잠깐 나오라구/얘기 좀 하자……(약간 열나서)
벨 눌러 그럼?나와 빨리.(하고 끊고 집어넣고 연결처럼 담배 꺼내 태워
물고 담배 피우면서 대문 앞을 왔다 갔다 하는)……(시선은 땅으로 두었다
조금 먼 데로 들었다 하면서)……(윤희가 나올 수 있는 시간 두었다가/대
문 소리에 돌아본다)

윤희 (나온다)……(보며)

동우 ……(잔잔히 보다가 뚜벅뚜벅 앞서 걷기 시작)

윤희 ……(보며)

S# 공터/

동우 결혼 한다면서(안 보는 채)

윤희 ……(보며)

동우 (돌아보며)니가 하겠다는 복수가 이거야?

윤희 (오버랩의 기분)욧점만 말해.

동우 …(보다가)그거 밖에 안돼?그 수에 말려들 정도밖에 안돼?어
떤 작잔지 알기나 해?

윤희 (오버랩의 기분)어떤 작자든/누구보다 나쁘진 않을 거야.

동우 몇달짜리 결혼 하구싶어 너.결혼을 하기는 할 거 같아?

윤희 (오버랩의 기분)내 걱정은 하지 마.나 잘하구 있어.

동우 (오버랩의 기분)뭘 잘해.너 이게 잘하는 짓이란 거야?

윤희 (오버랩의 기분)나한테 곧 결혼하면 될 거 아니냐구 한 사람이 누구야.눈을 크게 뜨구 큰눈으루 세상을 보란 말두 했어.당신 충고 대루 눈 크게 떴어.큰눈으루 세상 보구 있어.

윤희 E 우습네.얼마 전에 나 당신한테 노영주하구 관계 확인했었어.그때 당신 도끼루 날 뻐개는 것처럼 그랬어/사실이야.

윤희 그래 나두 사실이야.나 결혼해‥노상무하구.

동우 (오버랩의 기분)왜 하필 노상무야!

윤희 (오버랩의 기분)결혼하자는 사람이 노상무니까.

동우 (오버랩의 기분)결혼하자면 아무나 좋아?결혼에 환장했어?

윤희 (오버랩의 기분)왜 아무나야.그 사람 당신두 좋아하는 부자구/ 과거가 있는 걸루두 나하구 맞구 더 이상 좋은 조건이 어딨어.

동우 (오버랩의 기분)무슨 헛소리하는 거야 지금.영주 오빠야!

윤희 …더 좋아…

동우 ….(고개 옆으로 틀며 숨 내쉬고)…니가 어떻게 나한테/‥이럴 수가 있니.(중얼거리듯)

동우 E (?한 윤희 위에)나한테 어떻게 이럴 수가 있어.

윤희 (소리 조금 내어/웃어버리며 턱 조금 치켜드는/)

동우 ?…(돌아본다)

윤희 그 말두 내가 먼저 했었어.

동우 (올라서)당장 중지해…너 제정신 아냐./너 미쳤어!

윤희 (좀 올라서)내 흉내 내지 마.나 무릎꿇구 사정했어.멈춰.옳지 않아/제 정신 아냐 /미쳤어/ 정신차리구 우리한테 돌아와.잔인하게 거절한 사람 누구니…나두 거절해.멈추지 않아.나한테 했던 말 그대루 돌려주께.꿈 깨.헛고생하지 마.(그러면서도 눈물은 그렁그렁)……

동우 .....(보며)

F.O

S# 일진상선 로비(전경을 잡을 때/상선이 해운으로 돼 있기 때문에 차라리 로비가 낫습니다)

S# 회장실 복도

윤희   (약간 긴장으로 회장실로).....

S# 회장 비서실

윤희   (들어오는데)

인주   (자리에서 발딱 일어나며)어 서대리님.(회장실 쪽으로)

윤희   응 안녕?

배   오랜만이요.

윤희   안녕하세요 실장님.

인주   (그동안에 회장실 노크하고)서대리 왔습니다 회장님.

S# 회장실

회장   (테이블에서 서류 덮으며)들여보내요.

인주   네 회장님.(나가면서 윤희 들어오고 회장은 소파 쪽으로)

윤희   (목례하며)부르셨습니까 회장님.

회장   앉아요.

윤희   괜찮습니다 회장님.

회장   (앉으며)앉으라구.

윤희   ....(궁둥이 끝만 걸치고 앉는)

회장   (인터폰 누르는)

인주   F 네 회장님.

회장   아무두 들이지 말구 전화두 넣지 마요.

인주　F 알겠습니다 회장님.

회장　….(윤희 보며)어제…노상무가 의외의 말을 하던데…

윤희　……

회장　(끄덕이는 기분)전혀 엉뚱한 말을 한 건 아닌 거 같군….정식으루 구혼을 하던가?

윤희　..네..

회장　진지하게?

윤희　…네.

회장　혹시…그런 생각은 안 들었나?편하게 가깝게 지내보려구 결혼 소리를 하는 거 같은 그런 불안은 없나?

윤희　..그런 건..아니라구 생각합니다.

회장　……(보며)

윤희　(시선 내린 채)….

회장　그래서 승락을 했구?

윤희　..네 회장님.

회장　(오버랩의 기분)근석이…결혼 상대자루 무난하다구 생각하나?..

윤희　그렇지는 않습니다.

회장　그럼 ..모험을 하는 건가?

윤희　….

회장　근석에 대한 서대리 생각을 듣구 싶어요.

윤희　주제넘습니다만…제가…도움이 될 수 있었으면 합니다.

회장　실패하면…근석보다 자네가 훨씬 상처입구 후회하게 될텐데.. 안했던 것만 못한 일이 되면 어쩔텐가.

윤희　(시선 들어 보며)후회하는 일 없도록 최선을 다하겠습니다 회장님.

회장 ·····

윤희 ···(시선 내리고)

회장 그래서···서대리두 하겠단 말이지.

윤희 ···네···해두 좋다구만 하시면····

회장 ····(보며)

S# 윤희 비서실

윤희 (들어오는데)

    E 전화벨

윤희 네에 기획실입니다.···안녕하십니까 사모님··상무님 도서실 가시구···네 알겠습니다.(에서)

S# 회장 비서실

윤희 (들어온다)

인주 (일어나 회장 식당 쪽으로 안내하며)무슨 일이에요? 회장님 부르시구 곧이어 사모님 나오시구 무슨 일이에요?

윤희 그럴 일이 좀 있어.

인주 (문 열어주며)서대리 왔습니다 사모님.

S# 회장 식당

윤희 (들어서며 목례)

이여사 와 앉아요.(너무 딱딱할 필요는 없음)

윤희 ····(보며)

이여사 와요 어서.

윤희 ····(의자로 가 앉는다)···

이여사 회장님이 부르셨었다면서.그러니 확인은 필요없는 일이구···

무슨 생각인지가 궁금해요‥‥서대리 위해서 내가 일부러 안써두
좋을 신경까지 쓰구 배려를 했는데/응?

윤희 죄송합니다.

이여사 으으음,죄송할 건 없지.죄송할 건 없어요.우리 집 특별히 서
대리 거부하는 분위기는 아니에요.나는 서대리가 무슨 맘으루 그
러는지가 알구 싶은 거 뿐이에요‥‥서대리는 착실하구 성실한 걸루
회장님두 귀애하시구/잔머리 굴릴 사람두 아닌 거 같은데 말이에
요‥‥나두 딸 자식 가진 사람으로서 서대리 불행하게 되는 거 바라
지 않아요.내 자식이 불안해서 그래.서대리 희생타 될까봐.

윤희 그런 일 없도록 ‥최선을 다하겠습니다.

이여사 혼자 노력으루 되는 일일까?

윤희 상무님두 이제‥달라져야 할 때라구 생각합니다.달라지려구
노력하구 있구요.노력하는 상무님한테 도움이 되구 싶습니다.

이여사 ‥‥‥(보다가)오죽이나 좋을까.마음 잡구 안정되면‥‥한 가지‥
만약에 잘못됐을 경우/

윤희 ‥‥(보는)

이여사 위자료 문제때매 소송을 건다든지/말썽부리는 일은 없을 거
라는 약속을 해줘야겠어요.

윤희 ?‥

이여사 (핸드백에서 봉투 꺼내서 알맹이 꺼내 펴놓으며)여기 서명 날인
하구/아.주민등록하구 도장갖구 오라는 걸 잊었네.대리인 시켜 공
증할 거야.

윤희 (오버랩의 기분)사모님.

이여사 ?‥(보는)

윤희 그런 건 필요없습니다.

이여사 내가 필요해.

윤희 말썽 안부리겠습니다.약속 드리겠습니다.그냥…믿어주셨으면
합니다.

이여사 상황이 달라지면 얘기가 틀려져.그걸 어떻게 믿나 내가.

윤희 (시선 내린 채)…

이여사 믿을 수가 없잖아.

윤희 저는(하는데)

영국 (들어오며)왜 나오셨어요.

이여사 (당황해서 서류 챙기며)불쑥 들어오면 어떡해.밖에 아무두
없니?

영국 ?…그게 뭐에요.뭔데 그렇게 감추세요.저 좀 보여주세요.

이여사 그럴 거 없다.

영국 ?(윤희 보고)뭐에요.결혼두 하기 전에 이혼장에 도장 찍으라는
거에요?

윤희 (올려다보고 좀 웃으며)아니에요.뭐 딴서류 잠깐 보구 계셨어요.

이여사 (윤희 보는 위에)

영국 E 무슨 서류데요.

이여사 그거까지 알 거 뭐 있어.누구한테 돈 좀 꿔주구 받은 거야.

영국 (앉으며)돈놀이 하세요?

이여사 돈 놀이는…

영국 무슨 얘기 하셨어요 윤희한테··

이여사 직접 물어봐.

영국 ?(윤희 보며)

윤희   그냥‥좋은 말씀하셨어요.(고개 조금 숙이며/그러나 조금은 웃으면서)잘 하라구요.

영국   ‥‥‥(윤희 보다가 엄마 보는데)

S# 윤희 사무실

윤희   (앞서 들어오고)

영국   (거의 같이 들어오며)무슨 얘기였어요.솔직히 털어놔요 빨리.

윤희   털어놓구 말구 할 거 없어요.

영국   당신 기분 상하게 만든 거 아뇨?

윤희   아뇨 그런 거 없었어요(하며 제 자리로)

영국   (팔 잡으며)괜찮아요.말하라구.

윤희   상무님 맘 잡은 거 같으냐구요.그런 거 같다구.회사 업무 파악하려구 굉장히 열심히 노력하는 중이라구 뭐 그런 얘기들요.

영국   우리 결혼에 대한 불만 아니었어요?

윤희   아뇨.그냥 저를 좀 걱정하셨어요.상무님이 후회하게 만들까봐요.

영국   (좀 풀어지며)그래서 뭐랬어요.

윤희   후회하는 일 안생기게 노력한다구요.

영국   (싱긋 웃으며 윤희 볼 손끝으로 가볍게 건드리고 자기 방으로)

윤희   ‥‥‥(그쪽 보면서)

S# 어느 카페

영주   왜 그래?‥왜 그렇게 저조해?

동우   컨디션이 나빠.(주스 잔 입으로)

영주   운동 많이 하면서 종종 컨디션 소리 잘하드라 너.감기기운 있니?

동우   그런가봐.

영주 (오버랩의 기분)병원 가 그럼.가자 지금(챙기려 하며)

동우 (오버랩의 기분)앉어 있어.그 정돈 아냐.

영주 …열있니?(하며 손 뻗히는데)

동우 (비키며)없어.가만 있어.다른 사람들 봐.

영주 무슨 상관야.보거나 말거나.

동우 (오버랩의 기분/자연스럽게 화제 바꾸는 것처럼)서대리하구 오빠/(주스 잔 내려다보며)결혼 가능해?

영주 오빠가 한대니까.허락두 떨어졌구.

동우 (오버랩의 기분)니네 엄마 서대리 집안은 안따지셔?

영주 불만족하지만 넘어가나봐.

동우 우리하구는 영 다르시구나.(안 보는 채)

영주 오빠가 워낙 대간하니까아.말려봤자 듣지두 않을 거구 또/험 투성이 오빠 갖구 서대리 집안이니 뭐 그런 거 따질 처지두 아니구/뭐 그런 거 아니겠니?

동우 (오버랩의 기분)그럼…결혼할 수 있는 거구나.(보며)

영주 숙부님하구 성북동 어른/오빠가 결혼한다니까 이제 정착하는 거 아닌가 반가우실 수 있는데/글쎄에 정착할까?여자 우습게 알거든.우스운 여자하구만 놀구는 자기 우스운 건 모르구 여자 다 우습다 그러거든?기획실 나간 거 혹시 서대리 잡을려구 그런 거 아닌지 몰라.오빠한테 너무 가혹한건가?

동우 (오버랩의 기분)니 집 식구들 대체루 다 가혹하지.

영주 영리한 여자면 절대 안 넘어갈텐데.다른 목적있나?우리 엄마 식으루 생각하면 그럴 수두 있다 너?여비서 월급 뻔한 거/나이는 먹구 조건두 신통찮구 에라 플레이보이면 어때/살다가 관두자면 한밑천 받어 나오지 뭐. 그걸까?

동우 (오버랩의 기분)그럴 여잔 아냐.

영주 니가 어떻게 알어?

동우 보믄 몰라? 그건 아닐 거야.

영주 아니면 좋은 거구.오빠 매력있을 수 있어.끌렸나부지 뭐.뱃속 편하구 머리 시끄럽잖게 그렇게 생각하자.

동우 (오버랩의 기분)우리 결혼 밀리는 거 확실하지.

영주 (어깨 츳썩)그 얘기 아직 안했어.곰방 톡하구 그럼 우린 밀려 먼 저해 그러기 좀 그렇드라.

동우 (주스 잔 비운다)

영주 컨디션 영 아니면 너 조퇴해애.(에서)

S# 기획실

윤희 (회의가 막 끝난 상태/찻잔 거두고 있는데)

영국 E 퇴근하구 뭐하실 건 가요.

윤희 ?…할일 없는데요.

영국 (브리핑 자료들 톡톡 쳐 가지런히 하며)그럼 내가 만들어주죠.(서랍에 넣으며)그거 거기 놔요.

윤희 ?

영국 쟁반 거기 노라구요.(하며 일어난다)

윤희 (빈 찻잔 쟁반 회의 탁자에 놓는다)

영국 (다가와서)오늘 우리 중고등 대학을 열등생으루 의리있게 같이 보낸 친구 다섯이 부부동반으루 모이는데 같이 안가주겠소?

윤희 ….좋아요.

영국 근데 한가지 미리 알아둬야 할 게 있어요.

윤희 ?뭔데요?

영국 기분이 나빠질텐데.

윤희 ?

영국 그래두 얘기해 놓는 게 나아요.안그랬다가 들통나면 더 상할테니까.

윤희 얘기하세요 궁금해요.

영국 이 얘기 듣구 결혼 취소하면 곤란해요.

윤희 안 그럴게요.

영국 실은 말요··그 모임에 으으음··정확히 기억은 못하겠는데 여자를 한 여덟명쯤은 데리구 갔었거든?

윤희 그때마다 다른 여자요?

영국 물론.번번이 다 결혼할 여자라구두 했단 말야.당신 결혼할 여자라 그래두 믿을 눔 한놈두 없을 거요.그런 분위기 기분 상하겠죠?

윤희 ·····(보며)

영국 아 벌써 기분나빠지기 시작했군.

윤희 아니에요.

영국 아니면 내 기분이 나빠지구.

윤희 기분 나빠요.(하며 쟁반 들려)

영국 (잡으며)그런데 사실은 여덟은 과장이구 한 셋쯤 되나?

윤희 여덟이나 셋이나요.

영국 그런데 사실은 하나두 없었거든?

윤희 ···(흘기는)

영국 하하하하하하(웃은 데서)

S# 승강기 안

영국 (퇴근이다)….(옆으로 윤희 보는)

윤희 ….(영국 돌아보는)

승강기 문 열리고

동우 (타려다가 보고 얼른 발 빼며 목례)

영국 아 상관없어.타.타라구.

동우 나중에 내려가겠습니다.

영국 상관없다니까.빨리 타.뭐 그렇게 어렵게 굴어.남두 아닌데.

동우 (별수 없이 타는)….

영국 E (윤희 위에)잘돼 가?

동우 네 나쁠 거 없습니다.

영국 우리 결혼해.들었지?

동우 들었습니다.

영국 축하두 안해?

동우 축하드립니다.

영국 사람이 왜 그리 굳었어.(승강기 문 열리고 윤희 앞세우며)피곤해 그 럼 좀 풀어 응?

동우 (가벼운 목례)…(승강기 나서서)…..(나가고 있는 두 사람 뒷모습 보 며)…

S# 고급 옷가게

윤희 (탈의실에서 나와 서는)….(목이 파인 드레시한 옷/이미 앞에 쌓여 있 는 옷 상자들)

영국 ….(앉아서)좋아 그것두 좋아요.

윤희 하나루 결정해 주세요.다 좋다 그럼 어떡해요.

86

영국   (일어나며)우리 색시 이쁘죠? 넝마를 입혀놔두 이쁘겠죠?

여자   너무너무 고우세요.어쩜 이렇게 맑구 이쁘세요 정마알.

영국   기분 좋아 다 샀다.(오버랩의 기분/여자 좋아서 날아가게 대답하며
       상자들 한꺼번에 껴안고 움직이고)

윤희   (오버랩의 기분/여자와 상관없이 영국에게 연결)어머 상무님.

영국   쩟/이상하게 볼 거 아냐 그 소리 좀 안할 수 없어요? (작게)

윤희   여보세요 아니에요/아니에요 이리 갖구 오세요.(여자는 이미 아
       웃이고)

영국   (오버랩의 기분)이거 입구 갑시다.이게 젤 좋아요.(하며 손이 주머
       니로)

윤희   알았어요.(여자 사라진 쪽으로 움직이려 하며)저기요 있잖아요.

영국   (잡아 세워놓고 상자 눈앞으로 띄워 보인다)

윤희   ?…

영국   (열어서 목걸이 꺼내들고 상자는 도로 주머니에 넣으며)어떤 여자
       줄려구 만들어 놨던 건데 까불어서 안췄던 거요.

윤희   …‥(보며)

영국   기분 나뻐요?흠흠 사실은 도서관 간다 그러구 나가서 갖구 왔
       어요.(하며 등 뒤에 가 채워주고 전신 거울 쪽으로 돌려 세워준다)…‥

윤희   …‥(거울 보는)

S# 거울 속의 윤희…‥

S# 바‥

윤희   …‥(그 차림으로 시선 내리고)

영국   …‥뭘 생각해요.

윤희   나는…절대루 자신있는 게 있었어요.(보며)

영국　사치스러운 선물때문에 넘어가지 않을 자신.

윤희　어떻게 아세요?

영국　그쯤이야 뭐.휙휙 잘두 넘어가면서 또 모두 그말은 하더라구. 자기는 특별하다는듯.

윤희　분에 넘친 선물은 안받아두 돼요.결혼두 안했어요 아직.

영국　그말은…선물공세루 당신 얼마동안 데리구 놀다가 마는 거 아 닌가…그래선가? (조금 언짢아져)

윤희　⋯⋯그건 아니에요.

영국　(웃음기 없이)아니거든 군말말구 주는 건 뭐든 웃는 얼굴루 기 뻐하면서 받아요.당연하구 당당하게 받아요.감사할 것두 비굴할 것두 미안할 것두 없어요.

윤희　⋯⋯

영국　(웃지 말고)나는 여자한테 현금만 줘왔어요.같이 나가 옷사구 구 두사구 그런 거 한 적 없어요.⋯⋯믿어요.

윤희　⋯⋯(끄덕이며)믿을께요.⋯⋯

S#　한여사의 거실

동우　(휠체어 노모에게 허리 굽혀 인사)안녕하십니까 할머님.

노모　(그냥 올려다보는)

한　손주 사위에요 어머님.

노모　⋯⋯(그냥 그대로)

한　저리루 가라.

영주　네.(하고 동우 끄는)

한　들어가실래요? (닦아주며)

노모　⋯⋯

한　그만 들어가시죠 어머님.

노모　싫어 망한 년.

한　그럼 더 계세요.

노모　물 줘.

한　알겠습니다.(하고 의자로 움직이며)아줌마..물 좀 드리세요.

여자　(차 쟁반 들고 나오며)예 알았어요.

영주　(쟁반 받는)이리 주세요..(아줌마 주방에서 물 갖고 노모에게 가 먹이고 주방으로 다시 들어가고를 연결할 것)

한　앉게.(하고 앉고)

동우　....(영주 잠깐 보고 앉는다)

영주　(이미 차 따르고 있고)

한　저녁은 먹었나?

동우　예 먹었습니다.

한　이제 완연한 봄이지?

동우　..네..

영주　(핸드백 열며)빌라 키 갖구 왔어요.그동안 이사람 빌라 비우구 아파트루 이사했어요.(키 내놓는다)

한　왜.

영주　너무 커서 부담스럽대요.관리비두 많이 나오구 아직 결혼 전인데 어른들 어떻게 생각하실지 것두 신경이 쓰이구요.

한　(끄덕이며)그랬구먼.

영주　(오버랩의 기분)우리 결혼은 언제 시켜주실 거에요?

한　...(보며)

영주　전 오월까지 못기다리겠다 그러는 참에 오빠가 또 한다니까요.

(보며)오빠 언제 해요?

한 아직 그 얘긴 없었다만/내 생각에는 아무래두 니 오래비 먼저 치르는 게 순설 거 같다.

동우 (역시)…

영주 E (동우 위에)꼭 그래야하는 이유 있어요? 저희 먼저 하면 안돼요?

한 뭐가 그렇게 급해.약혼시절두 좋은 때야.서루 더 잘 알구 더 잘 이해하면서 유익하게 쓸수 있잖어.

영주 오빠는 언제 할 건데요.

한 좋은 날 나오는대루 해야지.앞서겠다구 나서지 마라.사월에 존 날 있음 시키구 늬들은 오월이나 유월에 하면 되는 걸/뭐 차이 있다 그래.한두달 못참아? 이게 무슨 일인가싶다.지 스스루 장가 간다구 나섰는데 축복하는 뜻으루라두 그냥 가만히 있어.

영주 (동우 돌아본다)….(저는 수긍하는)

동우 ….(그저 가만히)

S# 성북동 집 앞

나오는 두 사람. 동우 차 리모트 컨트롤··

영주 먼저 하는 건 안되겠다.(탈 쪽으로 가며)

동우 (말없이 운전대로)

S# 차 안

동우 (먼저 타고)

영주 (타면서)당연히 그럴 거라구 생각했어.별수 없지 뭐.첨부터 오월이라구 했구/오빠 앞세울려면 별수 없겠다….화났니?…화났 어?(얼굴 들여다보며)…동우야.

동우 (오버랩의 기분)우리 그만두는 게 어떻겠니.(고개 틀어 영주 보며)

영주 ?……뭐어?…왜……

동우 ……(보며)

영주 왜.결혼늦어지는 거 때매?

동우 점점 치사한 생각이 들어.

영주 동우야.

동우 (오버랩의 기분 터지듯)약혼하구 곧장 식 올렸으면 됐잖아/누군 결혼한다 소리 나오기가 무섭게 금방 시키면서 왜 나는 자꾸 밀치는 거야.

영주 동우야.

동우 가만 있어..말 시키지 마.가만 있어…가만 있어(하며 시트에 머리 뒤로 기대며 눈 감는)……

영주 …….

제15회

S# 어느 카페(연결/밤)

영주   ·····(찻잔 들고 동우 보는)

동우   ···(묵묵히 마시는)·····

영주   ·····(보다가 한 모금 마시는)

동우   (찻잔 놓고 담배 태워 무는)·····(내뿜는다)

영주   그렇게까지 자존심이 상하니?····그만두잔 말 ···할 정도루?

동우   ····(안 보는 채)

영주   그냥 해보는 말이니 아님 그런 기분이 들 정돈 거니.

동우   (안 보는 채)기분 아니야.그냥 해보는 말은 더구나 아니야.

영주   ····(보며)그럼··그만두구 싶을 정도라는 거야?

동우   그래.

영주   ·····(보며)

동우   (여전히 안 보는 채)너는 몰라···알 턱이 없지.내 입장 아니구 내 처지가 아니니까.

영주   ····(보며)

동우　거렁뱅이 …깡통들구 부잣집 대문 앞에서 무한정 기다리는 꼴 야.밥을 준다구 하긴 했는데‥그러구 들어가서는 영 안나와.언제 까지 기다릴까.거렁뱅이두 자존심은 있어‥‥침 뱉구 돌아설 수두 있어.

영주　(쓴웃음)왜 그렇게 너 자신을 비하시키니.뿐만 아니라 나까지 밥 한숟야?심하지 않아?

동우　(보며)우리 결혼 지연시킬만한 명분다운 명분/‥느네 집에 없 어.그저 보기싫은 놈 집안에 들이는 거 싫어서 끌수 있는 한 끌어보 자는 거야.노골적인 푸대접/참는 것두 한도가 있어.언제까지 참을 까.끝까지 참아내면/ 장하다 칭찬할까?아닐걸?더럽게 비굴하다 그럴 거야.…아닐까?

영주　‥‥‥(보며)

동우　‥‥(그저 순하게 보며)

영주　그러지 마 동우야.(눈물 펑그르르 돌며)…그런 생각해야하는 너… 가슴이 너무 아파.

동우　(시선 내리며 찻잔 집어 든다)

영주　내 맘대루 할 수있는 일이면 이렇게 안 만들어.우리 엄마 나두 맘에 안들어동우야.그렇다구 엄마가 아니라구 할 순 없잖아.

동우　‥‥(그냥 마시는)

영주　동우야‥‥‥동우야 나 좀 봐‥‥‥나 좀 보라니까.

동우　왜애.(하며 본다)

영주　그런 말 다시는 하지 마.알았어?…가슴 떨어져…

동우　‥‥‥(보며)

영주　하지 마 웅?

동우   (들었던 찻잔 놓으며(오버랩의 기분/안 보는 채))내 인내가 어느
　　　　지점까질지 나두 두려워.나는…돌아서면 끝인 눔이야.

영주   ….(보며)

동우   억만금을 줘두 싫다그럼…그만야.

영주   나 포기할 수 있어?

동우   (안 보는 채)포기하구싶지 않아.

영주   포기할 수 있어?

동우   포기하구 싶지 않아.

영주   …..(보며)

S#   윤희 집 골목 어귀를 접어들고 있는 영국의 자동차(밤)

S#   차 안(같은 날)

윤희   (차창 밖 보면서)….

영국   ….(가만히 윤희 보다가)무슨 생각해요.

윤희   (돌아본다)

영국   사이사이/··끊임없이 딴생각을 하는군.

윤희   친구들 모임은 어떻게 된 거에요.

영국   지금 그 생각하구 있었던 거 아니잖소.

윤희   (보던 것 그만두며)그 생각했었어요.

영국   거짓말 하지 맙시다.안 그래두 돼요.(좀 기대앉는 기분으로)친구
　　　　들 모임은 첨부터 없었어요.

윤희   거짓말하지 맙시다.안 그래두 돼요.(안 보는 채 조금 웃는)

영국   ?(했다가 소리 내어 웃는다)

윤희   (돌아보고 조금 웃으며)수퍼 앞에서 내려 주세요.

영국   집까지 가요.집 앞까지 차 못들어가는 줄 알았어요.

허 짐두 있으신데요.

영국 (오버랩의 기분)그래 맞어 짐두 있는데‥

윤희 (아 참 하는 기분으로 목걸이 풀어내려)

영국 왜요.

윤희 할머니랑 이모 놀라실 거에요.

영국 놀라시면 안되나?

윤희 (등 돌려대며)한꺼번에 너무 많이 놀라시게 만들기 싫어요.빼
주세요.

영국 ‥‥(그럴 수도 있지/윤희 목에서 목걸이 빼내고)

윤희 (돌렸던 등 바로 하는)

영국 (목걸이 윤희 앞으로)‥‥(보며)

윤희 (손바닥에 받는)‥‥

S# 영주의 집 앞

들어와 멎는 동우의 차.

S# 차 안

동우 ‥‥‥(묵묵히 앞 보며)

영주 (동우 보며)‥‥동우야.

동우 (내리며)내려.

영주 ‥‥(보다가 내린다)

S# 차 밖

영주 ‥‥(내려서 동우 보는)

동우 들어가‥잘자‥

S# 이여사 거실

이여사 (비디오폰 귀에 대고 있다)

영주 F (조금 거리가 느껴지는/비디오폰 환하게 화면이 나오기는 하
는데 대문 앞 풍경/인물은 안 보이고)내가 어떻게 해볼께 우리 엄마
하구.

S# 대문 밖

영주 너 무시당하는 거 같아서 화나는 거/ 충분히 이해해…나두 미치
겠어.결혼 기다리구 있는 거.

동우 ……

영주 키스 안해줄래?

동우 (돌아본다)….

영주 안해 줄래?

동우 (좀 풀면서 영주에게 다가서는데)…….

S# 윤희 마루

지숙 (현관께 뿌려진 옷 박스들/쇼핑백에 들어 있는 구두 박스들/핸드백
들 윤희와 나누어 들고 윤희 따라 윤희 방으로 움직이며)여자들이 왜 부
잣집 아들 좋아하는지 알겠다.

S# 윤희의 방

지숙 (들어오며)과일이 오면 산더미루 들어오구/(벌써 한차례는 짐이
들어와 있는)옷이 오면 트럭으루 들어오는구나.

윤희 ….

지숙 아주.사람이 달라보이네.어디 파티갔다 오는 거니?

윤희 아냐.그냥…

지숙 목이 너무 휑하다.사주는 김에 목걸이두 하나 사달래지 왜.

윤희 이모랑 할머니‥늦게 가셨니?

지숙 저녁 전에.오실 때 됐어.일년내내 왔다갔다두 안하는 친척두

96

친척야? 할머니/봉투 만드시드라.

윤희   원곤 다 썼어? (옷 갈아입으며)

지숙   끝은 냈어. 낼 다시한번 훑어보구 갔다 줄 건가 말건가 결정할
거야.

윤희   (이부자리 꺼내는)

지숙   잘려구?

윤희   피곤해.

지숙   엄마랑 할머니 낼 첫기차 타구 부산 가서.

윤희   (돌아보는 위에)

지숙   E (연결)가서 아빠보구 할머닌 피난 때 살던

지숙   동네 가신대. 그때 신세졌던 할머니가 편찮으시대나? 손자가
전화했더래. 우리 할머니 보구싶어하신다구.

윤희   (끄덕이며 이부자리 펴는)

지숙   엄만 괜히 따라 나서는거구. 봄이라 싱숭생숭하대.

윤희   (피시시)

지숙   할머니랑 엄마 나갈 때 나두 같이 나갈 거야. 서울역 배웅해주
구 시설 존 목욕탕 가서 느긋하게 때밀려구. 낼 아침 밥 타이머 해놨
어. 찾아먹구 나가. (하는데)

   E 전화벨

지숙   내가 받을께…네 여보세요?

동우   F 윤희 들어왔어요?

지숙   끝난 사람이 우리 언니 왜 자꾸 찾아요 (윤희 돌아본다)

동우   F 좀 바꿔줘요.

지숙   왜 그쪽에 뭐가 잘 안돼요? (얼굴 장난하지 말 것/)

윤희 (오버랩의 기분/수화기 뺏는다/지숙 윤희 보고)여보세요.

동우 F 좀 보자.

윤희 ……

동우 F 윤희야.

지숙 결혼한다 그래.

윤희 (오버랩의 기분)그래…어디야.

지숙 나갈 거야?

동우 F (지숙과 동시에)나와.밖에 있어.

윤희 (수화기 놓는데)

지숙 나갈 거야? 뭣때매 만나줘 만날 필요 없잖아.

윤희 (나갈 차비하러 움직이며)보구싶어서 그래.보구싶어 만나는
       거야.

지숙 ?…(아리송한)

S# 동네 근처 카페 앞

동우 (주머니에 손 찌르고 윤희 오는 쪽 보고 있는)……

윤희 (화면 안으로 들어온다)……(동우 잠깐 보는)

동우 (시선 맞춘 채 문 열고 기다려준다)

윤희 (들어가고)

S# 카페 안

윤희 (앞서 들어와서 자리 잡고 앉는다)

동우 (따라 들어와 마주 앉는다)

윤희 ….(가만히 보며)

동우 ….(보며)

윤희 (다가와 서는 종업원)사이다 주세요.

동우 커피요.(종업원 아웃/담뱃갑 내놓으며)노영국은 아냐.다시 생각 해.(부드럽게)유치하게 그러지 말구 (안 보는 채)그 사람보다 더 대단한 사람 골라 잡는 걸루 나한테 복수해.

윤희 (오버랩의 기분)더 대단한 사람 필요없어.

동우 (보는)

윤희 언제부터 머리가 그렇게 나빠.노상무 아니구 딴 사람하구 결혼이라는 걸 내가 왜 해.내가 그럴 수 있는 애야? 혜림이 잊어버리구 금방? 노상무라 하는 거야.일부러 그러는 거야 몰라서 그러는 거야.

동우 그래서 작정하구 꼬리쳤니?

윤희 이제부터 난 운이 좋을 모양야.내가 꼬리치기 전에 그쪽에서 손을 내밀었어.그래서 잡았어.손 안내밀면 아마 내가 먼저 시작했을 거야.

동우 그말을 믿어?

윤희 믿거나 말거나.

동우 그래서/ 의기양양이겠군.

윤희 응.하늘이 돕는 거 같애.어떤 방법보다두 최상야.회장님께 다 털어놀까노영주씨한테 그럴까 /생각두 했었어.너무 재미가 없드라구.너무 간단하잖아.

동우 어리석기는/너 처녀야? 처녀 척하구 결혼할 거야? 그 결혼 언제까지 갈까.니가 날 초치면 나는 가만 있어? 나 망하면 너두 망해.

윤희 내가 처녀가 아니구 애엄마였다는 건 노상무두 알아.

동우 ?

윤희 양해사항이야.그 점은 걱정 안해두 돼.

동우　….(보다가)사모님들두 아셔? 회장님두 아셔?

윤희　혜림아빠가 직접 얘기해줄래 그럼?

동우　….나쁜 기집애.

윤희　(피식 웃는다)

동우　노상무는 자기가 이용당하는 것두 모르는 천치니?

윤희　것두 가서 직접 가르쳐줘.

동우　(오버랩의 기분)날더러 지독한 놈이라지만 너한테 대면 난 이빨
　　두 안났어.

윤희　당신은 나때문이 아니었구/나는 당신때문이야 이렇게 된 거.

동우　혜림이 일은 난 몰랐었단 말야!

윤희　메모 봤잖아.묵살했던 거지 몰랐던 게 아니야.

동우　죽었다구 했으면 달랐어!

윤희　지숙이 당신보다 이쁜 애야.차마 죽었다는 말 입밖에 내기 무서
　　웠대.

동우　….(보다가 담뱃갑 집어 들며)입 없어 말 못하는 사람 없어.

윤희　(오버랩의 기분)우리가 그렇게 보구 싶어 기다릴 땐 대통령 만나
　　기보다 어렵더니/…자기가 급하니까 만나구 싶지 않아두 계속 만나
　　게 되네..

동우　기가 차구 어이가 없어.누구하구 결혼을 해?

윤희　몸에 피가 한 순간에 다 발바닥으루 빠져나가는 것 같아야 했
　　는데…난 그랬었거든…워낙 무서운 사람이라 별거 아니었나?

동우　(대답처럼 후려갈긴다)…

윤희　…..(맞고 안 보는 채/그러나 꼿꼿하다)

동우　……(보며)

윤희　(탁 털듯 동우 보며 조금 웃듯이)그래 사정을 하는 것보다 이편이 훨씬 나…그렇지만 두번은 안하는 게 좋아.나 무슨 짓 할지 모르니까.(하고 발딱 일어나 나간다)

동우　……(잠시 있다가 불끈 일어난다)

S#　골목길

윤희　(씩씩하게 걸어가는)

동우　…(몇 걸음 떨어진 데서부터 큰 보폭으로 따라와 옆에 서며)나쁜 년.

윤희　…(상관없고)

동우　지독한 기집애.

윤희　…

동우　내가 왜 딴 생각했는 줄 알아?!니가 이렇게 독해서야.이렇게 독하구 질긴게 지겨워서/알아?

윤희　(씩씩하게 걸으며)한 남자랑 만나 칠년동안 혜림이 문제만 빼구는 단 한 번두 그 남자 싫다는 짓 안했구/시골루 돈부치는 일 한번두 거른 적 없구/그런면서 힘든다구 짜증한번 안냈던 게 이제와 독하구 질긴 게 되면 그건 어쩔 수 없지 뭐.그게 남자를 지겹게 한다는 거 나는 몰랐어.이제 부터 만나는 남자한테는 안그럴께.알게 해줘서 고마워.

동우　(오버랩의 기분 움켜잡으며)누구랑 결혼을 해?그 결혼이 될 거 같아?내가 그걸 놔둘 거 같아?

윤희　난 당신처럼 신분상승때매 노상무 꼭 붙잡아야하는 사람 아냐.못해두 아쉬울 거 없어.내가 못하면 당신두 못할 거구/나는 해두 당신은 못하게 돼 있는 사람야.

동우　……(부글부글한 채)

윤희 아니‥기어이 해야겠으면 해.어쩌면 그편이 더 날지두 모르겠네.좋아 방해 안하게 해봐 그럼.그러구 나서 보자구.

동우 어쩔려구.

윤희 누구두 이유모르게 무능하구 보잘 것 없구 불성실한 폐인을 만들어 볼까?

동우 ‥‥(소름이 끼치는/어깨 잡았던 손이 저절로 떨어진다)

윤희 할 수 있어.못할 것 같아?

동우 ‥‥(보며)

윤희 ‥‥(보며)

동우 (비웃듯/뒤틀려서)니가 그런다구 내가 그렇게 돼 줄까?무능하구 보잘 것 없는 폐인이 돼 내가?

윤희 할 수 있어.

동우 엉뚱한 꿈 꾸지마.노상무 결혼하잔다구 그말 믿구 벌써 까불어?하루에 스물 일곱 여자한테두 결혼 약속 할 수 있는 사람야.

윤희 일진 상선 후계자야.말 조심해.나 그 사람 아내가 돼.

동우 ‥‥‥(할 말을 잃고 그저 맥 빠지는 기분으로 보는)…

윤희 ‥‥(또박또박 걸어가기 시작)

동우 ‥‥‥(보다가 다시 따라붙는다)제발 그만둬 윤희야.내가 잘되는 게 뭐가 그렇게 배 아파 너.나 잘돼서 너한테 해로울 거 없잖아.

윤희 (걸음 딱 멈추고 본다)‥

동우 내가 너 모른척 할 눔두 아니구/혜림이는 나두 가슴치구 후회해.벌받을 게 있으면 하늘이 내려.니가 안나서두 된단 말야.

윤희 그때까지 못 기다려.그리구 하늘 같은 거 없어.내가 할 거야.

동우 (잡으려)윤희야.

윤희   (오버랩의 기분)만지지 마.

동우   …(손 떼운 채)

윤희   ……(보다가 제 갈 길로)

동우   ….(보다가)낼 만나 얘기하자.

윤희   시간 낭비야.

동우   ……

S# 영주 집 이여사 침실

영주   (독이 올라 있다)요샌 역혼같은 거 별루 상관안해.더구나 오빠 재혼야.우리가 먼저하는 거 아무 문제 안돼요.이미 우린 약혼해 논 상태야.우리가 먼저 하는 게 무슨 문제란 거야 대체.

이여사   (오버랩의 기분)오래비 아뭇 소리 없어두 오월 전엔 안시킬 작정이었어.더구나 오래비가 한대.그런데 오월두 아니구 오히려 사월루 당겨달라는 생뗄 왜 쓰는 거야 대체.

영주   (오버랩의 기분)대체 오월에 무슨 의미가 있길래 사월이면 안된다는 거유?

이여사   오월 신부가 젤 이쁘다더라.너 이미 늙어서 것두 신경써야잖겠니?

영주   (오버랩의 기분/올라서)엄마!

이여사   (오버랩의 기분)다 오월루 알구 있는데 사월루 당기자면 숙부나 성북동이나 어떤 생각하실 거 같아 너.결국은 딸년한테 졌구나 날 우습게 알 거나/아니면 너 사고쳐 배불러 오는 걸루 상상하기 십상야.오월야.

영주   ….(보다가)사고쳤다면?…배부르기 시작하는 참이라면?

이여사   ?….뭐야/ 너 정말야?

영주   ....(보며)

이여사   정말야 나 놀리는 거야/

영주   내가 먼저 하게 엄마.(타협적으로)

이여사   안돼.

영주   엄마 더 늙어서 동우한테 어떤 대접 받구 싶어 이래요 진짜.

이여사   겁난다.자식한테두 대우 못받구 살면서 사위한테 대접 받자구 밑밥 뿌려?

영주   도대체 동우한테 왜 이러는 거야 엄마!(고약하게 빼액)

이여사   너 이러는 게 다 그눔 조종이잖아!내가 모를 줄 알어?그놈만 나면서 너 얼마나 나빠졌는지 알기나 해?오래비가 나섰으면 앞으루 잡혀 있어두 뒤루 물러난다구 해야 원칙이야.그런데 너 앞세워 먼저 한다구 목졸르게 해?그게 된 놈이야?

영주   동우가 그러는 거 아냐.내가 그러는 거야.

이여사   잘났다는 게 그래 그런녀석 앞재비나 하구/기가 막혀서 증말 유구무언이야.한심해.(하며 일어선다)

영주   (오버랩의 기분/따라 일어서며)동우 아냐.내가 급해 이러는 건데 왜 동운 잡아?

이여사   내 손에 장 지져.인터폰 들구 늬들 하는 얘기 들었어.그래두 아냐?

영주   ?.....대체 무슨 짓하는 거유?이제 그런 짓까지 하는 거유?

이여사   환기 좀 시킬려구 테라스문 열었어.우리 집에 차 세워지는 거 같어 문 열어 줄려구 하다 늬들 수작 들은 거야.사람 잡지 마.

영주   ....(노려보며)

이여사   키스 안해줄래?뭐 대단한 눔이라구 그런 구걸을 해. 쓸개빠진 것.

영주 엄만 남자 사랑하는 거 못해 봤지.

이여사 ?(본다)

영주 그래서 내가 동우 사랑하는 거 질투하지.

이여사 ?..무슨 돼먹잖은 소리야 너.

영주 나 동우한테 구걸 많이 해.안아줘.키스해줘 너무 많이 해.구걸
이라는 생각 안들어.구걸이면 어때?그렇게 좋은데?

이여사 ....(기 차서 보고)

영주 그게 사랑이야 엄마.엄만 사랑을 몰라.아마 알 기회가 없었을
거에요.그런 의미루 엄마 참 안됐어요.

이여사 (오버랩의 기분)별동정 다한다.늬 아버지/평생사랑했어.(하
며 화장대로)

영주 거짓말.

이여사 ?(홱 돌아본다)

영주 아빠 사랑 안했어 엄마.엄마가 아빠 상대루 평생 한 건/ 큰어
머니 밀어내구 그 자리에 들어가 앉으려는 노력밖엔 없었어.

이여사 그래서 밀어냈니?

영주 실패했지.아빠/뒤루 갈수록 부담스러워져 냉담해졌으니까.

이여사 잘못 알어두 한참 잘못 알었다.죽을때까지 아빠한텐 나밖에
없었어.

영주 (오버랩의 기분)동우 무시하구 계속이러면 나 엄마 안보구 살
수두 있어요 평생.

이여사 ...(작게)뭐가 어쩌구 어째?(에서)

영주 (몸 돌린다)

S# 거실

영주   (나와서 계단으로 가는데)

영은   (계단 내려오며)케익 안 먹을래?

영주   (그냥 스치며)아니.

영은   (멈추고 돌아보며)녹차 줘?

영주   필요없어(그냥 움직이며)

S# 동우의 거실

동숙   ….(티브이 켜놓고 앉아 있다. 밤 열한 시쯤. 웃기는 프로그램)…(비죽
비죽 웃어가면서)…

동우   (침실에서 나오다가 본다)….

동숙   (티브이에 빠져서)….

동우   얘…동숙아.

동숙   ?(얼른 일어나며)에 뭐요…뭐 줘요.

동우   그래갖구 내년에 대학 어떻게 가.공부하라는데 안하구 너 왜
이러구 살어.공부 안할 거야?

동숙   낮에 책 보는데 뭐…

동우   낮에두 보구 밤에두 봐.하는 만큼 나오는 게 공부야.티비 꺼.
(하며 주방으로)

동숙   (불만이지만 티브이 끄고 주방으로)

S# 주방

동우   (냉장고에서 꺼낸 소주 병째로 마시고 있다. 꿀컥꿀컥꿀컥/병 내리
는데)

동숙   무슨 소주를 냉수 마시는 것 처럼 그래요.(냉장고로 가며)안주
두 없이 속버릴려구.

동우   안주 필요 없어.(하며 의자 뺀다/돌아보는 동숙)너 좀 앉아봐.

동숙   (앉는다)….

동우   (동생 보며)게름 피지 마.공부해.할 거 공부밖에 없어.너 언니들 처럼 살구 싶어?아무한테나 시집가 고생 찔찔이 해가며 그렇게 살구 싶어?

동숙   …..(시선 내리고)

동우   공부했으면 그보다는 낫게 살구 있을 거야 둘 다.둘다 멍청이 아니잖아.고생하는 거 생각하면 나 /아무데나 머리 짓찧구 죽구싶어 알어?

동숙   ….(보며)

동우   (소주 두세 모금 마시는데)

동숙   (일어나려)

동우   왜 일어나.

동숙   안주..

동우   필요없어.앉어.

동숙   (앉는다/보며)…

동우   최소한…(식탁 내려다보며)늬들이 공부만 다 할 수 있었어두…니 언니들 최소한 전세살이래두 하구 살면….동철이만이라두 공부 제대루 시켰으면…나 이렇게 안돼. (하며 술병 입으로)

동숙   (보며)…..

동우   (술병 내리며 혼잣소리처럼)최소한 아버지가 병만 안나셨어두…최소한 엄마/걸음이라두 제대루 걸었으면…..(하고 식탁 저쪽에 시선 박고 멍하니…)

동숙   큰언니 작은 언니….오빠가 보낸 걸루..큰언니는 방 한칸 늘려

전세 얻구‥작은 언니는 형부 딸딸이 사줬대⋯며칠 전에 전화 왔었어요.

동우 ⋯⋯(그대로)

동숙 너무 좋아해.고마워하구⋯(보다가)이제 괜찮아요.자기들끼리 살수 있다구 오빠 너무 신경쓰지 말래요.

동우 ⋯⋯

동숙 오빠⋯.오빠.

동우 ?(동숙 본다)

동숙 큰언니가 ⋯오빠 불쌍한 사람이라구⋯잘해주래요.

동우 ⋯.(보며)

동숙 작은 오빠두⋯전화하면 꼭 큰오빠 어떠냐구 묻구⋯.(눈물 돌면서)오빠 나쁘다구 하면서두 ⋯속으루는 우리 다 알아요⋯너무 힘들어하지 마요⋯.안 그랬으면 더 좋았겠지만‥이제 와 어떡해요.이미 벌어진 일인데⋯

동우 (불끈 일어나며)공부해.아무 생각말구 공부나 해.(하며 나간다)

동숙 ⋯(나가는 오빠 보며)

S# 동우의 침실

동우 (마시며 들어와 침대에 옆으로 걸터앉으며 다시 마시고 내린다)⋯.
⋯⋯

동우 E (앞씬 옮기세요/현재의 동우 위에)내가 왜 딴 생각했는 줄 알아?!니가 이렇게 독해서야.이렇게 독하구 질긴게 지겨워서/알아?

윤희 E (씩씩하게 걸으며)한 남자랑 만나 칠년동안 혜림이 문제만 빼구는 단 한 번두 그 남자 싫다는 짓 안했구/

윤희 (앞씬 비디오까지 옮기세요)시골루 돈부치는 일 한번두 거른 적

108

없구/그런면서 힘든다구 짜증한번 안냈던 게 이제와 독하구 질긴 게 되면 그건 어쩔 수 없지 뭐.그게 남자를 지겹게 한다는 거 나는 몰랐어.이제 부터 만나는 남자한테는 안그럴께.알게 해줘서 고마워.

동우 (오버랩의 기분 움켜잡으며)누구랑 결혼을 해?그 결혼이 될 거 같아?내가 그걸 놔둘 거 같아?

윤희 난 당신처럼 신분상승때매 노상무 꼭 붙잡아야하는 사람 아냐. 못해두 아쉬울 거 없어.내가 못하면 당신두 못할 거구/나는 해두 당신은 못하게 돼 있는 사람야.

동우 ……(부글부글한 채)

S# 동우 침실

동우 (술병 입으로)

S# 앞 씬

윤희 누구두 이유모르게 무능하구 보잘 것 없구 불성실한 폐인을 만들어 볼까?

동우 ….(소름이 끼치는/어깨 잡았던 손이 저절로 떨어진다)

윤희 할 수 있어.못할 것 같아?

동우 ….(보며)

윤희 ….(보며)

동우 (비웃듯/뒤틀려서)니가 그런다구 내가 그렇게 돼 줄까?무능하구 보잘 것 없는 폐인이 돼 내가?

윤희 할 수 있어.

동우 엉뚱한 꿈 꾸지마.노상무 결혼하잔다구 그말 믿구 벌써 까불어?하루에 스물 일곱 여자한테두 결혼 약속 할 수 있는 사람야.

윤희 일진 상선 후계자야.말 조심해.나 그 사람 아내가 돼.

S# 동우의 침실

동우 (벌렁 누워 있다)……

S# 영주의 욕실

영주 (욕조 안 거품 속에 누워 있고)

영은 (케이크 먹으며/욕실 나무 의자 놓고 옆에 앉아서)오빠한테 축하 한단 전화했어?

영주 아니.

영은 디게 좋아하더라.하하후후 아주 들떴어.

영주 들어와 있디?(안 보는 채)

영은 응,서대리랑 저녁 먹구 들어왔대.오빠두 알드라 서대리 황송 한 거.

영주 ……

영은 진짜 괜찮은 여자 만난 거 아냐 그랬더니/횡재한 거 안다 그러 드라구.

영주 횡잰지 아닌지는 살아봐야 아는 거지만./횡재한 거 죽쑤지 말 구 잘하라 그러지 왜.

영은 이제 방황 끝낼때두 됐어.결혼 전에 형편무인지경으루 놀다가 /결혼하구 언제 그랬더냐 그런 사람두 있대.실컨 놀아봤기때매 여 자 어떤 건가 너무 잘 알구/흥미잃구 다 졸업해서/ 오히려 딴 생각 안하구 마누라밖에 모를 수두 있다는데?

영주 누가 그래?

영은 선배 형.자기 형이 모델케이스래.엄청 놀았다드군.선배 말루 는 미친 놈처럼/그야말루 섹스 중독자처럼 놀구 다녔대.근데 지금

110

너어무 가정적이래.얼마나 훌륭한지 식두들 모두/이 인물이 그 인물이었나 한대드라?

영주 (오버랩의 기분)줄곧 딴 생각하며 건성 대답하다가)너 동우 싫으니?

영은 ?...아니? 왜애?

영주 엄만 왜 동우 못잡아먹어 난릴까.

영은 왜는 무슨 왜야.밖에 나가 자랑할 수 없는 사위니까 그렇지.단순하잖어.누구누구 네 둘째 아들/셋째 아들/그거 못해서 그런 거잖아.

영주 그런 엄마 너 좋아?

영은 싫으면 바꿀 수 있는 건가 뭐?너무 그러지 마. 안됐잖아.

영주 ....

영은 그런 사람인 걸 어떡해.욕심 안채워져서 그래.

영주 서대리두 결혼 잘못하는 거야.개밥 취급 당할 걸?

영은 ....(보며)

S# 윤희의 방(밤)

윤희 (옆으로 누워 자고 있다)....

S# 안방

(가방 꾸리는 중인 모녀. 이모는 꽤 큰 가방에 남편 봄옷 집어넣는 중이고/조모는 작은 가방에 비눗갑이랑 칫솔/가제 수건들 등등 넣는 중)

조모 빠진 거 없이 잘 챙겨.괜히 가서 에그머니나 빠트렸네 하지 말구.

이모 (남편 박스 팬티 낡은 것 펴보며)빤쓰두 다 낡아서...에이구(아무렇게나 구겨놓으며)가서 새루 사 입혀야겠네 걸레나 하구.(모녀 같이 중얼중얼 톤)

조모 이리 내봐.걸레할 때 됐나 보게.

이모 (다른데로 치우며(오버랩의 기분))보기 뭘봐요.볼 것두 읍서.하나두 안 아까워 걸레해두.

조모 ....(보다가 포기하고 자방 지퍼 채우며)이번에 가서 보면 마지막이지 싶다.그 노인네두 불쌍한 노인넨데 쯔쯔쯔쯔쯔

이모 (오버랩의 기분)가서 회나 실컨 먹구 옵시다 우리.서울서 비싸 못먹는 회나 실컨 먹구 오자구.

조모 싸지두 않더라 뭐.싱싱은 하지만.

이모 싱싱한 것만으루두 싼 거지 뭐.서울서 그런 회 어떻게 먹어.

조모 (한숨 섞어)그렇긴 하다아아아..(하고 두리번거리는)

이모 왜애..

조모 아 뭐 빼논 거 읍나싶어 그래.

이모 빼논 거 있음 가사,사.골아퍼.대충 하구 잡시다 그냥.꼭두새벽에 일어나야 해.

조모 .....(이불 들치고 발 넣으며)갔다 와서는 이불두 바꿔야겠구우우우

이모 바꿔야지.

조모 나무 가쟁이 끝이 벌써 볼록볼록 ...통통 하더라.

이모 신기해 죽겠어.끄으응(기방 한옆으로 치우며)나무들이 어떻게 겨울 가구 봄 오는지 알어서 채비하는 건지..

조모 겨울가구 봄은 오는데.....

이모 (힐끗 돌아보는)

조모 .....

이모 (이불 속으로 발 넣으며)괜한 생각말구 자요.잡시다.(하고 눕는다)

조모   애비는 은제 서울 올라오는 거야.

이모   부산 현장이 금년 마지막까지라잖우.그러구 뭐 내년부턴 목포
라나 여수라나 뭐라 중얼 거리든데…여수라나 목포라나‥

조모   공방 은제 끝나 그래서는.

이모   아 일있는 게 감지덕지지 뭐 엄만.옆에 와 있어야 성가스럽기
만 하구 떨어져 있어버릇하니까 올라올까 겁나.군더더기 붙는 거
같구.

조모   복터는 소리 한다.서방 여편네 한데 살어야지 쯔쯔쯔

S# 마당(한밤중)

S# 마루(밤/빈 마루)

S# 윤희의 방

윤희   (신음 소리 내며 앓고 있다)⋯⋯

S# 놀이터에서 놀이기구 타고 있는 모녀/(나왔던 필름 중에서 속도 아주 빠
른 것/거꾸로 쑤셔 박히는 것 같은 것/삼 초쯤)

S# 윤희 방

윤희   끄으응(하며 돌아눕는다)⋯⋯(잠시 두었다가)

S# 윤희 입 두드리며 혜림아아아아아아…하고 혜림 엄마아아아아아아하며 달려
들었던 장면/

S# 윤희의 방

윤희   (아파하면서 뒤척인다)⋯⋯(신음 가늘게 내면서)⋯⋯

S# 미끄럼틀에서 쭈욱 미끄러지고 있는 혜림…

S# 현재/윤희의 방

윤희   (벌떡 일어나며)안돼!안돼 혜림아⋯⋯(숨 몰아쉬며)⋯⋯(앉아 있는
데 온 얼굴에 맺힌 식은땀)⋯⋯(피시시시 눕는다)⋯⋯⋯⋯(잠시 두었다가 다

시 덮치듯이)

S# 눈 오는 날 뺨 후려 맞던 커트/(삼 초)

S# 육박해 들어오는 냉혹한 동우 얼굴(이 초)

S# 뒤척이는 윤희(삼 초)

S# 아냐 못 믿겠어 믿을 수가 없어/(하며 주저앉던 윤희/오디오 삭제)

S# 혜림 시트 걷어내는/꿈지럭거리지 말고/(삼 초)

     E 물리는 앰뷸런스 소리.

S# 윤희의 방

     E 앰뷸런스 소리 물려 오고

윤희   E 혜림아…혜림아아아..

     M 달콤한 음악으로 교체되면서

S# 들판을 앞서 뛰는 혜림과 잡는 시늉하며 뛰는 윤희. 오 초

S# 목욕탕/ 발가벗은 혜림 안고 쪽쪽거리는 윤희와 갤갤거리는 혜림 사 초

S# 현재 윤희 방

윤희   (어둠 속에 아파죽겠는 신음 소리 내며)

F.O

S# 성북동 노모의 방

한   (노모 얼굴에 로션 발라주며)영국이가 이따 점심 때 지 색시 데리구 인사드리러 온댔어요 어머니.영국이 장가간다는 말씀 드렸죠?

노모   ……

한   아주 참한 색시에요.조용하구 천끼두 없구 이제야 사람이 제대루 들어오는 거 같아요.

노모   뭐가 들어와?

한   영국이 장가간다구요.영국이 색시요.

114

노모 무슨 장갈 또 가.장가 갔잖어.

한 ·····(보다가)예에···(하고 혼잣말처럼)이따 오거든 보세요 어머니··
(하며 로션병 닫는데)

S# 영국의 사무실

영국 (일어서며)여하튼 일단 적자노선과 흑자노선/한눈에 볼수 있
도록 자료좀 취합해서 주십쇼.엘에이에 처박혀 있다 와서 아는 거
암무 것두 없습니다.전체적인 사업현황 궁금한 거 많아요.

기획팀장 (영국과 같이 일어나서)알겠습니다.금방 올리겠습니다.(목
례하고 나가고)

영국 ·····(자기 자리로 가다가 문득 기획실 문 돌아보며)·····(있다가 움직여
문 연다)

S# 비어 있는 비서실

영국 (도로 제자리로 빠르게 움직여 테이블의 전화 다이얼 누른다)·····
F 전화벨 가는 소리···대여섯 번

S# 윤희의 방

윤희 (힘들게 일어나려 하며 전화기로 팔 뻗히는 동안)
E 전화벨 두세 번 더 울리다 끊어져 버린다

윤희 (그냥 다시 쓰러지듯 엎어진다)

S# 영국의 사무실

영국 (전화 내려놓은 채 송수화기에 손 대고)······(있다가 다시 들어 경비
실 버튼 누르고)허기사 대기시켜주십시오.(하고 빠르게 끊고 빠르게
상의 떼어낸다)

S# 현관 밖

영국 (나와서 시동 걸고 대기 중인 차에 오른다)

허   (영국 탄 문 닫고 잽싸게 운전대로)

     출발하는 자동차.

S# 차 안

영국 ....(무슨 일이지)...

S# 동네 근처 큰길/가고 있는 영국의 차 위에

     F 전화벨 가는 소리....서너 번

S# 차 안

영국 (수화기 들고 있고)

     E 전화벨 두 번 더.

영국 (전화 끊으며)미스터 허.

허   네 상무님.

영국 아무 연락없이 출근 안하구 집에서는 전화 안받아.무슨 일 있
     는 거 같아.(허를 보고 말하는 건 아니다)

허   글쎄요 상무님.

영국 집에 가족두 있는데 말야.

허   집이 빈거 아닌가 싶습니다 상무님.

영국 서대린 어디가구.

허   출근하는 중이거나..(하는데)

영국 (오버랩의 기분 다시 버튼 누른다)...

     F 전화벨 가는 소리 세 번 만에

윤희 F (겨우 모기 같은 소리)네에...(영국?)..여보세요.

영국 ?..어떻게 된 거요 말소리가 왜 그래요.(에서)

S# 골목 입구를 굉장한 속도로 가는 영국의 자동차. 건너가는 한 사람 때문
     에 급정거하는 차. 급정거하는 차 위에

116

영국   E 뭘 꾸물거려!

S# 차 안

허   죄송합니다.

영국   (오버랩의 기분)죄송하지 말구 빨리 가 빨리 가 빨리 가아!(에서)

S# 집 대문 앞

급히 들어와 급정거하는 영국의 차.

두 남자 튕겨져 나오듯 내려서 미리 얘기됐던 듯 허기사 담 넘으려고 담

장으로 붙고

영국   빨리해 빨리 해 빨리해애애!

S# 마루

급히 들어오는 영국/

영국   (윤희 방으로)…

S# 윤희의 방

영국   (문 열고 보면 구겨진 이불에 윤희는 없다)?…(후닥탁 안방 문 열어

보고 도로 닫고 문이란 문은 다 열어보는/)

영국   (화장실 문 열다가 후닥탁 뛰어든다)

S# 화장실

영국   (뛰어들어 맨바닥에 퍼질러 엎드려 있는 윤희 안아 일으키면서)윤

희! 서대리!

윤희   (간신히 눈 뜨고 본다)…

영국   이런 법 어딨어요. 다 어디 가신 거에요.

윤희   (오버랩의 기분)너무…아파요오…너무 아파아아아..(울음터뜨리며)

영국   (오버랩의 기분)(대답처럼 껴안아 일으키며)걱정마요 이제 됐어.

나갑시다 병원 갑시다.

S# 마루

윤희 (영국에게 부축돼 나오면서도 자꾸만 무릎이 꺾어지면서 주저앉
을 듯)

영국 (두 번째 무릎 꺾이는 데서 빠르게 등 돌려 대며)업어요.업혀요 얼른.

S# 대문으로 나오고 있는 영국

허 (냉큼 문 열어주고 어쩔 줄을 모르면서)많이 아프시군요.많이 아
프셨어요오오.

영국 (윤희 태우면서(오버랩의 기분))빨리 올라타 시동 먼저 걸어어!

허 (질겁을 해서 자동차로 오르는 데서)

S# 시내를 달리는 영국의 자동차(짧게. 사 초)

S# 차 안

윤희 (반혼수상태처럼 영국의 가슴에 쓰러져 안겨서)······

영국 ······(보다가)····(가만히 머리 쓸어주기 시작하는)····(오 초쯤)

S# 입원실 일인실

윤희 (주사 꽂고 고개 약간 옆으로 꺾어진 듯해서 잠들어 있는)······

S# 병실 밖

영국 (자동차 핸드폰 하고 있는 중)······(기다리고 있다가)··네 저에요 어
머니.점심에 서대리 데리구 못가요.기다리지 마세요·· 저녁에두 안
되겠어요.며칠 뒤루 미뤄요 어머니····좀 아파요.출근두 못했어요···
몸살 감긴 거 같아요 어머니.

S# 한여사 거실

한 (선 채로)출근두 못할 정돈 거 같으면 심하구나.병원에 가야지
그거 빨리.병원에 갔다왔다니?····원 저런····그래 잘했다····그래/··
그래그래 알었어.입원하라면 입원시키구 알어서 해.노인 아닌데

118

입원할 정도까지 겠냐 싶다만 …그래…그래 알았다.(끊고/나와서서
보고 있는 여자에게)서대리가 아프다네.점심 준비 더 할 필요는 없
겠네.

여자 몸이 약하게 생겼어요오오.

한 자칫하면 걸리는 게 감긴데 뭘…(하며 휠체어로)영국이 색시가
아프대요 어머니.지금 병원에 가 있대요.오늘 못오겠어요.

노모 ……(바닥 내려다보며)

한 ……(보다가 돌아서는 데서)

S# 입원실/특실

윤희 ……(잠들어 있고)

영국 ……(옆에 앉아서 보고 있는)…

간호사 (주사 체크하러 들어온다/반 이상 들어간 주사)

영국 (일어서며)좀 나아진 거 같은데요? 혈색이 나아졌어요.

간호사 (웃어 보이고)…(주사 들어가는 것 조절하며)과로하셨나부죠?

영국 ……(뭐라 대답할 수가 없다)

간호사 뺄 때되면 연락 주세요.(나가며)

영국 네.그러죠.(간호사 아웃되고)……(윤희 내려다보며)……

S# 병원 전경(밤)

S# 병실

인주 (들어오며)언니.

윤희 어…(누운 채/ 다른 주사로 대체되어 있음/막 시작한 주사) 어떻게
알았어? (맥없이)

인주 회장님요.내내 혼자 있었어요? 상무님이 언니네 전화해서 사
촌동생 잡어 병원보냈랬는데/종일 안받어요.바루 십분 전에두 안

받았어요.어떻게 된 거예요?

윤희 할머니랑 이모…나 아픈 거 모르시는 채 부산 가시구…동생두 몰라‥새벽에 할머니 배웅해드린다구 나갔거든.

인주 그러구 안 들어오는 거예요?

윤희 걔 바뻐.친구두 많구…

인주 (의자에 앉으며)어떻게 한 집에서 입원할 정도루 사람이 아픈데 아무두 몰라요?

윤희 내가 좀 그래…그렇게 아퍼‥

인주 건 별루 존 거 아니네 뭐.그래서 좀 나졌어요?

윤희 ‥살만해.죽는 줄 알았어.

인주 근데 입원빌 어떡할거에요?굉장히 비쌀텐데…

윤희 병실이 없었대애‥(하는데)

영국 (봉투 들고 들어오다가)어 ‥왔어요?

인주 (발딱 일어나며)?‥(띵해서)

영국 죽 사왔어요…죽 먹읍시다.(봉투 놓고 윤희 일으켜 앉히는)

인주 ?…(그냥 띵)

영국 앉아요 아무데나 편하게 앉아요.

인주 네‥네 신경쓰지 마세요 상무님.(여전히 띵한 채)

영국 (죽 꺼내면서)동생/비포두 없어요?

윤희 없어요.

영국 비포 하나 채워줘야겠군.굉장히 어렵네 그 아가씨 잡기.자아‥먹어봅시다 어디.(윤희 앞에 죽 놓으며)숟가락들 기운은 있어요?먹여줘요?

인주 ????

120

E 전화벨

영국 아 내가 받죠.네에··네 작은 아버지 저에요.

S# 달리는 자동차 안

회장 좀 어때…의산 뭐라 그러구…그래 됐다.사촌 동생은 왔니?…그
처녀 뭐하구 다니는 처녀야…성북동 니 어머니 걱정이 많으셔.들
어간 김에 좀 추슬르구 아예 종합검진까지 받구 나오게 하라시
드라.

S# 병실

영국 예 본인하구 얘기할께요…예 작은 아버지…예…예 (하고 끊으며)
회장님요.(윤희 쪽으로)아예 종합검진 받구 나오라 그러세요.

윤희 (안 보는 채 그냥)…

인주 ????(위에)

영국 E 것두 나쁘지 않죠?(에서)

S# 어느 카페

영주 ….(창밖 보며 차 마시는)….

동우 (차 마시며)…..(묵묵히)

영주 (찻잔 놓으며)아무리 생각해두 우리 엄마/나 질투하는 거 같아.

동우 ?….(무슨 소리야)

영주 스무살 때 우리 아빠 만났거든.그 나이에/나이 많은 사장님 아
이 덜컥 낳아버린 걸루 자기 인생 걸구 도박 시작했어.그렇게 해서
동생들 공부 다 시키구 친정 살만하게 만들구/그리구 기어이 성북
동 큰어머니 자리 차지할려던게 마지막 목표였어…그건 끝까지 안
됐지.(안 보는 채)생각나.나 아주 어렸을 땐데…몇번이나 되는지 건
모르겠어.할머니는 할머니대루 우리 엄마 몰아낼려구 (쓴웃음)필

사적이셨거든.우리 엄마 할머니한테 많이 당했어…난 엄마가 아빨 사랑했다구는 생각안해.

영주 E 그저 목표가 아빠의 정식 아내 자리였기때문에 나름대루는 열심히 봉사했던 거지….너 그런 얼굴

영주 아니? 나하구 눈맞추구 웃으면서 다정하다가 고개 돌리는 순간 전혀 딴사람처럼 냉담해지는 얼굴….엄마 그런 얼굴 많이 봤어. 우리 엄마는/남자 사랑해본 적 없는 사람이야.

동우 니가 엄말 어떻게 다 알아.

영주 내가 너한테 미쳐있는 거 보기 싫은 거야 그냥.심리적으루 그런 거 있을 수 있다드라.자기 못해본 걸 딸은 해.자식이라면 불쌍한 엄마 인생에 대해서 좀 친절해줬으면 좋겠는데/남자 만들어 죽네 사네 지 볼일만 볼려들어.괘씸하구 소외감 느끼구 얄밉구 훼방놓구 싶어.

동우 (오버랩의 기분)그렇게 이해할수 있으면 잘해드릴 수두 있잖어.

영주 (오버랩의 기분)잘하구 싶어.잘하구 싶은데 눈만 마주치면 그게 안돼.너무 틀려 우리는.

동우 (오버랩의 기분)그거 아냐.버젓한 집 자식 아니기때매 내가 싫으신 거야.

영주 물론 못말리는 엄마 허영심두 있어.근데 그게 다는 아냐.질투두 많아.

동우 (쓰게 웃으며(오버랩의 기분))해결이 안보인다.

영주 (오버랩의 기분)서대리 입원했대.(찻잔 들며)

동우 ?…

영주 (마시고 내리며)우리 오빠/우리 재밌게 해주구 있어.(웃으며)서

122

대리 입원했는데 와 보라구 아주 당당하게 요구해.진짜 결혼을 하기는 할 건가봐.

동우 어디가 어때서 입원까지 해.

영주 몰라 감기몸살이라는데 독감이겠지.입원까진 거 보면.

동우 그래서…갈 거야?

영주 너랑 같이 갈려 그러는데?

동우 ?..나?

영주 오빠가 같이 오라드라.

동우 거길 내가 왜 가.

영주 식구 아니냐 그거지.

동우 오바야.처남될 사람/될지 안될지 아직 불투명하지만/처남될 사람에 와이프 될 사람 입원실까지 가면서 아부해?우습잖아?

영주 오빠 뜻은 그거 아냐.다같이 가족이란 거야.

동우 느네 가족이란 기분/나 아직 안들어.

영주 ….(보며)

동우 (일어나며)일어나자.

영주 (올려다보는데)

S# 병원 주차장에 세워지는 동우의 자동차

S# 자동차 안

영주 (문병 꽃 들고)같이 안내릴래?

동우 (보며)….(거부)

영주 그럼 기다려 줄래?

동우 집에 갈래.

영주 내 차 있는데까지 안데려다 줘?

동우　니 오빠 차 있을 거 아냐.아님 택시 타든지.

영주　맥빠지게 자꾸 이럴래?

동우　들어가 빨리(안 보는 채)

영주　….키스 안해줘?

동우　‥싫어.

영주　동우야.

동우　그럴 기분 아냐.싫어.

영주　…..(보며)

동우　…..(안 보는 채)

S# 입원실

영은　축하 인살 병원에서 할줄은 몰랐네요.축하해요 언니.

윤희　뭐하러 오세요.죽을 병두 아닌데…

영은　안오면 혼난대요 오빠가.내가 뭐 할일 없어요? 있으면 시켜요.
　　　화장실 가구 싶잖아요? 말하세요.나 잘해요.

윤희　안가두 돼요.좀 ‥앉으세요.

영은　(의자 조금 끌면서)우리 오빠요(하는데)

　　E 노크.

영은　네에.

영주　(들어오는데)

영은　언니.

영주　?‥오빠 너무 수선스런거 같다.너한테두 협박하대?

영은　엉,깔깔,모른척 하면 재미없다나?

영주　너한텐 그래두 낫다 야.나한텐 동우 만년 대리루 묶어둔대드
　　　라.안녕하세요 아니/안녕 못한 거지 영은아.축하합니다.입원한

거 축하한단 소린 아니에요.

윤희 ….(할 말 없어서 그냥 웃는 듯하며/안 보며)

영주 근데 우린 불러놓구 오빠 어디 간 거에요?

영은 모른대.잠깐나갔다 온다그러구(하는데/영국 들어온다)어 왔니?
(손에 약국 봉투)왔어?

영주 그게 뭐야?

영국 (냉장고에 넣으며)약.

영주 무슨 약?

영국 몸에 이로운 약.니 올케 될 사람야.인사했니?

영주 왜 그래.삼식이처럼.

영은 (풋 웃어버리고)

영주 (연결처럼)나 할 얘기 있어.결혼 우리가 먼저 함 안돼?

윤희 …

영국 ?…아 늬들두 해야지 참.

영주 (오버랩의 기분)오빠 뒤에 하래.앞에 하구 싶어.

영국 잠깐(윤희 돌아보며)…어떡할까요.(영주는 오빠가 삼식이고)

윤희 (보며)….

영국 애들 먼저 시킬까요?

윤희 (오버랩의 기분)그건….어른들 뜻 따르는 게‥

영국 (영주 돌아보며 오버랩의 기분)어른들 뜻 따르는 게 원칙 아니니?

영주 오빠한테 물은 거야.오빠 생각은 어떠냐구.

영국 내 생각이 그래.그런 문젠 어른들 뜻 따르자.

영주 ….(입 꼭 다물고)

영은 (영주 영국과 한 화면 속에서 그저 우습고 재미있고)

윤희 ……(시선 내린 채)

S# 동우의 아파트 주방

동숙 (식탁에서 공부하고 있고)……(문득 거실 쪽 본다)

동우 (거실 의자에 앉아 담배 태우고 있는)……

동숙 ……(나와서며 보는)…담배 너무 많이 피워요…

동우 ……

동숙 언니가 왜 끊게 못하는지 모르겠어.

동우 (일어나 침실로)

동숙 (보다가 움직여 재털이 집어 든다)

S# 동우 침실

동우 (침대에 걸터앉아 새 담배에 불 옮겨붙이는)…

S# 윤희네 마루(어두운)

E 울리고 있는 전화벨. 화면 시작과 함께 울리기 시작한 게 아니라 계속 울리고 있었던듯/따르르르르르의 르르르르부터 시작하세요. 너댓 번.

지숙 (그제야 외출에서 돌아오는/엎어질 것처럼 들어와 마루 불 먼저 켜고 핸드백 아무렇게나/)네 여보세요.어 엄마…씻구 있다 나와 받으니까 그렇지이…몰라 자느라구 못들었나부지 뭐.(하고 전화통 끌고 윤희 방으로 가며)그래 좋아 아빠 만나서?··갤갤··(윤희 방문 열며)아냐 저녁 먹구 들어왔어.일찍 들어왔지 그럼.가만 근데 이상하네?불 좀 켜보구(불 켠다)

S# 비어 있는 윤희 방

지숙 ?엄마 언니 외박하나부다.아직 안들어왔어…엉 아직 안들어왔어.두신데…있는 줄 알었지이.너무 피곤해서 곧장 내방 들어가

한숨 잤단 말야. 웬 외박이야아? (에서)

S# 병실

영국 (전화기 접으며) 이제 들어왔나봐요. 통화중야.

윤희 내버려 두세요…그냥 자구 낼 연락해요.

영국 ….(보며)

윤희 들어가 주무세요. 나 괜찮아요. 혼자 있어두..

영국 ….

윤희 출근하셔야잖어요…낼 퇴원할래요. 회사 나가세요…

영국 누구맘대루요.

윤희 이제 다 나았어요. 아무렇지두 않아요.

영국 탈진이래요….탈진했대요.

윤희 ….(시선 내린 채)

영국 (나와 있는 윤희 손잡으며) 전부 다 ··나한테 맡겨요…내가 맡았어요. 그저 ··애기처럼 모두 다 맡기구 순하게 따라오기만 하면 돼요.

윤희 ……(시선 들어서 보는)…

영국 ….(따듯하게 보는)

S# 병원 전경(밤)

F.O

S# 별장 전경(낮)

영국 (모포/알록달록 아닌 고급 모포/들고 침실에서 나와 소파에 앉아 있는 윤희 무릎에 덮어준다)

윤희 안 추워요.

영국 따듯한 게 좋아요. 병원에서 못들었어요? 조용한데 가서 잘먹구 많이 자구 따듯하게 푸욱 쉬라구.

윤희 …(보며)

영국 점심 먹구 나가서 산책합시다.(다른 가정부 차 쟁반 들고 나온다)
아 우리 집사람이에요.

여자 어서 오세요.(60대)

영국 옛날에 성북동 계시던 분이에요.음식이 아주 기가 막힌 분이죠.

윤희 (목례)…

여자 (영국에 연결/수줍고 조용한 할머니/)기가 막히기는…차 드세요.

윤희 네··감사합니다.(여인 아웃되고)

영국 쉬구 싶으면 들어가 눕구요(찻잔 집어주며)

윤희 (찻잔 받으며)아녜요,기운만 좀 없지 다 나았어요.너무 그러지
마세요.

영국 이러는 게 즐거워요.

윤희 ·····(보며)

영국 그러니까 말리지 말아요.(하는데)

　　E 클랙슨 소리

영국 어 얘들 도착했군.(일어서며)영주/강대리 데리구 들어온댔
어요.

윤희 ?(위에)

영국 E (벌써 빠지는)잠깐 있어요.고대루 앉아 있어요.

윤희 ………

S# 별장 밖

영국 (나오며)왔니?

영주 어엉(차에서 가벼운 가방 내려놓으며)빨리 왔지.

128

영국 안막히더라.안 막혔지.

영주 엉.잘빠졌어.

동우 (허리 굽혀 인사)

영국 (동우 팔 툭 치며)잘 왔어.환영야.좋지.(앞 전경이 좋지의 뜻)

동우 (둘러보며)네 좋은데요?(웃으며)

영국 웬일루 한번두 안 데려왔냐 너.(건물로 가고 있는 영주에게)

영주 추웠잖어.겨울엔 도닦는 사람 아니면 여기 재미없어.동우야 들어와.

동우 알았어.(허기사가 꺼내 놓은 짐들며)

영국 들어와.

동우 예.

허 (오버랩의 기분/짐 뺏으려 하며)놔두세요 제가 합니다.

동우 됐어요.(아무 거나 들고 영국 따라서 올라가며 결심을 다지는/그래 좋아 부딪치는 거야)

S# 거실

영주 (창문 활짝 열고 있는 중)답답하게 왜 있는대루 다 닫아놓구 있어요?

여자 (오버랩의 기분)환기 다 시킨 건데··

영주 그래두 열어놔요.하나두 안 쳐요.날씨가 얼마나 좋은데.(상의 벗으며) 문닫구 있을려면 교외 뭐하러 나와요.안그래요?

윤희 (서 있다가 그저 웃는다)

영국 (앞서 들어오는)

영주 (윤희에 연결)저 냉수 한잔 주세요.더워서 냉수먹구 싶을 지경

영국 (오버랩의 기분)뭐야 문을 왜 이렇게 다 열어제낀 거야.아픈 사

람 있는데.

윤희 E (짐 들고 적당한 위치로 움직이는 동우 위에(오버랩의 기분))열어논 게 좋아요.바깥 공기 쐬구 싶어요.

영국 그래요?그럼 이층두 다 열어놓자.(이 층으로 움직이며)한꺼번에 통풍 좀 시키자 응?

영주 (오버랩의 기분)너 우리 오빠 삼식이 노릇하는 거 잘 보구 배워. 여자한테 삼식이 남편 이상 존 남편은 없거든?

동우 (피식 웃어 보이고)난 소질 없어.

영주 (빠르게 이 층으로 뛰어 올라가며)내 방 잘 있는지 인사해야겠다. 안 올라올래?

동우 (상의 벗으며)나중에 올라갈게/(상의 아무데나 걸치고 윤희 돌아보는) ......

윤희 ......(조용히 보는)

동우 안녕하세요.(작정한/윤희에게)여기서 뵙습니다.

윤희 ··그러네요··안녕하세요.

동우 ·····(나직이)이게··할 짓이야?

윤희 내가 시작한 거 아니야.

동우 ····가는 데까지 가 보자구.좋아.

윤희 그러자구.그렇게 하자구(하는데)

여자 (냉수 받쳐 들고 나오는)

윤희 (웃으면서)이층에 올라가셨어요.강대리가 좀 갖다 드리세요.

동우 (웃으며)뭐 내려와 마시라죠.거기 노세요 아주머니.

여자 예 그러지요.(물 놓는데)

윤희 차 드시겠어요?(웃으며)

동우   ·····(윤희 보며)

여자   내올까요?(먼저 나왔던 찻잔 거두다)

동우   아니 아닙니다 아주머니.고맙습니다.(여인 그냥 아웃되고/윤희

에게 고개 돌리면)

윤희   (창밖으로 돌아서 바깥 보고 있는)····

동우   ·····(보는)

제16회

S# 별장 야외/테라스. 새우/연어 토막/기타 양파 피망 감자 등 꼬치로 꿴 것.
해산물 구이 파티

영주 (샐러드 섞으면서)배고파! 언제 먹는 거야?

동우 (뒤집으며(오버랩의 기분))여긴 걱정말구 거기나 잘해.다 돼가
아.(허기사는 대비 숯 꺼내 놓든지/암튼 자기 할 일)

영국 (와인 병 두 개 들고 건물에서 나오며/오버랩의 기분)누가 다 먹은
거야.왜 와인이 시시한 것만 있어 엉?

영주 (오버랩의 기분)여기 와인 축낼 사람 누가 있다 그래.오빠가 먹
었겠지.

영국 나 여기왔다간 게 언젠데.(오버랩의 기분)

여자 (윤희와 같이 상 놓으며(오버랩의 기분))재작년에 친구분들하구
같이

영국 (오버랩의 기분)아아/

영주 (오버랩의 기분)꼭 저러드라.

영국 (오버랩의 기분/영주와 상관없이/와인 병 놓으며)안 춰요?

윤희 아뇨.

영국 (오버랩의 기분)뭐해요.할사람 많은데 그냥 앉아 있어요.

윤희 (무슨 말인가 하려는데)

영국 (연결)아직 환잡니다.아무 것두 하지 말구 그저 쉬랬어요.

영국 E (새우 뒤집는 동우 위에)쉬기만 해요.

영주 E (오버랩의 기분)삼식이 오빠 시끄러우니까 그냥 있어요.할 것두 없는데요 뭐.환자루 봐줄테니까 신경쓰지 말아요.

윤희 (오버랩의 기분)죽을 날 받아논 사람 아니에요.(일어나며 영국에게)못본 척 하세요.삼식씨 때매

윤희 E (동우 위에)난 삼순이 되겠어요.

영국 E 아하하하.

영주 E 정말 못봐주겠네.정말 진짜 삼식이다.안그러니 동우야?

동우 엉?엉..하하하하

영국 (오버랩의 기분/손바닥 따악 치면서)자아 시작하면 안되나?(미리 준비해놓은 샴페인 병 집어 들며)꺼낼 거 없어?

동우 (오버랩의 기분)있습니다.꺼내구 있어요.(큰 접시에 익은 것 꺼내기 시작하면서)

영국 (오버랩의 기분)허기사한테 맡기구 이리 와.샴펜 먼저 터뜨리자구.빨리 와.어서.(샴페인 병 마개 벗기면서)

동우 네 갑니다.(허기사에게 맡기고 식탁으로/여인은 적당한 티이밍에 화면에서 빠지세요)

영국 (병 들고)이 /특별한 봄을 축하하며/내 사랑하는 여자/

영국 E (동우 위에)퇴원을 축하하며/

영국 E (영주 위에)내 동생 커플 행복을 기원하며/

영국　구기동 이여사 내 어머니/할머님/숙부님 만수무강 빌며/하늘
　　　에 해와 달과 별/대지에 가득찬 생물 무생물 만물에 경배하며(하
　　　며와 동시에 뻥 터지는 샴페인)

영주　(박수 짝짝 치며)오늘 밤안으루 안끝날줄 알았네.

영국　하하하하

동우　(웃으며 박수 몇 번 두드리는)

영국　서윤희 씨?

윤희　?

영국　(글라스 들라는 시늉)

윤희　(글라스 들어 술 받고)

영국　E (윤희 위에)다음은 강서방

동우　E 아니 제가 하죠.제가 하겠습니다.

영국　받어어(오버랩의 기분)내가 초대했어.내가 주인야.

동우　알겠습니다.(술 받고)

영국　(영주 쪽으로 돌아서자)

영주　(이미 술잔 들고 있다 댄다)

영국　(따르며)기분 좋지?(동생 보며)

영주　나두 좋지만 오빠가 젤 존데 뭐.약먹은 사람 같애.

영국　영국이가 약먹구 삼식이 됐어?

영주　엄마가 오빠보구 뭐랄지 궁금해.

영국　(오버랩의 기분)자··(잔 들며)다같이 건강하자.건강합시다.(건
　　　강합시다는 윤희 보며)

윤희　(조금 웃어 보이고)
　　　부딪히는 네 개의 글라스. 이어서

영국 우리 둘이 한번더.(윤희와 부딪히며)힘들면 언제든 얘기해요…

윤희 알았어요.(영국 윤희와 눈 맞춘 채 입으로 술잔/윤희도 술잔 올리는데)

영주 E 우리두 하자.(윤희 시선 그쪽으로)

동우 E 어 그래.

영주 (부딪히며)사랑해.

동우 ··고마워.

둘 (마시는데)

허 (익은 해물 접시 큰 것 식탁 가운데로)우선 드십시오.계속 굽겠습니다.

영국 (받아들며)어 좀 부탁해.앉자.맛있게 먹자.맛있게 먹읍시다.(하고 우선 윤희)갖구 가요.

윤희 (접시 마주 잡으며 영주 쪽으로)먼저 하세요.

영주 우린 포기했어요.삼순씨 먼저 하세요.

윤희 (잠깐 동우 보고)그럼 삼순이 먼저 하겠어요··(하고 새우 집어 드는)

S# 흐르는 물 풍경 인서트····

S# 야외 식탁···

　　식사는 끝났고/

영국 (백포도주 동우에게 따르면서)아버지 건강하실 때 낚시 하시러 숙부님하구 잘 오셨었어.그때 사촌들하구 좀 따라다녔구.(집 돌아보며)뼉다귄 오래 됐어.이십년두 넘었지?

영주 (과일 먹으며)넘었지이.

동우 새집 같습니다.

영주 해마다 손 보니까.손 안보면 금방 후져져.비어논 집은.

동우 주말에 쉬기 좋겠다.(영주 보며)

영주 그럼 주말마다 오자.

동우 얘 여기 얘기 안했어요(영국에게)

영주 잊어버렸어.잘못하면 길에서 몇시간 질척거려 난 여기 별루거
든.오빠가 좋아하지.친구들하구 몰켜 놀구 또…(하고 영국 보는)

영국 여자들 데리구 와 놀구.

영주 얘기해두 돼?

영국 다 아는데 뭐.(윤희 돌아보며)

영주 소파에서 루즈 나오구 스타킹 나오구 별 거 다 나왔었어요.

영국 야 스타킹까지는 아니야.

영주 왜 그래?사실인데?(동우에게)언젠가 엄마 친구들 여기서 하
루 놀았는데 누가 소파 구석에서 여자 스타킹 끄집어냈대.것두 보
통 스타킹 아니구 검정 그물 스타킹 있지 왜.캉캉 춤 추는 여자들
스타킹.니딸들 이런 거 신니?그러는데 죽구싶었대.오빠 그날 엄
마한테 죽었다?맨발루 마당으루 쫓겨났어.엄마 반 돌았었거든.

영국 흠흠흠흠.

영주 진짜 이런 얘기해두 괜찮은 건가?(윤희 보며)

윤희 누구 스타킹이었어요?(영국에게)

영국 몰라요.어떤 애가 벗어놓구 간 건지.

동우 여러..여자였습니까?

영국 넷이었나 다섯이었나.

영주 룸 살롱 애들이었다면서.

영국 그만해라 그만 해.

윤희 혼자에…여자가 네다섯이었어요?

영국 아녜요 친구들 같이였어요.옛날 얘기에요.

영주 옛날 얘기지.대학교 삼학년 때였으니까.

윤희 ?대학/‥ 때요?(하며 영국 보는/놀라서)

영주 화류계 일찍 데뷰했어요.다 안다드니 몰랐어요?

영국 (오버랩의 기분)야 이제 그만해.진땀 나 엉?(동우에게)공부하기
어려웠다면서.

동우 예 전 그랬어요.계속 애들 과외 하면서 여름방학엔 해수욕장
서/ 겨울엔 스키장서 아르바이트 했습니다.

영주 못하는 운동 없어.여름엔 물에 빠진 사람 건지구 겨울엔 스
키 타다 사고난 사람 구조하구/오빠 동우같은 사람한테 미안해야
해.반성해.

영국 연애는.

영주 E (윤희 위에)연애같은 연애 못했대.돈 없구 시간 없는데

영주 (동우에게 고개 돌아가 있고)연앨 어떻게 해.그치?

영국 E (동우와 영주 위에(오버랩의 기분))그런사람들두 연애만 하더
라.안했어?

동우 (웃으며)안했다면 거짓말이구/잠깐 사겼던 여잔

동우 E (윤희 위에)있었습니다.

영주 E 건 나두 알어.(오버랩의 기분)

영국 E 왜 잠깐 사귀다 그만뒀지?(오버랩의 기분)

동우 E 글쎄요‥

윤희 (동우 보며)왜 그만두셨어요?

동우 …(보면서)뭐 그럴 수 얼마든지 있는 거 아닌가요?서루 안맞으
면 사귀다가두 마는 거구

윤희   뭐가 안 맞었는데요.(오버랩의 기분/좀 웃는 얼굴)

영주   E 싫증 났대요.

영주   지루한 여자였나봐요.

영국   (오버랩의 기분)지루한 여자 환장하지.

동우   (오버랩의 기분/일어서려 하며)잠깐 걷겠습니다.은근히 취하는
데요?

영국   어 좋지.편하게 해.(영주도 따라가려고 발딱 일어나 의자에 걸쳐
놓았던 가디건 떼어내고)

동우   그럼.(하면서 윤희에게 목례하듯)

윤희   (안 보는 채)네 그러세요.(하며/영국 술병 잡는 것 막으며)천천히 하
세요.

윤희   E (윤희 보는 동우 위에)쉬었다 마셔요.

영국   그럴까요?

영주   가자.(팔 끼며)

동우   어 그래.(영주 어깨 당겨 안고 움직인다)

윤희   ……(보며)…

영국   E 잘 어울리죠.

윤희   ?…(돌아본다)

영국   쟤들요…우선 그림으루 어울려요.

윤희   ….(동우 쪽 보며 웃는 듯)..

영국   (동우와 영주 쪽 보며)영주가 미쳐 있어요…다행으루 생각해요.
결혼 못할 앤줄 알았거든요.남자 너무 우습게 알아서.지가 미칠 수
있는 상대 생긴 거..존 일이에요.

윤희   ……(그저 보며)

S# 두 사람 시각에서 영주 동우. 뭔가 얘기하면서 마주 서는데 서로 허리 감고 있는….

윤희 ….

영국 E 좋아보이죠.

윤희 ….

영국 앗차차차

윤희 (돌아본다)

영국 카메라 갖구 오는 걸 잊어버렸어요.뭐가 섭섭하더라니까.(시선 두 사람에게)

윤희 ….(시선 다시 두 연인에게)··

영국 결혼하면 곧장 나갈 거에요.(두 사람 보며)

윤희 (돌아보는)

영국 (시선 여전히)호텔 만들려다가 중단했나봐요…공부 시켜서··호텔 사업 시켜보라구 하세요.(윤희 돌아보며)영주두 호텔 비즈니스 공부하다 중단하구 들어왔어요.석산 했죠.

윤희 (시선 다시 두 사람에게)··

영국 영주하구 잘 맞을 거에요.감각 뛰어나요 저래뵈두……왜 피곤해요?좀 쉴래요?들어갈까요?

윤희 (끄덕이며 일어선다)

영국 (잡아준다)

S# 성북동 거실

한 사월 세째주 목요일이 괜찮대요.

회장 (오버랩의 기분)세째 주는 제가 출장이 잡혀 있어요.

한 그럼 날짜가 안나오는데요 서방님.

회장 (오버랩의 기분)그럼 당기지요 제가.그렇게 하십시다.

이여사 약혼은요.

한 서대리때매 해야겠다드군.4월 첫주 일요일에 하기루 했네.

이여사 약혼하구 금방 결혼식하구…그런 약혼 할 게 뭐야.

한 하구싶다니 해주세.

이여사 집 준비는 어떡하죠?

한 여기 들어와 산다네.

이여사 ?…여기루 들어온대요?

한 어머님이 계시니까

이여사 (오버랩의 기분)아예 여기들어와 살면 그럼 전 뭡니까.

한 ……(보며)

이여사 따루라두 살아야 나두 좀 드나들구 챙길거 챙기구 가르칠 거 가르치지/아예 여기 살면 나는 그럼 뭐 하라구요.

한 자네 불편하겠지만 어쩌겠나.할머니 생각하는 마음이 끔찍하니/어머님 돌아가실 때까지는 내가 데리구 있다가 나중에 내보내든지 자네가 데려가든지 해.

이여사 언제 돌아가시는데요.

회장 (이여사 보고)

한 (아연해서 이여사 보고)

이여사 백세는 사세요.어머니 돌아가실 때 쯤이면 형님두 파파 노인이에요.그럼 그녀석 형님 또 모셔얄 거 아니에요.

한 파파 노인한테 자네가 양보하게 그럼.

이여사 저는 안 늙어요?그만큼 양보했으면 됐지 여기서 더 양보해야 합니까?

한   ……(그저 보며)

이여사   아들이라구 낳아놨대야 재미 본 거 하나두 없습니다 저.

회장   (오버랩의 기분)저기…

이여사   학교 다닐 때두 쩍하면 여기서 몇날 씩 잤어요.성인돼서는 반
은 여기서 살더니 아예 여기다 자릴 잡겠다구요?그러 때 형님 하실
역할 없으세요?전 뭡니까 도대체 이 집에서.

한   나는 뭐였나 이 집에서.

이여사   …그거야

회장   (오버랩의 기분)두 분 이러시면 제가 거북합니다.

이여사   난 씨받이밖에 더 되느냐구요.

한   …..(아예 입 닫아버리고 찻잔 드는데 손이 조금 떨린다)

이여사   (회장에게)그런 거 아니냐구요.

회장   그런 말씀 하지 마세요.형수님 두분 이제 다 사셨어요.형수님
이 인내한 세월두 인정하십시오.영국이가 그러는 건/우리 세대 정
서루는 마땅히 제 할일이구 기특합니다.감사해요 마음 바르구 심정
따듯한 아들 낳아주신 거.

이여사   왜 나만 이렇게 당하구 살아야 하느냐구요.

회장   애들이 정확합니다.영국이 놈이 그러는 거/제가 대신 보상하겠
다는 뜻이에요.

이여사   뭘 보상해요.저는요 그럼 /저는 뭘루 보상 받어요.

회장   …..(말 안 통하고/보다가)형님….같이 사셨잖아요.그걸루 만족
하세요.

이여사   전 죽어두 제사두 못 얻어 먹어요.

한   영국이가 제사 안 차려줄까 그러나?…결국은 자네 자식들야.

나는 그저 도리상/예의 상 어머니구/살하구 뼈 나눠 받은 어머니
는 자네야. 좀 너그러우면 안돼?

이여사 .....할말은 많지만 그만두겠어요.모두 다 자기 입장만 중요
한 거니까요.

한 주말엔 같이 보낼테니까 너무 섭섭해 말어.

이여사 (오버랩의 기분)경비는 어떡할 거에요.보나마나 싸들여와야
할텐데··

한 (오버랩의 기분)내가 해.걱정 말게.

이여사 당연하죠.식장에두 못가는 사람인데요.

한 패물 몇가지하구 선물은 좀 줘.섭섭잖게.

이여사 못합니다.가진 것두 없구요.

회장 .....(그저 이여사 보고)

여자 (부지런히 옆에 와 서서)할머님 나오구 싶으시대요 사모님.

한 알았어요.(하고 일어서고)

이여사 (금방 일어서며)전 갑니다 그만.

한 그러게.(벌써 움직이며/회장 일어나고)

이여사 (총총히 현관으로)...

회장 멀리 안나갑니다.

이여사 서방님 섭섭합니다··(하며 나간다)

회장 (노모 방으로 돌아서는)

S# 노모의 방

한과 여인 (노모 일으켜 앉히고 있는 중)

노모 답답해 죽겠어.뭐했어 이년아/

한 (등 돌려 대며)예 어머니.서방님하구 뭇 좀 의논할 게 있어서요.

(하는데)

회장 제가 하겠습니다.제가 하죠.(여인들 물러나고 회장이)

S# 거실

회장 (노모 들고 나와 휠체어에)

한 (거들어주는데)

노모 너 샛서방 얻었냐?

한 ?예?

노모 이 놈 누구야.누군데 장승모양 버티구 있어어!(에서)

S# 별장 이 층 침실

윤희 ‥‥‥(침대에 옆으로 걸터앉아서)‥‥‥(하염없이 그러고 있다가 부시시

일어난다)

S# 거실

윤희 (이 층에서 내려온다)

여자 (탁자 마른걸레질하고 있다가 본다)

윤희 왜 이렇게 조용해요?

여자 다 자러 들어갔는데…

윤희 예에…(끄덕이고 현관으로)

S# 별장 밖

윤희 (건물에서 나와…천천히 걷기 시작하는)…

S# 물가

윤희 (발아래 보며 걷는)‥‥‥‥(걷다가 문득 보면)

동우 ‥‥(맞은 편에서 고개 숙이고 걸어오는 중)‥‥‥

윤희 ‥‥‥‥(멈춰 선 채 보는)

동우 ‥‥‥‥(윤희 앞에 와서 멈추며 고개 들어 본다)…

윤희   ……(말가니 보며)

동우   ……

윤희   (조금 비키며 걸으려)

동우   기분이 어때.

윤희   (돌아본다)

동우   재미 있어?

윤희   그쪽은 어때.

동우   스릴 있구/존데?(쓴웃음)

윤희   …됐네 그럼.(하며 걸으려)

동우   여왕처럼 모시더라.

윤희   (돌아본다)…왜…무슨 뜻야.나는…찬밥 취급만 받어야한단
     뜻야?

동우   너 애엄마였단 말두 분명히 한 거야?

윤희   했어…했다구 했잖어.의심스러우면 따루 조용히 물어봐.

동우   두 사람 바보 만들면서 양심에 찔리지두 않아?

윤희   내 앞에서 양심 소린 하는 거 아니잖아.

동우   ……(보며)

윤희   (그냥 걷기 시작)

동우   ……(보면서)

윤희   ……(걸으며)

S# 별장 전경(밤)

     E 영국/영주 동우 웃음소리.

S# 거실

     마이크 잡고 탁자 위로 뛰어올랐다 내렸다 하면서 노래하고 있는 영

144

국/반미친 놈처럼. 빠른 템포의 웃기는 가사. 술에 취한 건 아니다.

영주 (서서/손뼉 쳐주며 흥 돋구며 깔깔거리고)

동우 (웃으며 보고 있고)

윤희 ....(비죽이 웃으며 보고 있고)

영국 (노래 마치고/헐떡거리며 마이크 동우에게)

동우 아 전 노래 못합니다.못해요.

영주 (오버랩의 기분)그러지 말구 해/해애애 동우야.(미리 맞춰놓은 반주 나오고)니 반주 나와.해 하라구 응?

동우 아 나 못해애.

영주 괜찮아아 들을만 해애.

영국 (오버랩의 기분/마이크 뺏으며)내가 하께 내가 해/(하고 노래 시작/아주 푸욱 젖어드는 블루스)

동우 (윤희 보란 듯이 영주 당겨 안고 춤추기 시작한다)

윤희 ....(보며)

영국 좋아좋아/(동우 어깨 두드리며)·······(노래 사이에)나와요 나와/윤희 씨이!

윤희 (보며 웃는)....

영국 (노래하며 윤희 끌어내 안고 춤춘다/담백하게)

윤희 (별수 없이 어정쩡 안겨서도 동우와 영주 의식돼 돌아보는)···

영주 동우 (윤희 시각에서)(둘이 서로 허리 감고 아주 푹 빠진)····

윤희 (작정하고 제대로 영국에게 붙는다)

동우 (영주 안은 채 위치 조금 바꾸면서 그런 윤희를 보는)····

윤희 ···(동우 보는/위치가 마주 보게)

동우 (시선 윤희에게 준 채이다가 작정하고 영주 입에 가볍게 입 누른다)/

윤희   ……(보는/거기까지는 못하겠다/시선 돌리는데)

영국   E 야야야!

영국   (노래하다 봤다/영주 쪽으로)너 뭐해.너 뭐하는 거야 임마.풍기
　　　　문란이잖아 이자식들/(발로 가볍게 동우 차며 주먹으로 가볍게 영주
　　　　쥐어박으며)이 자식들 이거 인사불성이잖아 엉?느이끼리 있을 때
　　　　해.느이끼리.여기 미국이냐? 미국야?

영주   갤갤갤갤 (웃으며 동우 손잡아 끌고)나가자 우리.바람 쐬자.

영국   야 어디가!

영주   어 금방 들어오께.나와 빨리/나오라니까아.(동우 마구 끌고 나
　　　　간다)

영국   귀여운 자식…(하고 음악 끄고)피곤해요?

윤희   아뇨.

영국   이렇게 노는 거 재미 없어요?(어깨에 팔 두르며)

윤희   아뇨.

영국   (마주 세우며)저자식들 나가서 뭐하는지 알아요?

윤희   ….(보며)

영국   흠흠흠흠…사랑은 참 좋은 거요…우리 쟤들 뭐하나 보까요?(손
　　　　잡아당기며)

윤희   아니 난 안보구싶어요.

영국   너무 짓궂은가?

윤희   ..(끄덕이는데)

S# 건물 한 모퉁이나 그런 곳에서 입 맞추고 있는 두 사람

S# 거실

영국   (손 뻗히며)따루따루 자는 거야 알았어?

동우   네 알겠습니다.

영국   너 알었어?

영주   갑자기 규율부장야 알았어.(동우 팔 끼고 서서)

영국   (윤희에게)따루따룹니다.내방에 들어옴 안돼요.

영주   깔깔깔 오빠아!

영국   허기사 보초 세우까?

영주   오빠가 서 오빠.오빠가 서라 아예.(동우 끌고 이 층으로 움직이며)

영국   떨어져/떨어져 늬들/(두 사람 웃으며 이 층으로 올라가고 난 뒤 윤
        희에게 두 손 펴 보이며)여기까지요 오래비 노릇은./할일 다 했어요.

윤희   (오버랩의 기분)쉬구 싶어요.

영국   아.올라갑시다 그럼.(에서)

S# 동우의 침실

동우   (영주 밀어내는 중)이러지 마.곱게 자자.

영주   (오버랩의 기분)괜히 그러는 거란 말야아.

동우   (오버랩의 기분)안내켜.가서 자.

영주   ....(불만으로 보며)

동우   말들어.그러는 게 좋아.

영주   왜 안내켜.

동우   안내켜.

영주   왜.

동우   신경이 쓰여.

영주   성인이야.내행동에 대한 책임 내가 져.약혼자들야.

동우   우리 둘만 아니잖아.

영주   무슨 상관야.(도로 붙으려 하며)다 딴방인데.

동우 (벌컥 밀어내며)싫다는데 왜 이래!

영주 ?…

동우 가서 자.

영주 너 웃긴다?‥이렇게 모욕줄 수 있는 거야?

동우 (쓴웃음)너는 수없이 그러잖아.

영주 ……(약 올라 보며)

동우 낼 보자‥잘 자.

영주 (오버랩의 기분)좋아 너 두구보자(팩 돌아서 나간다)

동우 ……(보다가 담뱃갑 꺼낸다)

S# 윤희의 침실

영국 (침대 속에 손 넣었다 빼며)좀 찬데‥보일러 더 너께요.그래두 추
     면 담요 켜요.전기담요 깔려 있으니까.

윤희 네.(끄덕이며)

영국 (어깨에 손 올리며)늦잠자두 됩니다…안 깨울테니까 자구싶은
     만큼 자구 내려와요.

윤희 (끄덕인다)

영국 잘자요.

윤희 네‥‥

영국 (문으로 가서 안에서 잠그는 꼭지 누르고 웃어 보이고 나간다)

윤희 ……

S# 동우의 방

동우 (침대에 누워서/이불은 덮지 말고/담배 태우고 있다)‥‥‥

S# 윤희의 방

윤희 (잠옷 갈아입으며)‥‥‥

148

S# 동우 방

동우 (담배는 끄고 옆으로 누워 눈 뜨고)……

S# 윤희 방

윤희 (침대에 옆으로 걸터앉아서)……

S# 동우의 방

동우 (불끈 일어나 앉는)……

S# 윤희의 방

윤희 (손 뻗혀 전기스탠드 끈다)……

S# 주방

영국 (식단 메뉴 보며)양고기 어때요 잘 들어왔나요?

여자 고기 좋든데…

영국 저녁/냉면 좋아요.가볍게 먹는 게 좋죠.(메모 놓으며)과일 충분

하죠?

여자 남게 생겼어요.

영국 아주머니 갖다 드세요.그만하구 쉬세요.(나가며)

여자 알았어요.

S# 거실

영국 (나와서 티브이 스위치 넣고 소파에 아주 편한 자세로 앉는다)

아나운서 마감뉴스를 말씀드리겠습니다.(에서)

S# 동우의 방

작은 냉장고 옆에 벽에 등 붙이고 앉아

동우 (맥주 병째 마시고 있다)……

S# 윤희의 방

윤희 (침대에 옆으로 걸터앉아 어둠 속에서)……(지이이 흐르는 눈물)

S# 물을 바라보고 섰는 동우와 영국(이른 아침)

영국 흐르는 물을 보고 있으면 언제나 드는 생각이 있어..

동우 (돌아본다)....

영국 (돌아보며 싱긋 웃으며)지가 바다루 가구 있다는 거.

동우 ....(그저 조금 웃으며 시선 물로)

영국 (물로 고개 돌리며)모르는채루...밀려밀려 흘러가구 있을 거야.밀려서 갈뿐이야.....우리두 비슷해.태어날 때부터...육체적인 생명의 끝은/ 죽음이라는 피리어드루 세팅돼 있다는 건 알아.우리는 알지.그렇지만 그 뒤는 몰라.모르는채 그냥

영국 E (동우 위에)태어나면서 들구 나온 삶이라는 시계가 멈출때까지 흘러가는 거야. ....강물은 바다가 종착역일까?

동우 (돌아보며)그렇겠지요.

영국 (동우 보며)죽음이 우리 종착역이구?

동우 아닌가요?

영국 흐르는 모든 물은 마지막에 바다루 합쳐지는 것처럼 우리 마지막은 광대한 우주의식에 합쳐지는 거 아닌가?

동우 끝이긴 마찬가지 아닙니까?

영국 자넨 무신론자군.

동우 (웃으며)형님은 유신론자세요?

영국 (걷기 시작하며)영주 어떻게 만났어.누가 소개했나?

동우 (따라 걸으며)아닙니다.우연이었습니다.

영국 우연은 없어.우연으루 보이는 필연이 있을 뿐야.

동우 그럼 형님은 모든 걸 확정된 시나리오루 보십니까?

영국 어쩌면……그날 그 시간에/예를 들어 자네가 영주를 만났던/우연이라면서/우연히 그날 그 시간 바루 한 장소에 자네와 영주를 있게 한 게 뭐야.그 우연은 어떻게 생긴 거야.우연히 만났구 우연히 사랑하기 시작했어?두 사람이 같이?

동우 ……

영국 나는 윤희가 필연이야.

동우 (돌아보는)

영국 그 사람 입사했을 때/기억하구 있어.유별나게 청순했지.나는 걸레였어.싱거운 소리 꽤 했지만 나쁜 버릇으루 장난칠 생각은 안 들었어.결혼했다 헤어졌지.그러구두 계속 잘 놀았어.누구한테 잡혀가나 누가 행운알까/‥그 어떤 눔 부러워하면서 지켜보구 있었는데…뜻하잖게 행운아는 바루 나였어 흠흠.내가 몰랐을 뿐 처음부터 이렇게 결정돼 있었던 느낌이 든다구.

동우 (오버랩의 기분)서대리는…형님이…첨입니까?

영국 (멈추고 보며)그런 질문은 자네 나하구 그 사람한테 대단한 실례야.(좀 딱딱하게)건방지군.

동우 죄송합니다.

영국 (다시 걷기 시작하며)비온다드니 올것같지 않은데?

동우 (멈춰 선 채 영국 보며)…

S# 별장 테라스

영주 (브렉퍼스트 세팅 중/오렌지 주스/토스트/베이컨/달걀 프라이/버터/잼 등/큰 쟁반에서 토스트 바구니 집어 식탁가운데 놓으며)용기가 대단하다구 얘기했어요 우리끼리.(윤희 보며)감히 엄두낼 사람 아니거든요.여러가지 의미루.

윤희 (주스 컵 커피 잔 자리 잡아 놓으며/포크/나이프/버터나이프/티스
        푼은 이미 세팅돼 있고)···(그냥 웃는다)

영주 약속 받았어요?

윤희 ?··(본다)

영주 절대루 한눈 안판다는 약속받았냐구요.약속 받았대서 절대적
        인 건 아니겠지만 그래두요.

윤희 그런 거 안했어요.

영주 아무 장치두 없이 뭘 믿구요?

윤희 장치해두 절대적인 거 아니라면서요.그리구 그게 장치가 되는
        거에요?

영주 그렇긴 하지만 그래두 일단 약속은 받아놓는게 만약에 경우/
        너 이렇게 약속해놓구 왜 이러냐/몰아세울 순 있잖아요?

윤희 (그냥 조금 웃는)··

영주 맘에 안 걸려요 우리 오빠 품행?

윤희 이제 안 그러겠죠 뭐.

영주 ···(보다가)그렇게 믿는 맘 있으니까 결정했겠죠.우리두 그랬으
        면 좋겠어요.정말 바라는 바에요.(하고는 저기서 오고 있는 두 사람 향
        해서)아침 먹자아아!(에서)

S# 테라스 식탁

영주 (토스트 찢으며)보일러 너무 때더라.서대리 덕분에 더워 죽을 뻔
        했어.더웠지(동우에게)

동우 난 창문 열구 자서 괜찮았어.

영주 보일러 세팅/줄이는 거 잊어버리지 마 오빠.사람두 없는데 기름
        펑펑 없어지게 만들지 말구.

영국　벌써 줄였어 걱정 마.

영주　(동우에게)점심은 양갈비래.

동우　(잠깐 보고)….(먹는)

영주　늦으면 밀리니까 우린 점심만 먹구 뜰께 오빠.아주머니 냉면
　　　못먹는 거 아깝지만.

영국　냉면 3시 반 쯤 먹구 같이 움직이자.

영주　낼 새벽에 간다드니?

영국　(윤희 돌아보며)가구 싶댄다.할머님하구 이모님 보구싶어 가
　　　겠대.

영국　E (먹는 동우 위에)낼은 성북동에두 가뵈야하구.

영국　(윤희 보면서)아무래두 집이 젤이지 뭐.

영주　냉면 먹을래믄 점심 가볍게 먹어야겠다.냉면두 맛있거든(동
　　　우에게)

동우　….

허기사　(커피포트 들고 화면 안으로)커피 왔습니다 상무님.

영국　어/밥 먹었어?(받으며)

허　예 이제 먹을 겁니다.

영국　많이 먹어.

허　예 상무님.

윤희　(포트로 손 뻗히는데)

영국　(막고 받아서)니가 해.

영주　엉.(커피포트 받아서 따르기 시작하며)근데 서대리는 너무 말이
　　　없다.답답할려구 그래요.말 좀 해요.

영국　(오버랩의 기분)너 언니한테 서대리가 뭐야.왜 언니랬다 서대리

랬다 그러는 거야 하나루 통일해.

영주   근데 나보다 어리잖수?

영국   (오버랩의 기분)서열이 엄연히 새언니야.까불지 마.

영주   갤갤 접수하께.

영국   우리 각시 말 수 적은 편야.

동우   (시선 들어 윤희 쪽 보는데)

영국   E (연결)너하군 달라.

동우   (좀 웃으며)항상 그러세요?

윤희   ?(동우 보고 ? 했다가 웃으며)항상 그렇진 않아요.강대리님두 별
         루 많이 얘기하는 편은 아닌 거 같은데/항상 그러세요?

동우   …(시선 내리며)

영국   하하‥대답해.항상 그래?

영주   항상 그래.말 무지 애껴 얘.

영국   얘가 뭐야 임마 너.

영주   갤갤(에서)

S# 서울로 달리고 있는 영국의 차와 동우의 차. 영국 차가 앞에…

S# 영국의 차 안

윤희   ‥‥‥(앉아서 영국과 신문 나누어 보고 있는데/신문에 툭툭툭 떨어지
         는 눈물)‥‥‥

영국   (신문 뒤집다가 문득 보고)?

윤희   ‥‥‥

영국   (윤희 턱 잡아 돌린다)

윤희   (외면하며)‥‥‥

영국   왜 그래요‥‥‥묻지 말까요?

154

윤희 (외면한 채 끄덕이는)

영국 ⋯⋯(턱 놓아주고 보며)⋯⋯

윤희 (손끝으로 눈물 닦는)

영국 (주머니에서 깨끗한 손수건 꺼내 준다)

윤희 (받아서 눈물 닦는)⋯

영국 ⋯⋯(그윽이 보는)

윤희 ⋯⋯⋯(닦는)

S# 동우의 차 안

영주 (껌 껍질 깐 것 동우 입에 넣어주면서)근데 서대리 왜/가끔가끔 우
     울해 보일까.(껌 제 입에 넣으며)뭔가 딴생각하는 여자처럼 보이드
     라?⋯(몇 번 씹다가)너 못느꼈니?

동우 관심없어.

영주 한 가족 될 사람인데 너무 쌀쌀맞다.

동우 ⋯⋯

영주 아직 아픈 거 다 안나서 그런가?

동우 ⋯⋯⋯

영주 좋았지.(바꿔서)

동우 (돌아보며)?⋯뭐가.

영주 잘먹구 잘 쉬구/⋯아냐 존 거 없었어.너 내가 복수할 거야.

동우 ⋯복수소리 하지 마.싫어하는 말야.

영주 엇쩌면 그렇게 쌀쌀맞니.분해서 잠드는데 한참 걸렸어.복수
     해야지.

동우 복수소리 하지 말랬잖아.(좀 올라서)

영주 ?⋯왜 화는 버럭내니?누구한테 복수당한 적 있니?

동우   (혼잣소리처럼)복수가 무슨 복수야 거지같이…

영주   ?…동우야.

동우   ….

영주   너 왜그래.냉면이 뭐 잘못됐니?

동우   불쾌해서 그래.

영주   뭐가 불쾌해.

동우   ….

영주   응? 뭐가?

동우   (좀 누그러져서)니가 짐승취급하는 거 같아 기분나빠 그래.내키지 않을 때 많아.

영주   ……(보다가)그래두 이상해너.화낼일두 아닌데왜 화내구 그러는 거야?

동우   담배나 줘.

영주   ….(보다가 좀 뿌우한 채 담뱃갑 집어 드는 데서)

S# 달리는 차 두 대…(짧게)

S# 윤희의 마루

이모   (앞서 들어오며)엄마 윤희 왔어.멀쩡해.

조모   (현관께 서 있고)

영국   (윤희 앞세우고 들어온다)안녕하십니까.안녕하세요.

조모   어서오게.미안해서 이를 어쩌나 여러가지루.

영국   무슨 그런 말씀을요.이제 괜찮아졌어요.걱정하셨지요?

조모   (윤희 안아 붙이면서)끌끌끌끌/그 버릇 은제 고칠 거야 이것아.

이모   (오버랩의 기분)얘가 요만했을 때부터 아퍼 죽어두 아프다는 소릴 안하는 애에요.그러다 맹장 터질 뻔했다우.

156

영국 (오버랩의 기분)건 아주 나쁜 버릇인데?(윤희에게)

조모 어떻게/··좀 앉지(오버랩의 기분)

영국 (오버랩의 기분)아닙니다.그냥 가겠습니다 할머님.즈이 집에
　　서두 기다리구 계셔서요.다음에 와서 놀겠습니다.

조모 아니 그래두 어떻게

이모 (오버랩의 기분/엄마 잡으며)그럼 그렇게 해요.기다리시겠지 그
　　러엄.

영국 예 그럼···(현관으로)

이모 저기 그런데··말씀 잘 드려요.약해 보여두 강단은 있어요 얘가.
　　일년에 한두번 호되게 앓기는 하지만 건강한 편이에요.어른들께
　　말씀 잘 드리라구우··염려하실까싶어서 내가(아주 걱정이야)

영국 (오버랩의 기분)예 알겠습니다.하하.걱정 마십시오.괜찮습니
　　다.할머님 그럼.(목례하며)

조모 (끄덕이며)고맙네.잘가게.

영국 예에.(나가려다 따르는 이모 막으며)나오지 마세요 나오지 마세요.

이모 아니 그래두

영국 (오버랩의 기분)나오지 마세요.괜찮습니다.안녕히 계세요 이
　　모님.(아웃)

이모 얘···아 나가봐아.

윤희 괜찮아요 이모.

이모 ?···(보는)

윤희 (할머니 허리 안으며)잘 놀다 오셨어요?

조모 (윤희 마주 안고 움직여 앉으며)잘 놀기는/너 병원 들어겄단 소
　　리듣구는 정신 하나두 없어서/ 맘이 공중에 떠 잘이구 뭐구

이모 (오버랩의 기분)지숙이 죽였다 내가(하며 부엌으로 아웃)

윤희 ?…(이모 돌아보는)

조모 호온 났지,그깃말했다가…지에미한테 아주 반 죽었다.

윤희 뭐하러어어.

조모 (오버랩의 기분 머리 쓸며)그래 이제 괜찮은 거야?

윤희 네에..

조모 잘해 주구?

윤희 (끄덕)…(할머니 손 만지며)…

조모 거기 어디라구 했니…쉬러간데‥좋디?

윤희 좋아요.

조모 밥해 먹었어?

윤희 아니이.해주는 분 계셨었어요.

조모 어어,(하는데)

이모 (오버랩의 기분 김치 버무린 것 뒤 쪽/ 얇은 비닐장갑 낀 고춧물 든 손
      에 들고 나오며)간 좀 보슈.

조모 (한 쪽 받아 씹고)내 입엔 좀 싱겁다.

이모 너 먹어봐.

윤희 (먹어보고)‥‥싱거워요.

이모 얼마나.

윤희 요마안큼.

조모 소금 한 숟갈만 더너 비벼.푹 뜨지 말구 나붓하게.

이모 알었어(도로 부엌으로)

윤희 이모부 안녕하세요?

이모부 (들어가며)그래애.

윤희 지숙이는요?

조모 지에미한테 쥐어맞은 분이 아직두 안 풀렸어.(웃으며)입이 댓
     발은 나와서 처박혀 있더니 아까 나갔다.

윤희 (웃어 보인다)··

조모 옷 바꿔입어라 어이.시래기 지져.옷바꿔 입구 나와 씻어.저녁
     먹자.끄으응(일어나며)

윤희 (일어나며)저녁 생각 아직 없는데 할머니.

조모 츤츤이 먹으까 그럼?

윤희 네··일곱시 쯤요.

조모 그러자 그럼.어려울 거 읍네.그러자(하며 부엌으로)

윤희 (할머니 아웃되는 것 보다가 제 방으로)

S# 윤희의 방

윤희 ···(들어오면서 시선 사진으로)·····(사진 앞으로 가 무릎 꿇고 앉으며
     사진틀 집어 든다)····

S# 동우 아파트 침실

동우 (겉옷 벗으며)별일 없었지?

동숙 ··있었어요.

동우 ?··무슨 일.

동숙 혜림이 사고당한 거 엄마 알았어요.

동우 ?··어떻게/

동숙 작은 오빠가 말했대.

동우 그 자식은/··그 얘길 왜해 거기다/(열 받아서)

동숙 (오버랩의 기분)언제까지나 비밀루 하구 있을 순 없잖아요.엄
     마 전화하시면 ···안 잊어버리구 꼭 그러셨는데 머··혜림이 소식 없

냐‥잘 있겠지‥윤희 언니두 독하다‥애 소식은 간간이 들려줄 것이
지‥물론 엄마두 말 안되지만.언니가 뭣때매 우리한테 혜림이 소식
전해줘요 우리라면 생각하기두 싫을텐데.

동우   (오버랩의 기분)그래서.

동숙   ‥‥(보며/그래서의 뜻이 애매해서)

동우   (옷 계속 벗으며)그래서 뭐라셔.

동숙   천지가 무너졌어요‥‥언니 원망마안 하는 거 있죠.내노랄 때 내
놓지 안내놓구 있다 애 잡었다구/엄마랑 막 싸웠어요.

동우   ‥‥.그게 언제야.

동숙   아까 점심때.

동우   ‥‥(김빠지는데)

S# 윤희의 마루

동우 모친   이게 무슨 일이냐 응?이게 무슨 일야.(따지러 온 건 아니고
환장하겠어서)

이모   여보세요.(오버랩의 기분)

모친   (오버랩의 기분)아니 사내가 미웠으면 미웠지 왜 죄없는 어린 건
잡어어어

조모   (오버랩의 기분)잘못‥됐습니다.(이모 엄마 못마땅해서 엄마 쪽으
로 고개 돌리고 쩨리고)

모친   (조모와 상관없이 연결/안타까워 마루 두드리며)그러게 내 뭐랬
니.나한테 맡기구

모친   E (윤희 위에 연결)새출발하라 그랬잖어어어.

이모 조모   ?(첨 듣는 얘기다)

모친   E (이모/조모 위에)그때 나한테 줬으면 이런 일은 안 생기잖어

160

어어 응?

이모 (오버랩의 기분)여보세요.

모친 (오버랩의 기분)내가 얘한테 혜림이 내노라구 했어요.강씨 자손 우리가 거두는 게 도리니 혜림이 우리주구 발길 가볍게

이모 (오버랩의 기분)도대체가 상종을 못할 사람들이구먼./당신네 집 여자들은 사내 등돌리면

이모 E (윤희 위에)자식새끼 버리구 발길 가볍게 새출발하는 사람들이에요?

조모 조용해라.(오버랩의 기분)

이모 (오버랩의 기분)애 뺏어간다구 했었단 말야?(윤희에게)

모친 (오버랩의 기분)예에 그랬네요.그게‥(눈물 질금거리며)저를 위해서두 그게 좋은 일이구 그래서…(새삼스레)차라리 그때 날 줬으면(이런 기막힌 일은 없었지이이.)

조모 (오버랩의 기분)앞날 알구 사는 사람 어딨어요 천지에.이럴 줄 알았으면 드렸겠지요오.

모친 날 주지이.나를 주지이.아이구 세상에 아까운거어.아이구 세상에 불쌍한 거어.응응응 응응응응(아예 구겨진 손수건으로 눈 가리고 울다가 수건 떼면서 허탈하게)아니 사람이 없는 집두 아니구 어떻게 그렇게 애를 놓쳐요 그래애.내가 아주…뒤집어지겠어서 왔다아.생각하면 너두 불쌍한 인생…동우두 불쌍한 인생…그게…

모친 E (조모 이모 위에)읎는 집 맏이루 태어나‥ 못나구 병든 부모형제 건져보자구 너한테 못할 짓 하구 우리두 다아 못나게 굴었지만/

이모 (오버랩의 기분)이 사설을 우리가 왜 들어야 해.(엄마에게)

모친 미안합니다…미안합니다 그저..

이모 (좋잖게 보며)…

조모 ….(시선 내리고)

모친 (새삼스레 울음 터트리며)애 좀 잘보지이…잘보지이이이이…

윤희 …….(가만히 보며)

S# 윤희 마당(밤)

S# 윤희의 방

윤희 (이부자리에 다리 넣고 앉아서)………(하염없는 기분)

   E 들어오는 소리나며

지숙 E 나 들어왔어!…(대꾸는 안 들리고 잠시 후)

지숙 (들어온다)

윤희 (돌아본다)너 혼났다면서?(조금 웃으며)

지숙 (펄썩 앉으며)직살나게 쥐어터졌어.태어나서 그렇게 맞은 거
   첨야.언니 욕 허벅지게 했어.아 왜 아픈데 아프다 소릴 안하는 거
   야?아프다 그랬으면 할머니 부산 가는 거 탕치구 나두 거짓말쟁이
   안됐잖아.

윤희 정신없었어.들락날락했는데 뭐.

지숙 이제 괜찮어?

윤희 응.

지숙 출근할 수 있어?

윤희 응.

지숙 그 남자….괜찮더라 뭐.병원에서 보니까 더 멀쩡하던데?

윤희 ….(그저 보며)

지숙 뜨듯한 사람이겠어.강가하구는 달라.친절하더라?

윤희 (끄덕이는)

지숙 대체 뻐덩뻐덩한 강가/ 왜 좋아한 거야.

윤희 (웃으며)강가두…친절할 땐 친절했어.

지숙 언제.

윤희 둘이 있을 때.

지숙 봤어야 알지(얼굴 장난하지 말 것/일어나며)믿을 수 없네.자아.

윤희 엉.(지숙 나가고)……(다시 생각하는)

S# 안방

어두운 방…

이모 ……근데…이상하지……윤희 말유…이제 우리 애 아닌 거 같네…

조모 ……

이모 병원에두 그 사람이…놀러가두 그집안 별장으루….

조모 (돌아누우며)시집 보내는 게 그런 거지 뭐…

이모 시집가면….우리랑…영 딴 생활 할 거 아뉴.

조모 ……

이모 생전 사둔들하구 만날일 있겠수…애 사는 거 구경은 갈 수 있겠수…(등 돌려 누우며)에이구…재미읍네에….(도로 천장 보는 쪽으로 돌아누우며)엄마는 왜 강가눔 어머니한테 그렇게 비굴하게 그러우.우리가 뭐 잘못한 거 있어서.

조모 (한숨 섞어)잘한 건 뭐야…앨 놓쳤는데‥

이모 염치두 좋아 좌우간.무슨 할말 있어 와 오길…

조모 할말 있어 왔겠니…기막혀 앞뒤없이 쫓아온 거지.(에서)

S# 동우 거실

동우 (상당히 올라서)가서 뭐라셨어요 그래/가서 뭐랬어요!

모친 (그저 아들 기세에 눌려 입 벌리고 아들 보며)

동우 거긴 뭐하러 가요.물어보지두 않구 거긴 왜 가요 엄마 맘대루!

모친 (오버랩의 기분)애 나 그집에 가서 별루 한말두 읍다아아

동우 ……(보다가 좀 진정하고)윤희 뭐래요 그래서.

모친 무슨 말을 해 지가…지가 할말이 뭐 있어 내 앞에서.

동우 (싫증 나서)그럼 엄마두 한말 없구 걔두 아무 말 안하구 그러구
있다 오셨어요?

모친 달랄 때 주지 왜 안줬냐 소린 했어.

동우 글쎄 이제와 그런 소리가 뭐 필요해서요!

모친 알었어 그래…잘못했어..잘못 생각했다 내가…

동우 …..(속만 상하고)

동숙 (엄마 잡으며)들어가요..

모친 …(지척지척 동숙에게 밀려 움직이며)처음에..걔한테..그러는 게
아니었어어어.

동우 (획 돌아본다)

모친 E (연결처럼)우리 때매 그런 건 알지만..그래두 사람은…사람으
루 살어야지

동우 저 사람 아니란 말이세요!?(오버랩의 기분)

모친 (돌아보며)동철이두 그러드라.잘못하는 거라구.

동우 (오버랩의 기분)그래서 어쩌란 거에요.날더러 어쩌란 거냐구요!

동숙 (오버랩의 기분)그만해요.왜 요즘 덮어놓구 화부터 내요.엄마
그럴 수 있지 그거 이해 못해요?

동우 …..(보며)

동숙 왜 소리질러요? 엄마 뭘 그렇게 크게 잘못했는데요.

동우 (돌아서며)그래 나 죽일 놈이야.천지에 내편은 하나두 없어.(하고 자기 방으로)

S# 동우의 침실

동우 (들어와 문 좀 거칠게 닫고)····(섰다가 침대 사이드 테이블로 가 담뱃갑 움켜쥐듯 집어 담배 뽑아내며 눈을 뜬다)·····(담뱃갑 도로 놓고 전화 집어 찍는다)

　　F 전화벨 가는 소리. 세 번.

윤희 F 네에··

동우 엄마 거기 가셨었다면서.

윤희 F ···오셨었어.

동우 뭐라 그러셨어.

윤희 F ····

동우 뭣때매 가신 거야.시끄럽진 않았니?

윤희 F 별루 그렇진 않았어···그냥 오신 거래.

동우 내가 보낸 거 아냐.잘못 생각하지 마.

S# 윤희의 방

윤희 (스탠드 켜며)잘못 생각할 거 없어.자기가 뭣때매 그러겠어····

동우 F ···

윤희 끊어.(하고 내리려는데)

동우 F 끊지마.잠깐 있어.

윤희 (수화기 도로 귀에)····

동우 F 정말···너 ··끝까지 갈 참이니?

윤희 ·····

S# 동우 침실

동우   (침대에 옆으로 앉아서)정말/··기어이 마지막까지 갈 거냐구.

윤희   F 그렇다구 했잖아.

동우   ····

윤희   F 그래···갈 거야.

동우   (오버랩의 기분)도오저히····못봐주겠어?

윤희   F 전화 끊어.

동우   (오버랩의 기분)못봐줘?(하는데 전화 툭 끊긴다)····(수화기 내리고
보다가 맥없이 놓는다)······

                                                                  F.O

S# 성북동 집 전경(마당에서)

정원사   (봄 준비하는)···(짧게)

S# 노모의 방

윤희   (할머니에게 절하고 일어서는 중)····

노모   (누군지 모르고 멍하니 올려다보는)

한   (옆에 앉아서)손주 며느리에요 어머니.영국이 댁 될 애요··

노모   (고개 한에게)····

한   영국이 장가가요.참한 애 들어와요.앉어라(윤희 영국 앉고)

노모   영국이 미국 갔어.

한   들어왔잖어요여기.영국이 들어왔어요.

노모   (고개 영국에게 돌리고 멍하니 보는)

영국   할머니 저 장가 다시 가요.먼저는 실패했구요···다시 가는 거에
요··제 색시에요.인사드리러 왔어요.

노모   (시선 윤희에게)···

윤희   안녕하세요 할머님···

노모   ……(보며)

윤희   ….(할머니 보며)

노모   곱다..

한   예에 곱지요?

노모   (영국에게)아저씨는 누구슈.

영국   …

한   …(같이 맥 떨어지고)

S# 거실

한   (찻잔들 놓여져 있고)얘는 여기 들어와 살겠다구 하는데…네 생각은 어떠냐.네 생각두 참작을 해얄 거 같아서…

영국   어머니

한   (오버랩의 기분)가만 있어…나야 고맙구 좋은 일이지만 구기동을 또/..전혀 무시할 수두 없구 애기 입장두 있어.늬 어머니두 쉬운 사람 아니잖니.

영국   (오버랩의 기분)어쨌거나 즈인 여기 살아요

한   (오버랩의 기분)아예 따루 살면서 니 어머니두 드나들기 편하게 하구 그런 방법두

영국   (오버랩의 기분)할머님 계세요.즈이 있을 곳 여기에요.

한   ……(아들 보며)니 엄마…불만이야.

영국   불만하라 그러세요.괜찮아요.

한   (오버랩의 기분 윤희 보며)어떻게 생각하니.

윤희   여기가…즈이들 자리라구 생각합니다..

한   ….(보며)

S# 구기동 거실

이여사 (앉아서)몸은 나았니?

윤희 ··네.

영국 출근했는데요 뭐.

이여사 특별히 약하거나 나쁜데가 있는 건 아니구?

윤희 ···네··

이여사 건강해야 해.골골골 하는 여자/평생 남자 두통꺼리야.니 숙
    모봐라.안 아픈 날 보다 아픈 날이 더 많잖아 평생을···그런데두 딴
    생각 안하구 한사람밖에 없는 줄 아시는 숙부···훌륭한 양반이다.

영국 숙모님두 잘하시구요.

이여사 잘하긴 뭘 잘해.평생 어린애에 평생 아픈데 뭘 잘할 수가 있
    어.그렇게 철 안드는 사람두 보다 첨 봐.

영국 흠흠흠.(남말하는 것같은 엄마 보며)

이여사 혼수 준비는 어느 정도나 할수 있니.(윤희 보며)

윤희 (보고)

영국 건 제가 합니다.

이여사 집터가 나쁜모양야.몸만 들어오는 혼사만 걸려.

영국 하실 필요없는 말씀이세요.

이여사 (상관없이(오버랩의 기분))늬들 혼인에 쓰일 경빈 성북동에서
    전부 맡기루 했어.니돈 쓸 거 없어.

영국 ·····(엄마 보며)

이여사 (일어나며)점심 먹자.

영국 나가서 먹겠어요.(같이 일어나며/윤희 같이 일어나며 ? 영국 본다)

이여사 성북동 전화받구 준비했어.먹구 나가.

영국 한시 반에 회의 소집했어요.시간없어요.갑시다.

윤희 (이여사 보는데/난처해서)

이여사 E 어디서 버릇없이 골질야.

이여사 한시반 두시반으루 미루면 될 거 아냐.니 자리서 그것두 못해?

영국 ....(엄마 보며)

이여사 들어와.들어와라.(앞서 움직이며)아줌마 준비 됐죠?

여자 (내다보며)네에 들어오세요..(이여사 먼저 아웃되고)

영국 (윤희 돌아보는데)

윤희 (눈으로 그러는 거 아니라는/고개 조금 흔들며)

영국 (윤희 등에 손 대며 움직이는)

윤희 (따르는)..

S# 주방

둘 (들어온다)

이여사 (상 차림 손 보며)출근하는 거 이제 그만둬야지.

영국 결혼전까지 나올 거에요.(의자 빼며)

이여사 ?뭣때매.

영국 많이 보구 싶어서요.

이여사 (앉으며)흉해.사람들이 뭐라겠어.

영국 앉아요.사람들 상관 안해요.앉으라구.

윤희 (앉는다)

이여사 세상에 살면서 어떻게 사람들 말을 상관 안해.

영국 성북동 어머닌 아무 말씀 안하시든데요.(별 뜻 없이)

이여사 (불쾌해져서)세상물정 모르는 노인네 말만 중요하구 내말은
　쓰레기란 거야?

영국 밥 먹구 가라면서요.

이여사 ……그래….먹자(윤희에게)

윤희 네…

이여사 ….(먹기 시작하는)

영국 ….(묵묵히 먹는)

윤희 ….(수저 드는)….

제17회

S# 동우 사무실

동우　(컴퓨터는 켜놓은 채 기대앉아서 멍하니 딴생각하고 있는)⋯⋯

신입사원　(나가면서)강대리님 점심 안드세요?

동우　⋯⋯(그대로)

신입　(잠깐 보다가 그냥 나가고)⋯⋯

이대리　(상의 걸치며)점심 안먹어?(동우 그대로)⋯⋯강대리.

동우　?(그제야)

이대리　뭐해.뭐 고민해.

동우　고민은 무슨.

이대리　(오버랩의 기분)점심 안먹냐구.약속있어?

동우　나중에.지금생각이 없어.

이대리　그래 그럼.(나간다)

동우　⋯⋯(먼저 자세로)⋯⋯

S# 패스트푸드(회사 근처)

윤희　(들어온다)⋯⋯(시선으로 찾아서 그쪽으로 다가가서)수연아.

수연   (앉아 딴생각하다가 올려다보며)어.

윤희   (앉으며(오버랩의 기분))한참 기다렸지.회의가 좀 늦게 끝났어.미 안해.

수연   (웃음기 없이 보며(오버랩의 기분))아팠었다며?

윤희   (끄덕이며)어떻게 알았니?

수연   지숙이한테서.통화했어.너무 놀래서 뛰어나왔어. (시선 윤희에 게 안 떼는 채 곧장 이어 붙이듯)너 제정신 아냐.너하구 안어울려 그 런 짓.

윤희   ·····(보며)

수연   그 사람들이 너한테 뭘 잘못했는데 강동우에 대한 분풀이에 그 사람들 이용해.

윤희   충실하면 돼.

수연   말 안돼 너.근본적으루 바보들 만들면서 뭘루 충실한다는 거 야.사기치는 거 아니니?

윤희   ····(보며)

수연   강동우 잡을려면 딴 사람 이용하지 말구 그냥 강동우만 잡어. 그럴 수 있잖어.

윤희   ····(보는 채)

수연   제발 그만둬.암만 죽일눔이라구 해두 혜림이 아빠야··혜림이 가 즈 아빨 얼마나 좋아했니.

윤희   (시선 내린다)···

수연   혜림이 뭐랄 거 같니.엄마 잘해.엄마 신나게 원수갚아줘/ 그럴 까?너랑 강동우가 아무리 해결 안될 원수래두/혜림인 너랑 강동 우 중간에 서있을 거야.

윤희 안그래.혜림인 아빠가 없어.(안 보며)

수연 니 생각야.걔 즈 아빠 망하기 안 바래.

윤희 ....(보며)

수연 혜림이 영혼 가엾지두 않니?아빠는 잔인한 놈/엄마조차 귀신
      이 돼서 즈 아빠 잡아먹을려구 이를 갈아부쳐/혜림이 영혼 안 불
      쌍해?

윤희 (그냥 조용히 일어나는데)

수연 (따라 일어나며)강동우 부실려면 넌 더 많이 부서져야 해.그런
      결혼을 그게 할 꺼니?

윤희 (오버랩의 기분)맘 쓰지 말구 구경이나 해 너.

수연 (오버랩의 기분/윤희 잡으며)그런 구경 안하구 싶어 윤희야(안
      타까와서)취소해.취소해 너.

윤희 (오버랩의 기분)들어가게 미안해.(하고 돌아서 나간다)

수연 .....(보다가)...(도로 앉는다)

S# 패스트푸드 나와서 회사 쪽으로 걷는 윤희

S# 패스트푸드 안

수연 .....

S# 회사 회전문 밀고 들어가는 윤희

S# 구내식당

윤희 (식판에 음식 받아들고 빈자리 찾아 앉아서 수저 들다 보면/동우 바
      로 앞자리에 앉아 수저 들고 보고 있는)

동우 ....

윤희 ....(식판 들고 일어나 다른 자리로 옮긴다)....

동우 (그러는 윤희 시선으로 쫓는).....

윤희 ·····(앉아서 먹기 시작하는)

동우 ····(묵묵히 먹기 시작하는)···

S# 동우 동네 분식집 앞

동철 (웃는 얼굴로 화면 바깥 보고 섰다. 작업복)

동숙 E 오빠···(하고)

동숙 (화면 안으로 들어오는)디게 반갑네? 언제 왔어?(밝고 명랑하게)

동철 새벽에.

동숙 잠 안자구 밤새 운전했어? 오빠 자야지이. 언제 가는데?

동철 두시간 잤어. 밤 열시에 뜨면 돼.

동숙 두 시간 자구 어떡해. 더 자야지이.

동철 여관같은데 들어가 잠깐 자든지 공원벤치 신세 좀 지든지 그럼 돼.(분식집 문 열며)

S# 분식집 안

남매 들어오면서

동숙 공원벤친 하지 마. 처량해.

동철 (빈자리로 움직이며)안 처량해. 뭐가 처량해.

동숙 내가 처량해.(동철이 빼놓는 위자에 앉으며)공원에서 자는 오빠 생각하면 내가 처량다구.

동철 (마주 앉으며 웃으며)집에만 처박혀 있어?

동숙 대충.

동철 대학 온 애들 있잖어.

동숙 친한 애 없어./친한 애래두/··(만나기 싫어/웃으며) 집에 있는 게 나.

동철 (오버랩의 기분/물컵 집으며)서울에 너 있는 거/아무두 없는 거 보

174

다 훨씬 낫다.

동숙   그래?

동철   밥 먹구 영화 뵈주까?

동숙   (좋아서)내가 뵈주께 오빠.나 용돈 탄 거 많아.오빠가 주구 새 언니가 주구 수입 좋아 좋아 요새.

동철   (주문받으러 온 종업원에게/주문/동숙도 주문/아무 거나 먹고 싶은 것 주문하고)형은 어때.

동숙   충격 받아서 이사하구/⋯그 뒤루두 기분 죽사발야.화만 버럭 버럭 내구/항상 골난 얼굴이구⋯ 내 생활두 피곤해애.작은오빠 심했어.

동철   (물 마시며)⋯

동숙   괴로운가봐⋯⋯인간인데 왜 모르겠어.알지.

동철   (오버랩의 기분)형수는⋯어떤지 도통 모르구?

동숙   모르지 뭐⋯접때 엄마 그 집에 갔다 오셨잖어.못들었어?

동철   엄마?

동숙   (오버랩의 기분)뭐하러 갔냐구 엄마 큰오빠한테 또 얼마나 깨 졌는데.그럴 때는 진짜 정나미 똑똑떨어져.

동철   왜 가셨대.

동숙   작은 오빠한테 혜림이 소식듣구 놀래서/(작은오빠가 얘기했대며)너무 기가막히구 믿기질 않어서⋯. 그럴 수 있지 뭐.

동철   (오버랩의 기분)형수두 만났대?

동숙   입 다물구 아뭇 소리두 안하더래.외할머니는 그저 잘못했다구 비시구⋯비극야..

동철   (오버랩의 기분)형수 만나 /⋯형대신 빌구 싶은 맘 굴뚝 같은데⋯

용기가 안나.

동숙 할거 없어작은 오빠. 상처만 쑤시는 거야….언니..우리하구 말
안하구 싶어해. 혜림이 그렇게 됐을 때 내가 전화했었는데..끊자
그러드라구…나는 이해해.

동철 (안 보는 채 끄덕이며)….(잠시 가만있다가 또 끄덕이고)….그래두
형수/한번은 꼭 보구 싶다 (동숙 보며)

동숙 건 우리 맘이구…내맘두 그래.아직두 지금 새언니 아파트에 들
어오는 거 보믄 이상해.아직두 그래.

동철 그 여자는 어떠니.

동숙 오빨 엄청 좋아해.윤희 언니하구는 많이 달라./오빠가 좋아하
는 거보다 백배는 더 좋아하는 거 같아.

동철 (주문한 음식 나와 놓여지는 것과 상관없이)적극적야?

동숙 굉장히..(에서)

S# 운전하는 영주

영주 결혼하구 곧장 나갈려면 지금부터 수속해야잖아요 작은 아버
지.동우 그러는데 아무 지시 없으셨대서요.

S# 움직이고 있는 노회장의 차 안

회장 (카폰)작은 아버지 놀면서 월급 안받아 이눔아.벌써 지시해서
준비시키는 중야.걱정할 거 없어. 알아서 해줄테니까 걱정말구 기
다려.

S# 영주의 차 안

영주 갤갤 그러셨어요?갑자기 걱정돼서 체크하는 거에요.알았어
요 작은 아버지…네 저 지금 운동하러 가요… 네 ..네 알았어요.그럼
끊어요오.(끊고 핸드폰 넘버 찍는다)

E 신호 너댓 번 만에/

이대리 F 네 강동우대리 자립니다.

영주 강대리 자리에 없나요?(에서)

S# 근처 카페

수연 ….(동우 보며)

동우 (차 마시며)…

수연 (들고 있던 찻잔 내리며)동우씨가 먼저 시작한 일이에요.끝맺음
두 동우씨가 하세요.

동우 …..(시선 내린 채)

수연 걔 지금 누구 말두 귀에 안들려요.(하는데)

E 핸드폰 울리는(오버랩의 기분)

수연 동우/동시에 체크

동우 네에.

영주 F 작은 아버지 벌써 지시하셔서서 준비 중이랜다.외근 중이니?

동우 음.

영주 F 전화하기 곤란해?

동우 좀 그래.

영주 F 알았어.편할 때 전화해 그럼.나 운동가.

동우 그래 알았어(하고 끊는다)

수연 (오버랩의 기분)먼저 포기해요.그러기 전엔 윤희 포기 안할 거
에요.

동우 …..(안 보는 채)

수연 약혼 취소하세요.그럼 윤희/그 결혼/할이유 없어져요.그렇게
정리하는 게 최선이에요.두사람 하구 있는 짓/…하늘하구 땅이 맞

붙어 버렸으면 좋겠어요. 그게 할 짓들이에요?

동우 (조금 외면하며)그렇습니다.(작게)

수연 ····(보다가)윤희한테 져요.이길 수 없어요 윤휠 보면.

동우 (수연 보며)걜 말려주세요 수연씨.

수연 ?····동우씬··못하겠단 거에요?

동우 (보며)···너무 많이 와버렸어요.되돌아가기 쉽지 않아요.

수연 ·····(보며)

동우 나 죽이자구··저두 망해가면서까지 그럴 필요없잖아요.내가 무슨 그렇게 큰 가치가 있는 인간이라구요··바보짓이에요.얼마든지 다른 새출발 할 수 있어요.

수연 ·····(보며)

동우 나쁜 일만 있었던 거 아니에요.좋은 날들두 있었어요.좀 설득해 주세요 수연씨가···

수연 ····(보며)

동우 ····(찻잔 집어 마시는)···

수연 (보며)····

S# 윤희 사무실

윤희 (컴퓨터 두드리고 있다)······(컴퓨터 두드리는 손 멎으며)

수연 E 혜림이가 너 이렇게 하는 거 보면 뭐랄 거 같니.엄마 잘해.엄마 신나게 원수갚아줘 그럴 거 같니? 너랑 강동우 아무리 해결 안될 원수래두 혜림인 너랑 강동우 중간에 서있을 거야.

윤희 ·······

수연 E 걔 즈 아빠 망하기 안 바래.

윤희 ····

178

수연 E 혜림이 영혼 가엾지두 않니?아빠는 잔인한 놈/엄마조차 귀
신이 돼서 즈 아빠 잡아먹을려구 이를 갈아부쳐/ 혜림이 영혼 안 불
쌍해?

윤희 (화면에 던지고 있던 시선 자판으로 내려지며)....

영국 (복도에서 비서실로 들어오며)좀 쉽시다.(윤희 정신 들어 일어나
는/회의 자료 잔뜩 들고)회의/회의/회의/죽겠군 정말.차 만들어갖
구 들어와요.좀 놀자구 음?

윤희 네.

영국 (자기 사무실로 들어가고)

윤희 (탕비실로)

S# 탕비실

윤희 (녹차 준비하면서)...

수연 E 혜림이 영혼 가엾지두 않니?아빠는 잔인한 놈/엄마조차 귀
신이 돼서 즈 아빠 잡아먹을려구 이를 갈아부쳐/ 혜림이 영혼 안 불
쌍해?

윤희 E (뜨거운 물 부으며 혼잣소리처럼)니 아빤 너두 버렸어 혜림아.그
건 용서 못해.용서 안할 거야....

S# 영국의 사무실

윤희 (들어온다/쟁반 들고)

영국 (테이블 의자에 앉아 있다가 가볍게 일어나며)점심 뭐 먹었어요.

윤희 아래 식당에서요.(티 테이블로 오며)

영국 누구하구.

윤희 혼자서요.

영국 왜 혼자 먹어요.

윤희 친구가 없었어요.

영국 (앉으며)쯔쯔쯔.앉아요.

윤희 (앉으며)회의는 어떠셨어요?

영국 이제 반에 반쯤 귀가 트이는 느낌이요.어어 그 요령부득인 사람/돌겠드군.핵심만 딱딱 짚어서 얘기하면 될 걸 이건 무슨 소릴하는 건지 원/그래갖구 어떻게 임원까지 올라갔는지 불가사의든데? 누구라구 밝힐 순 없지만.(찻잔 들어 올리며)

윤희 (찻잔 집으면서)반에 반쯤 트였으면 다다음 주 쯤엔 완전히 다 트이시겠네요?

영국 회사에 발 들여논 싯점이 아주 안 좋았어요.(오버랩의 기분)

윤희 ?

영국 E 회의 하는 내내 어떤 여자 얼굴만 왔다갔다 하는데

영국 지겨워서 죽을 뻔했소.결혼해서 한 반년 푸욱 살구 나서 나왔으면 좋았을 걸/그렇다구 지금 휴직하잘 수두 없구 말요.

윤희 말두 안돼요.

영국 (마시고 내리면서 안 보는 채(오버랩의 기분))내가 과연 해낼수 있을까.

윤희 ....(보며)

영국 내가 과연 해낼수 있을까 내가 과연 할 수 있을까/내가 과연 해두 되는 걸까/...틈틈이(시선 들어 보며) 나 자신한테/계속 같은 질문을 하구 있는 중이요.

윤희 왜요.

영국 책임을 생각하면 두려워져요. 바위 밑에 깔린 것 같아.

윤희 충분히...하구두 남아요.

영국 ...뭘루 그렇게 믿지? 나는 검증된게 없는 사람이요. 정 반대루 검증된 건 있죠··안되는 놈이다 쪽으루.

윤희 할 기회가 없었구···할 생각이 없었을 뿐일 거에요.

영국 모험 아닌가?

윤희 아니에요.

영국 그런데 왜 나는 사이사이 모험일지 모른다는 생각이 들까요.

윤희 조심성같은 걸 거에요.

영국 자신이 없어.

윤희 자신없는 저 밑바닥에··누구두 모르는 자신감/있을 거에요.

영국 ····어떻게 알아요 당신이.

윤희 그런 거 없었으면 이방으루 들어오질 않았을 거에요 처음부터.

영국 ·····(보다가 시선 피하며)흠흠흠흠/사람을 꿰뚫는 재주두 있소?

윤희 ·····(보며)

영국 ·····(보며)

S# 서울 야경. 인서트

S# 어느 레스토랑

　　두 사람 차 마시면서····

영국 ····(찻잔 내려놓으며)주제넘은 자신감이라는 것두 있어요. 걱정 이 돼.

윤희 걱정 안하셔두 돼요.

영국 걱정 안하게 해줘요 그럼.(보며)

윤희 (같이 보며)···어떻게 하면 돼요···하께요.

영국 ·····(보다가)무슨 일이 있어두 나를····안 버린다구 약속해요.

윤희 ·····(보며)

영국　맘에 안드는 부분이 있어두 너그럽게 이해해주면서 고쳐주
　　　구/··끊임없이 격려해주면서··평생 내 옆 자리 지켜준다구 약속해
　　　요. (안 보며)

윤희　·····(보며)

영국　약속 못하겠소? (보며)

윤희　사람은 변해요. 그런 약속은···하는 게 아니라는 거

영국　(오버랩의 기분)체험으루 안다구?

윤희　···네.

영국　나는 당신보다 더 잘 알구 있어요 그건····그렇지 사람은 변해.
　　　얼마든지 변할 수 있어요. 그렇지만 또··안변할 수두 있어요····

윤희　····(보며)

영국　나 버리지 말아요.

윤희　····(보며)

영국　약속 못하겠소?···날 버릴 거요?

윤희　(쓴웃음으로 시선 내리며)나는···누굴 버리는덴 소질이 없어요.

영국　·····(보다가)약속으루 받아들이겠소.

윤희　····(보며)

영국　(찻잔 들며 미소로 보며)···

S#　거리/주차장으로 가는 길(밤)

영주　(동우 팔 끼고 걸으며)결혼하구 곧장 나가는 거 차라리 잘됐다
　　　구 생각해. 우리 엄마 찌뿌드드한 얼굴 안 봐두 되구 너/엄마 비위
　　　맞추려 애 안 써두 되구/···누구 방해두 안받구 우리둘이서만 살수
　　　있잖어. 너랑 나랑 서루/서루에 대해서 더 잘 알아가면서/줄 거 같
　　　아. 어떻게 생각해?

182

동우 ……

영주 어떻게 생각하냐구.

동우 난 그럴 수만두 없어.

영주 왜애?

동우 아버지/언제 어떻게 되실지 몰라.

영주 (멈추며)설마아.

동우 (그냥 걸으며)다시 쓰러지시면 그땐 회복 불가능야.재수 없는 놈/
가서 짐 풀기 전에 부고 받을 수두 있어.

영주 (걸으며)니가 왜 재수없어.그런 말 왜 하는지 모르겠드라.

동우 재수가 없으니까.

영주 나 만난 것두 재수없다는 거처럼 들려 그러지 마.

동우 ….

영주 아니라구 안해?가만 있으면 시인일 수두 있다 너어?

동우 너는 홀가분하겠지떠나면…(주차장으로 들어서며/영주도)난 그
렇지가 못해.나두…너같았으면 좋겠다. 어디에 가 살든 걸리는 거
없이 편안했으면…

영주 생활 해결은 우리가 하잖어.

동우 ….

영주 금방 애기 낳자 우리.우리 엄마때매라두 빨리 낳는 게 좋아.암
만 맘에 안든 사위두 딸이 애기 나 노면 그땐 포기한대드라.집으루
들어가지?

동우 왜.

영주 중간에 잘 새니까.집에 들어가는 줄 알았는데 너 딴 볼일보구
그러잖어.

동우 (영주 차 문 열어주며)천천히 가.너 난폭운전에 가까워.

영주 알았어 조심하께.(하며 운전대로 타려다가 그만두고)공부하러 나가는 거 내키지 않니 니네 집 때매?아니면 호텔 같은 거 흥미없어?그냥 지금이 더 낫겠어?

동우 ....(보며)

영주 내키지 않으면 작은 아버지한테

동우 (오버랩의 기분)놔둬.그럴 거 없어.

영주 다른 생각있음 말해.어려울 거 없어 바꾸면 돼.

동우 (오버랩의 기분)없어.신경쓰지 마.괜찮아.

영주 .....(보다가)너 뭐/나 모르게 골 아픈 일 있니 혹시?

동우 ....(보며)왜 그런 말 해.

영주 너 말두 못하게 얼굴이 복잡해 요새.도대체 무슨 딴생각을 그렇게 하는 거니.

동우 쓸데없는 소리 하지 말구 얼른 타.

영주 동우야.(오버랩의 기분)

동우 (오버랩의 기분)거지같은 기분을 떨칠 수가 없어서 그래.그뿐야.

영주 ....(보며)

동우 딴 거 없어.타 얼른.

영주 (시무룩해지며)너 그럼 나 들어가 엄마하구 또 싸워 동우야.

동우 그러지 마.

영주 (타면서)전화하께.

동우 그래.

영주 (엔진 걸고 유리 내리고 보며)곧장 들어가.

동우 그럴 거야.

영주 (자동차 움직이기 시작하고)

동우 ….(보며)

S# 윤희의 대문 앞

말없이 와서 멎는 두 사람….

영국 입을 조개처럼 꼭 붙이구 있군.별루 말이 안하구 싶은 모양
이요.

윤희 피곤해서 그래요.

영국 ….(보다가 끄덕이며)잘자구 낼 봅시다.

윤희 (끄덕이며)가세요.

영국 (벨 눌러주고)…갑니다 그럼.

윤희 네에.

지숙 E 언니야?

윤희 으응..

영국 (손 들어 보이고 뒤로 빠지고)

윤희 (열리는 대문으로 들어간다)

S# 마당

지숙 (따르며)수연언니한테 얘기 안했었어 결혼한다는 거?

윤희 …응.

지숙 왜애?…디게 놀래든데?통화했어?

윤희 응..

S# 마루

윤희 (들어오며)다녀왔습니다.

이모 늦었다.(윤희/네와 동시에)

(이모와 조모, 베개 껍데기 갈아 꿰매는 중이었다.)

조모 과히 늦진 않었는데 뭐.

이모 (오버랩의 기분)같이 있다 오는 거야?

윤희 (앉으며)응.

이모 회사 관두라 소리 안해?

윤희 당분간 그냥 다닐 거에요.

이모 그러래?

윤희 (끄덕인다)

이모 그 집안 이상하다,당장 그만 나오라구 해야는 거 아니니?

윤희 회사 업무파악두 아직 다 안됐구 그리구....

이모 그리구(돌아보며)

윤희 (조금 웃으며)내가 보구싶대 이모.

이모 (괜히 볼멘소리/소리 지르지는 말고 투덜대는)그 비위 맞추려다 애 잡겠다.입원했다 나온 애/ 종일 회사에서 보면 됐지/(남아 있다)

윤희 괜찮아요 이모.(오버랩의 기분)

이모 들어서는 거보면 알아.나발이 괜찮어?어깨 추욱 늘어뜨리구 아주 고달파 죽겠구먼.

지숙 (오버랩의 기분)맞어. 언니 피곤해 보여.

윤희 (일어나며 오버랩의 기분)자구 일어나면 괜찮아.씻으께요.

조모 그래 어이 씻구 일찌감치 자.자는 게 보약이다 그저.응?

윤희 네에..(제 방으로)

이모 옷받어 줘.

지숙 응.

S# 윤희의 방

윤희 (들어오면서 핸드백 아무렇게나 놓고 펴져 있는 이부자리 위에 쓰러

지듯 눕는다)

지숙 ....(들어오면서 보는)...아퍼?

윤희 아냐...힘들어서 그래..

지숙 (소리 죽여서)피곤하면 일찍 들어온다 그래애.맹추같이 힘들어
두 가만 있지 말구.

윤희 ....

지숙 (옆에 앉으며)이제부턴 진짜 맹추같이 살지 마라 엉?싫어두 존
척 힘들어두 안 그런척 그런 거 하지 마. 싫으면 싫다/고단하면 고단
하다 의사 표현 확실하게 하면서 살어.알었어?

윤희 그래 알어어어.(하며 힘겹게 일어나는데)

지숙 .....(보다가)데이트하는 것두 그렇게 고단한데 결혼생활은 어떻
게 할려구 그래.

윤희 ?....(해서 본다)

지숙 사랑해서 하는 결혼 아니잖어.왜 그렇게 봐.

윤희 ...(앉은 채 옷 벗기 시작)

지숙 (여전히 소리 죽인 채)사랑하구 좋아하는 남자 만나구 들어오는
데 왜 그렇게 기운이 없어.없던 기운두 생겨야지..... (보다가)수연 언
니두 걱정 태산이더라.무슨 맘 먹구 그런 결혼하냐구 미쳤다구.

윤희 ....(옷 벗으며 일어선다)

지숙 뭔가 나름대루 자신있어 한다는 거야 아니면 그저 강가한테 뽄
때보일려구 하는 거야... 언니 그집 며느리되면 강가 그 회사 계속
다니기 괴로울 걸?강가/ 알아 몰라.

윤희 기운 없어 지숙아.

지숙 .....(그저 보며 옷 시중)

S# 동우의 아파트

동우 (거실에 앉아서 티브이 켜놓고)·····(눈은 티브이에 가 있는데 생각은 딴생각)····

동숙 (차 쟁반 들고 나와 놓고 앉으며 오빠 앞으로 찻잔)작은 오빠 왔었어요.

동우 (잠깐 보고 찻잔 집어 들어 마신다)

동숙 점심 먹구 영화 봤어요.

동우 무슨 일루 왔대.

동숙 사장님 모시구 본사 올라왔대요···밤에 내려간대요.

동우 ····(마시면서)

동숙 큰오빠 어떠냐구요···먼저 자기가 심했던 거 후회하더라구요··

동우 ··그렇게 말 해?

동숙 말루 그러진 않았지만 눈치가 그랬어요.

동우 그럴 눔 아냐.

동숙 ···(보며)

동우 (안 보는 채)공부하구 싶다는 소린 안해?

동숙 이제서 뭐어···한참 늦었는데···

동우 사귀는 여잔···

동숙 그런 얘기 안 했어요···

동우 (찻잔 든 채 일어나 방으로)

동숙 ····(보며)

S# 동우의 침실

동우 (들어와 찻잔 사이드 테이블에 놓고 담배 꺼내 입에 무는데)

S# 영주의 욕실

188

영주 (욕조에 거품 목욕물은 받아져 있고/옷 벗던 중간에 무선전화 받고
     있는 중이다/벨이 울릴 필요 없음).. 전데요 실례지만 누구시죠? …여
     보세요? …여보세요?

수연 F (오버랩의 기분)좀 만났으면 하는데요.

영주 ? …..누구신데요……여보세요 전활 걸었으면 누군지 먼저 밝히
     세요.

수연 F 누구라구 얘기해두.. 모르는 사람이에요.

영주 모르는 사람이 …무슨 용건이죠? 내가 왜 댁을 만나야 하죠?

수연 F 강동우씨 문제에요.

영주 ? …..강동우씨 뭐요.

S# 수연의 빌라 거실 소파

수연 여자 있었다는 거 모르시죠.

영주 F …

수연 여자가

영주 F(오버랩의 기분)그 문제라면 만날 필요 없겠어요. 다 알구있구
     더 알구 싶은 것두 없어요. 끊겠어요.

     F 끊기는 전화

수연 ..

S# 욕실

영주 (전화 끊고)….(기분 좋을 수가 없다…잠시 김 새서 있다가 전화 놓고 옷
     계속 벗으려는데)

     E 다시 울리는 전화.

영주 ? …(받는다)네에.

수연 F 노영주씨가 더 알아야할 게 있어요.

영주 (오버랩의 기분)본인이에요?⋯⋯강동우하구 사겼던 본인이냐구요.

수연 F 아니에요.그 둘 관계를 첨부터 끝까지 다 알구 있는 사람이에요.

영주 ⋯⋯

수연 F 내일 아침에 다시 전화할께요.노영주 씨한테두 절대 해롭지 않을 거에요⋯⋯

　　　F 전화 끊기는

영주 ⋯⋯(전화 내리는데)

　　　E 노크

영주 네에.

영은 (붉은 와인 한 잔 들고 들어오며)전화 받았어? 엄마가 언니 껄루 하라 그러든데.

영주 ?엄마가 받었니?

영은 응⋯누구야? 얼굴이 왜 그래?

영주 별루 받구싶잖은 전화였어.있지 왜 학교 때 왕따 만들면서 젤 못되게 굴었던 애.

영은 그런 애가 왜애?

영주 별 용건두 없이 그냥 건 거야.(하며 나간다)

영은 ⋯

S# 영주의 방

영주 (마시며 나오고)

영은 (따라 나오며)목욕 안해?

영주 (안 보는 채)하기 싫어졌어.너 해라.

영은 벌써 했어나는⋯물 아까워.해라아아.

영주 너 와인 병 들구 올라와.

영은 ?··불쾌할 거 없어.다 지난 일인데 뭐.무시해버려.(달래듯)

영주 (오버랩의 기분)엄마 뭐하시니.

영은 잡지 보셔.

영주 ····

영은 술 필요해 진짜?

영주 그래 갖구와.

영은 알었어.(나가고)

영주 ······(와인 잔 마저 비운다)···(비우고)····(있는데)

  E 전화벨/욕실에서 울리는

영주 (전화 본체 잠깐 봤다가 일어나 욕실로)

S# 욕실

영주 (들어와 전화받는다)네에.

동우 F 뭐해.

영주 ··암 것두 안해.(좀 굳어서)

동우 F 잤니?

영주 아냐.목욕할려다가 그만두구 있는 참야.

동우 F 별일없니?

영주 ····(별일 없냐고 체크하던 의미를 이제는 알겠다)너 왜 그렇게 별일
  을 체크하니. 무슨 별일 있어야는 건데 나한테.

동우 F 화나 있어?···엄마랑 또 다퉜어?

영주 그래··그랬어.

S# 동우 침실

동우 (옷 다 입고 나갈 채비한 채 서서)그러지 말라는데 왜 자꾸 그래.

너 그럼 그럴수록 나에대한 감정만 더 악화시키는 거야……영주야.

영주 F 그래 알았어.별루 얘기가 안하구 싶다.그만 끊는 게 좋겠다.

동우 …그래…잊어버리구 자.

영주 F 그러께.

동우 끊는다.(와 동시에 영주 쪽에서)

    F 전화 끊는

동우 (전화 내려다보는)?

S# 영주의 방

영주 (전화 본체에 올려놓고 와인 잔 집어 드는데 빈 잔/빈 잔 떨어트리며 머리에 썼던 캡 벗어 내린다)…

S# 거실

이여사 (돌아보며)술 먹을 거니?

영은 네.

이여사 한두잔만 해.지나쳐 좋 게 없는 게 와인이야.

영은 네..(계단으로)

이여사 아줌마아아아아아.

여자 E ….(잠시 있다가 대답)네에에

여자 (주방에서 나오며)네 사모님.

이여사 안마기 꽂아서 어께 좀 풀어줘요.

여자 예 사모님.

이여사 (혼잣소리)왜 이렇게 자꾸 거북한지 모르겠네 원.

S# 영주의 방

영은 (들어와 쟁반 놓으며)한두잔만 마시래 엄마가.

영주 (대꾸 없이 병 들어 따른다)…

192

영은 나두 줘.

영주 혼자 마시구 싶으니까 니방으루 가.

영은 ‥‥(보며)

영주 (마시는/단숨에 술잔 비워버리고 다시 따른다)

영은 ‥‥(보며)

영주 (다시 마셔 비우는)‥‥

S# 영주의 방(시간 경과)

영주 (침대에 올라 기대앉아서 두 다리는 꺾어 세우고 무릎에 얹은 팔꿈치/
그 손에 들려 있는 빈 글라스)‥‥ (도대체 뭐가 더 있다는 말인가.)‥‥(만나
야 하나 만나지 말아야 하나)‥‥(앉은 채 뭉개듯 눕는다/천장 보는)‥‥(불
현듯 팔 뻗혀 전화기 들다가 문득 시선 시계로)

S# 인서트/알람 시계 새벽 1시가 넘어 있다/

영주 (전화 도로 놓고 엎드린다)‥‥‥(눈 휑하니 뜬 채)‥

S# 윤희 집 대문 앞

윤희 돌아가.

동우 못가‥결론 나기 전에는 안가.

윤희 새벽 한시가 넘었어.피곤해.

동우 나는 쥐구 너는 고양이야.고양이한테 쫓기는 쥐가 아직 피곤
한 거 모르는데 고양이가 어느새 피곤하다면 말 돼?

윤희 (보며)‥‥

동우 왜 피곤해.(비웃으며)계획한대루 착착 잘 진행되구 있는데 피
곤할 게 뭐야.신바람 날텐데.

윤희 더 이상 이런 대화 안하구 싶어.(하며 돌아서려)

동우 (오버랩의 기분/잡으며)어딜 들어가.얘기 아직 시작두 못했어.

윤희 …(보며 천천히 팔 잡은 것 떼어낸다)

동우 뭐야…이제 나같은 거 상대두 안된다는 거니?

윤희 ……

동우 높은데서 내려다 보는 것처럼 그런 얼굴 하지 마!

윤희 내가 겁나거든 진심으루 빌어.

동우 ?…안 빌었니?내가 빌 땐 뭐했어.

윤희 한번두 진심 안빌었어.

동우 사람 잡는군 이 기집애.

윤희 진심으루 빌었으면 나 여기까지 가게 안 만들었어.

동우 무슨 소리 해‥거기까지 간 건 너야!

윤희 진심이라는 게 한 스푼 이라두 있었으면/혜림이 그렇게 되구
    나서 노영주 스스루 포기했어야 해.안했어.진심이었다구? 거짓말
    마.입으루만 빌면서 어떻게든 무마시킬 궁리만 했어.지금 이순간
    까지두 그래.혜림이한테 진심으루 사죄 안하구 있다구!

동우 사죄해.사죄한다구!

윤희 소리지르지 마.지숙이 늦게까지 안자는 애야.

동우 …(보다가 왁살스럽게 윤희 팔 잡아끌고 나간다)

윤희 이거 놔….아파…노란 말야.(끌려가며)……

S# 공터나 다른 장소

동우 (윤희 팔목 잡고 끌고 와 밀어젖히듯 놓으며)아무나 하는 짓 아냐!
    이거!

윤희 (넘어질 듯 비틀거리면서도 동우에게서 시선 안 떼는)….

동우 ….(시끈거리며)

윤희 ……(아픈 팔목 만지면서)…

194

동우 후우우우우(한숨 내쉬고 담뱃갑 꺼내면서 감정 고르는/담배 꺼내는데)

윤희 우리 모습을 한번 봐….(시내 불빛 보면서)당신은…추하구 나는…악랄해.

동우 (담배 꺼내던 손 멈추고 돌아보는)….

윤희 ……

동우 (담배 입에 물며/혼잣소리처럼)알긴 아는군….(불붙여 내뿜는다)…후우우우우

윤희 (동우 돌아보며)얼마나 초라한지 알아?

동우 ?(돌아본다)

윤희 (보며)..더 이상 초라하게 만들 것두 없이….정말..못봐주게 초라해.

동우 (비틀리는 감정/담배 땅에 픽 던지는)…

윤희 당신 앞에 나 초라했던 건…비교가 안되게 초라해.

동우 그래 대애단히..즐겁겠다.

윤희 그런데 생각했던 만큼 즐겁지 않아.뜻밖이야.

동우 거 유감이다.

윤희 (움직이려 하며)돌아가.다시는 나 불러내지 마.

동우 (잡으며)결론을 내.결론내기 전에는 안가.

윤희 결론 난지 오래야.무슨 결론을 자꾸 내자는 거야?노영주 절대 포기 안할 거구 그러는 한 나두 포기 안해.간단하잖아.

동우 바보같이 굴지 마.나 폐인 안돼.영주랑 나는 나가.여기 안살아.

윤희 못나가게 할 수 있어….못할 거 같아?

동우 ?…(갈길려고 손 냅다 치켜드는데)

윤희   때리기만 해.(나직이)

동우   ·····(치켜든 손 떨어지는)

윤희   ·····(집 방향으로 움직여 나가는)·····

동우   ······(보는)

S#   **집으로 오는 골목길**

윤희   ·····(자기 자신도 싫고 모두가 슬프고 싫은)·····(흐르는 눈물 손 끝으로 닦아가면서)····(걷고 또 걷는)

동우   (윤희 혼자 걷는 화면 뒤에서 합쳐지면서 성큼성큼 와 윤희 잡아 세우는)····

윤희   ······(보는)

동우   ·····(보는/동우 눈에도 눈물이)··

윤희   ·····(보는)

동우   ·····잘못했다.너를 사랑하지 않아서가 아니었어.탈출이 하구 싶었을 뿐야.

윤희   ·····(그저 보며)

동우   받아준다면 ···돌아올 수두 있어.정말/모든 걸 원점으루 돌리구 싶은 맘두 있어.진심이야 너 믿어.

윤희   혜림이가···없어.

동우   그래,잘못했어.나 벼락맞을 놈야·····돌아오까?···받아줄래?

윤희   병들어 갈데없이 헤매구 다니면··그때 받아주께.

동우   (오버랩의 기분 터지듯)너 날 이렇게 증오하는 거/아직두 나한테 미련있다는 증거야.미련없으면 집착두 없어!

윤희   ·····(보며)

동우   (···감정 고르고···바꿔서/)영주하구 나가는 거 방해하지 말아줘.

196

생각을 해봐.원상태루 되돌리기/나…너무 늦었어…. 너두 마찬가
질 거야.그래··마찬가질 거야…평생 얼굴 부딪히지 말구 살자.그럼
되겠지.나가게 둬.막지 마.피차 손해볼 거 없잖아.

윤희   ……(다시 한심한)

동우   말을 해.

윤희   생각해 볼께.

동우   그래,(반가워서)생각해 봐.

윤희   (돌아서는)

동우   우리… 얘기 좀 더 하까?커피 하러 나가까?

윤희   그러지 마.(안 돌아보는 채)….비굴해.

동우   ….

윤희   (발걸음 떼어 움직이는)……

동우   …….

윤희   (또박또박 걷는)….(줄줄이 흐르고 있는 눈물)…(걷는 윤희와 서서
보는 동우/한 화면에서)

F.O

S# 윤희 집 근처

윤희   (걸어 나오는데)……(침울한)

E 클랙슨 소리.

윤희   ?(보면)

허   (차에서 내리면서 굽신한다)

윤희   웬일이에요?(하며 시선 차 안의 영국에게)

허   (옆자리 문 열어주며)모시러 왔습니다.

윤희   (차 안 들여다본다)

제17회 197

영국　타요 얼른.(조간 있는 대로 팔걸이에 쌓아놓고 보는 중이다가)

S#　차 안

윤희　(어리벙벙한 채 타는)

영국　잘 잤소?(신문 뒤집으며)그런데 얼굴이 왜 그래.잘 못잔 사람같이 보이는데요?

윤희　왜 이러세요.

영국　뭐요.

윤희　이럴 거 까지 없어요 상무님.

영국　(자동차 벌써 출발했고)결혼할 여자 데리러 오는 게 흉되나?미스터 허.흉이야?

허　아닙니다 상무님.

영국　일찍 깨졌어요.신기하게 일찍 깨져요 요즘.할일없이 빈둥거리느니 들렀다 가는 거요.뭐가 어때요.

윤희　….(그저 보며)

영국　낼부터 내가 먼저 회사 내리구 차 보내줄테니까 그렇게 알아요.

윤희　그냥 전처럼 출근하겠어요.너무 그러는 거 어른들께 민망합니다.

영국　?….(윤희 보며)그런가?··미스터 허/그런가?

허　예 서대리 입장에서는 그럴수두 있습니다 상무님.

영국　…으으음…그런가?(신문 또 뒤집으며)어제··피곤해 보이더라구…아직 출근이 무린가 싶어서 걱정이요…. 무리면 며칠 쉬어두 좋구요.

윤희　그 정도는 아닙니다.

영국　?(돌아본다)왜 도루 합니다/아닙니다죠?

윤희 ?·····(보는)

영국 내가 뭐 못마땅한 거 있소? 회사두 아닌데.

윤희 아니에요····

영국 ····(보다가)신문 봐요.(신문 하나 집어주며)

윤희 ····(잠깐 보고 신문 받으며)···

S# 운전하는 동우(이른 아침)

동우 (단축 다이얼 찍는다)

　　F 신호가는/예닐곱 번.

동우 (끊고 다시 건다)

　　F 신호 가는

소리 가입자가 스위치를 끈 상태 메세지.

동우 ?··(하고 전화 접는데)···

S# 어느 호텔 문 밀고 들어가고 있는 영주

S# 로비를 통과하는 영주

S# 커피숍

영주 (들어와서 움직이며 실내 둘러보며 찾는)

수연 (구석 자리에서 엉거주춤 일어나서 영주 보며 긴가민가)····

영주 ·····(수연 앞으로)노영준데요.

수연 그렇지 했어요·····앉으세요.

영주 (앉는다)····

수연 너무 이른 시간인 거 미안해요.

영주 (오버랩의 기분/산뜻하게)상관없어요.깨있었으니까.그리구/이
　　시간에 만나자 그런 건 나에요.

수연 ···(이쁘기는 이쁘구나 보면서)···

영주 (오버랩의 기분)십분이면 충분하겠죠? 공항두 나가셔야된다니
까요.

수연 얘기…과장없이 하겠어요.

영주 그러세요.

수연 친구하구 강동우씨…칠년 사귀었어요.

영주 ?….(잠깐 놀래지만 티 안내고)그런데요.

수연 영주씨 나타나기 전에 아무 문제 없던 사람들이에요.

영주 (오버랩의 기분)잠깐요, 난 그여자 끝낸 뒤에 만났어요. 오해하
지 마세요.

수연 잘못 알구 있는 거에요. 과정을 내가 알아요.

영주 ….(보며)그래서요.

수연 내 친구/…그 동안 강동우한테 할수 있는 한 다하면서 살았어
요, 그 사람 시골집 생활비까지 일부 떠맡아주면서

영주 (오버랩의 기분)요는 헌신했다는 말이군요.

수연 ··네.

영주 그런데 지금은 끝났죠. 끝난 관계죠.(다짐하듯)

수연 (끄덕이며)끝났지요.

영주 그런데 내가 더 알아야할 건 뭐죠? 끝난 관계가 아니라면 모르
지만 끝났는데 뭘 더 알아야 하죠?

수연 그건

영주 (오버랩의 기분)물론 친구가 받았을 상처…이해하구 동정해요.
그렇지만 내가 할일이 뭐죠? 우리는 약혼했구 곧 결혼해요.

수연 ….(보며)

영주 지난 일은 상관안해요. 강동우/나 이전에 여자 하나두 없었어

200

야 한다군 생각 안해요.나이가 있으니까…그렇지 않아요? 차 시킬
까요?(하며 고개 돌리는데)

수연 E 친군/ 아이두 낳았어요.

영주 ?….(수연 보는)

수연 네살까지 키우다 사고루 죽었어요.강동우가 친구 팽개친 뒤죠.

수연 E 아이가 죽었는데두 그 사람 안와봤어요.

영주 ….확실한 거에요?

수연 물어보세요.안수연한테 들었다구 하세요.

영주 …..(보며)그걸 알려주는 의도가 뭐에요.

수연 그런 사람…결혼할 수 있어요?

영주 ….(보며)

수연 자식까지 낳은 여자한테서 영주씨루 옮겨간 거…순수하게 사
랑만이라구…생각할수 있나요?다른 건 작용 안했을까요?

영주 (오버랩의 기분)왜 알려주죠? 왜 개입하죠?

수연 …(잠깐 생각하고)친구가 너무 가엾구/강동우 잘되는 거 싫어
서요.

영주 …왜 이제서야 날 찾죠?더 일찍 나설수두 있었을텐데요.

수연 …글쎄요…그렇게 됐어요.갑자기…(시선 내리며)그러구 싶어졌
어요.

영주 …..(보며)

수연 …(시선 들며)··그렇게밖에는 말할 수가 없네요··

영주 친구가 부탁했어요?

수연 (오버랩의 기분)아니에요.나 혼자 하는 일이에요.

영주 ……(보며)

수연 ······(보다가 시계 보고) 그럼··난 일어나야겠어요.

영주 (오버랩의 기분) 전화번호 하나 주세요.(하며 핸드백 연다)

수연 ····(보며)

영주 (수첩 꺼내 밀며 본다)···

수연 ···그러죠.(수첩 당기는데)

S# 호텔 출입구

영주 (문 밀고 나와서 주차장 쪽으로)····

S# 호텔 주차장 근처

영주 (제 차를 목표로 빠른 걸음으로 걷는 중)·····

S# 차가 대어져 있는 곳

영주 (와서 운전대로 오른다)

S# 차 안

영주 (운전대에 올라서 앞 보며)······(있다가 기대며 눈 뜬 채)······

S# 운전하며 가는 영주·····(시내)

영주 (문득 시디 조작한다)

　　　M 뚜드려 깨부시는 음악···

영주 (운전하면서)·····

S# 영주 거실

영주 (현관으로 들어온다)

이여사 이렇게 일찍 어디갔다 와?

영주 (그냥 계단으로)

이여사 말 안들려?

영주 (평이하게/안 돌아보는 채)볼일 있었어요.잘 거에요.깨우지 마.

S# 영주의 방

202

영주 (들어와서 등 뒤로 닫은 문에 기대어서)········

   E 전화벨 울리는

영주 (시선 전화로)····

   E 울리는 전화····

S# 동우 사무실

동우 (수화기 들고)

   E 벨 가고 있는/전화 일단 끊고 핸드폰 단축 누른다

소리 가입자가 스위치를 끈 상태 메세지

동우 (혼자 갸웃하고 포기한다)

이대리 회의야 들어가자구.

동우 어 그래.

S# 영주의 방

영주 (침대에/시트로 세운 무릎 덮고 앉아서)·······(시선 약간 아래/침대
    오른쪽 옆구리쯤)····

영주 E 왜 헤졌니.(8회에서)

동우 E 지겨워져서.

영주 ···내가 한 역할이 있니? 그 여자랑 헤지는데?

동우 (돌아보며)너 이전에 끝낸 관계라구 했잖아.

영주 ·····그럼/ 내가 널 가로채기 한 건 아니란 말이지.

동우 아냐·····안 떨어져 골치 썩이구 있었을 뿐야.

영주 ····지금은 그럼 완전히 떨어진 거니?

동우 완전히.

영주 ·····(보며)

동우 ····

영주　동우야……너 나 봐.

동우　(돌아본다)….

영주　나 사랑하니?

동우　…..

영주　대답해…(눈물 후두둑 떨어지면서)사랑하니?

동우　(일어나서 영주 앞으로 와 내려다본다)….

영주　(올려다보는)….

동우　(영주 양 팔죽지 잡아 일으키고)사랑한다면…믿을래?

영주　……(보며)

S#　영주의 방(현재)

영주　….

동우　E 사랑해….안 믿어져?

영주　…..

이여사　E (8회에서)여러 말 할 필요 없어.남들한테 부부루 보일만큼
　　그랬던 여자 버리는 놈이 사람이야?

영주　E 결혼얘기같은 건 해본 적이 없대.

이여사　(8회에서 오디오 비디오)터무니 없는 소리 하지 마.결혼 약속
　　두 없이 대학 때부터 몇년을 한 남자랑 지내니? 식만 안올린 부부
　　처럼?그런 여잘 버린 눔이 그게 사람이니?너는 그게 사람이라구
　　생각해?

영주　(오버랩의 기분)그럼 엄마/(엄마 돌아보며)우리 아버진 더 사람
　　아니었겠네?….그래요?

이여사　?….못된 것.어쨌든 이 결혼은 못해.

영주　난 해요.

204

이여사　숙부한테 털어 놓을 거야.

영주　그래두 할 거야.

이여사　그눔을 믿어?

영주　믿어….속는 거래두 할수 없어.중요한 건/그럼에도 불구하구 난 걜 딴 여자한테 주기싫단 거에요.

S#　영주의 방(현재)

영주　E 딴 여자한테 주기 싫어.아무한테두 못 줘··내가 가질 거야.

영주　(앉은 자세 고대로 피시시 옆으로 누우며)·····(눈은 휑하고)···

S#　윤희의 사무실

윤희　(전화받는 중)지금 회의 들어가셨는데요.(메모하면서)네 알겠습니다.그렇게 전해 드리겠습니다. 네 안녕히 계십시오.(전화 끊는데)

영국　(들어오며)지루했죠.뭐 했어요 그동안.

윤희　책봤어요.

영국　나 하품 한번두 안했어요.

윤희　(웃으며)장하세요.

영국　그럼 상줘요.차한잔 합시다(하는데)

　　　E 전화벨

윤희　네 기획실입니다…어 인주씨.그래 알었어.(영국은 이미 들어갔고 문 열고)

S#　기획실

윤희　회장님이십니다.

영국　아.(수화기 들고 윤희 문 닫고)네 회장님.

S#　회장실

회장　너 언제 그렇게 회일 제대루 해봤니…허허허 그래 놀랬다.니
　　　가 기분 좋게 해준 바람에 저녁에 임원들 술 사기루 했어.흐흐…그
　　　래‥음…음‥그 문젠 복잡하게 생각할 거 없어.어려운 일일 수록 쉽
　　　게/단순하게 푸는 게 지름길야.장래를 봐서 회사에 이득이냐 아니
　　　냐만 판단해.이득이면 진행시키는 거구 아니면 접는 거야…

S# 영국의 사무실

영국　(선 채)알겠습니다 회장님.심도있게 다시 의견 맞춰보겠습니
　　　다…예‥예 알겠습니다.(전화 끊는데)

윤희　(찻잔 들고 들어온다)

영국　(돌아보며)숙부님께 칭찬 받았어요.나 상 또 줘야 해.임원들한
　　　테 한잔 내시면서/부실한 조카 잘 도와달라구 교제하실 모양이요.

윤희　(웃어 보이고 찻잔 놓는데)

영국　찻잔이 왜 하나요.

윤희　(웃으며)혼자 드세요.

영국　(소파로 움직이며)그 쟁반 아무데나 처박아버리구 이리와요.쟁
　　　반들고 섰는 폼이 딱 여비서야.맘에 안들어.

윤희　…(전화 메모 내민다)

영국　(받아보고)앉으라니까요.(앉으며)나 그렇게 어려워 안해두 되
　　　는 사람이요.(올려다보며)그렇다구 아침에 발루 툭툭 차면서 깨워
　　　두 된다는 뜻은 아니구.

윤희　(고개 약간 돌리고 조금 더 웃는)

영국　앉아요.

윤희　(앉는다)

영국　갈아입을 옷 갖구 나왔소?

윤희 ?

영국 그 차림으루는 영주한테 눌릴텐데.눌리는 거 싫거든?

윤희 차 드세요.(찻잔 좀 밀어주며)

영국 점심 어떡할꺼요.난 친구 눔이 온다니까/장어 먹을래요? 잘하는 집 있는데 허기사한테 배달 시켜요.아 회장님 방 친구들두 같이 먹어요.됐죠?

윤희 알아서 하겠습니다.

영국 (찻잔 들며)

윤희 (일어나며)알아서 한다 그러구 안할 거야.내가 시켜주지.(자기 전화로 가는)....허기사 바꿔주십쇼.....장어 괜찮죠.

영국 E (영국 보는 윤희 위에)허기사 장어 집 알지/가서 삼인분 사갖구 올라와...

S# 영주의 주방

영주 ....(혼자 밥 먹고 있는 중)....

여자 (이것저것 먹을 것 더 놓아주면서 눈치 보는)

영주 ......

S# 야경으로 디졸브

S# 삼청터널을 빠져나가고 있는 택시

S# 택시 안의 영주....

S# 터널 빠져서 적당한 위치에 정차 깜박이 켜고 세워져 있는 동우의 자동차. 그 뒤에 택시 세워지고/

영주 (내려 동우 차로)

동우 (운전대 옆문 열어준다)

S# 동우 차 안

영주 (타면서/전혀 아무 일 없었다 활짝 웃으며)많이 늦었니?

동우 사오분쯤.데리러 간다니까 왜 고집펴.

영주 그저 택시가 한번 타구 싶었어.

동우 (출발하며)좀 나졌어?

영주 엉.종일 잤더니 괜찮아.

동우 조심해.봄엔 다 입맛두 없구 그래.체력 떨어지는 사람/관리 잘 하라구.

영주 후후 이래서 남자의 사랑이 존 건가부지?

동우 ?무슨 뜻야?

영주 엄마가 그런 말 하면 잔소리루 들리는데/니가 하니까 기분 좋거든?나 위해주는 거 같아서 감격스러워.

동우 (피식 웃으며)감격두 잘해 암튼.

영주 (앞창으로 돌리며)그래 난 그래…

S# 성북동 거실

윤희 (노모에게 뭔가 죽 먹여주고 있다)….

영국 ….(보다가)누군지 아세요?손주며느리에요 할머니…

노모 (그저 먹는)….

영국 여기 들어와 살 거에요.(하는데)

　　E 대문 벨

한 (현관으로 움직이며)이놈들 왔구먼.(수화기 들고)느이들 늦었어 임마.

영주 **F** 어 미안해.

영국 (버튼 누르고 수화기 건다/비디오폰은 켜져 있어야 합니다)

윤희 ….(할머니 떠먹여 주면서/)

S# 주방

영국 (들어오며)얘들 왔어요 어머니.

한 (상 보면서)그래 우리두 다 됐다.

영국 할머님 잘 드세요.윤희가 아주 잘해요.많이 해본 사람처럼 속
도 알맞구 수저에 뜨는 양 딱 적당하구요,

여자 (오버랩의 기분)어이구우 그저 자랑 못해 죽어죽어.

한 (오버랩의 기분)마음이 있으면 저절루 되는 게 노인 시중이
지.잘 하겠더라 가만히 보니까… 저러구 계셔두 또 얼마나 예민하
신지 아니?성의없다 싶으면 밀어내구 안 드신단다.

영국 컨디션은 별루 안 조신 거 같아요.

한 아침부터 그러서.종일 열마디두 안하셨어.

S# 거실

윤희 이제 다 드셨습니다 할머님.물 드세요.(물 먹여주고 물그릇 쟁반
에 놓는데)

노모 수고했네.

윤희 ?..(노모 본다)

노모 월급은 을마나 받기루 하구 왔나.

윤희 네 할머님.많이 주신댔습니다..

노모 …..

윤희 (쟁반 들고 주방으로 움직이는데)

영주 (들어오며/동우 뒤따라)좀 늦었어요.할머님 즈이들 왔어요오.
동우야 이리와 인사드려.

동우 (윤희에게 잠깐 목례하고 앞 스친다)

윤희 …..(동우/돌아보는)

영주 (노모 앞에서)할머니 영주 왔어요.(동우 잡으며)영주 신랑이

　구요.

영주 E 잘 지내셨어요?

동우 E 안녕하세요 할머님.

윤희 (쟁반 들고 서서 그쪽 보고 있는)……

제18회

S# 성북동 거실

노모   (뭔가 흥얼흥얼 노래하고 있다)…

여자   …(옆에 앉아서 할머니 보고 있다가/무릎에는 딸기 바구니 놓고 싱싱한 것 따로 고르던 중이다) 노래를 다하시구··기분이 좋으세요?

노모   ……(노래만)

여자   사모님두 요새 기분 좋으세요.이제부터 존 일만 자꾸 생길 모양이에요.

노모   (오버랩의 기분/냅다 재채기)

여자   아이구우,저한테 대구 그럼 어떡해요 쯔쯔.(제 얼굴 닦고 수건 집어 할머니 입께 닦아주는데)

노모   (또 냅다 재채기)

S# 주방

한   (식사 거의 끝나는 중이다/수저 내려놓으며)…요즘은 자구 일어나 창문 열구 내다보면…마당에 나무하며 공기하며가 그렇게 새삼스럴 수가 없구나.전모양··하루가 지루한지두 모르겠구…또(하는데)

여자 (오버랩의 기분/들어오며)저기 할머님 방으루 옮겨드려야겠어
요.재채기 하세요.

영국 (오버랩의 기분/벌써 일어나며)알았어요.강서방 잠깐 일어나.

동우 아 예.

윤희 (어느새 일어났고)

두 남자 (나간다)

한 앉어라.니가 일어나 뭐할려구.더 먹어라.

윤희 (앉으며)다 먹었습니다.

한 젊은 애들 분위기 좋구 음악 좋구 그런데서 밥먹구 싶을텐데…
할머님두 계시구 또··집에 모아 멕이는 것두 괜찮지 싶어서…(영주
수저 놓는다) 밥맛이 없는 거니 음식이 안맞는 거니.

영주 봄타요.

한 애기두 먹는 게 시원찮구.왜 둘 다 새밥을 먹어.

윤희 잘 먹었습니다.

한 (오버랩의 기분)부끄럽게 남다른 집안인 거…강서방하구 애기
한테 미안하구나.영국이 영주가

영주 (한여사 보는 위에)

한 E 못볼 것두 보구…안 봐야할 것두 보고··아픈 일/꽤 겪었어.

한 (아무도 안 보며)낳지는 않었어두…애들이··줄곧 딱했지··(윤희
보며)좋을 때 서루 존 거 나누구··힘들 때 힘이 되면서··우애있게 지
내.형제 우애는 여자한테 달렸어.

윤희 ……네.

영주 궁금한 거 있어요.(안 보는 채/뜬금없이)

한 ?

영주　(한 보며)부족한 점 없으세요.아버지/왜 그러셨죠?

윤희　?…(좀 황당해서 영주 보는)

한　….(영주 보다가 시선 내리고 국 뜨며)자식을 못낳아 줬잖니.

영주　막강하신 할머님이 편이셨잖아요.

한　할머님두…자손은 원하셨었다.

영주　…그러셨어요?

한　낳아 들여오기 바라시다가…그렇게 된 거야.

영주　낳아만 주기루/약속같은 거 /없었구요?

윤희　….(시선 내리고 있는 위에)

한　E 누구 말이 맞는지 몰라. 네 아버지하구 니 엄마 주장이 서루 달랐어.

영주　더구나 저는…안 생겼어야했던 애였죠

윤희　(영주 보는)

영주　저만 안생겼어두 좀 달랐을 수두 있었을 거라구 생각해요.

한　왜 그러니.

영주　제 존재가 혐오스러우셨을 거에요.오빠보다 제가 결정타였을 테니까요.

한　(오버랩의 기분)넌 잘못없다.그런 생각은 버리렴.

영주　(무슨 말인가 하려는데)

한　모두다 운명이구 팔짜야.따지구 보면 누구 죄두 아니구…따지구 보면 또 다같이 죄인이구 그래…

영주　….(보는데)

S# 구기동 거실

이여사　(주방에서 나오며)늬 아부지 세상뜨구 사알살 꿈틀거리고 살

아나기 시작하더니 어떤 줄 알아? (뒤에 따라 나오는 영은)

이여사 E 안하는 척하며 뒤에서 다 조종해.느이 숙부 조종하구 영 국이 조종하면서 자기 하구 싶은 대루 다 해.

이여사 (의자로)니 오빠 나한테 눈 곱게 안뜨는 거 봤지./나 사는 게 사는 건줄 아니?…이제 그 흉물스런 노인네 영주까지 포섭중 야.(영은 앉는다/대꾸할 말 없이 그저 거북해서 엄마 보는)

이여사 E 다 모아놓구 지금 열심히 세뇌하구 있을 거다.

영은 건 지나친 피해의식야 엄마.

이여사 피해의식은 왜 생겼겠니.원인없는 결과가 어딨어…저녁 먹 은 게 왜 이렇게 답답해.약두 안들어 어째.

영은 콜라 마시구 트림하면 좀 나지는데 콜라마실래요?(일어나려 하며)

이여사 나둬.(여자 차 쟁반 들고 나와 놓으며)

여자 계속 불편하세요?

이여사 (오버랩의 기분)내 제사는 니가 지내라.(안 보는 채)

영은 ?..

여자 ?

이여사 성북동 제사 지내는 눔한테 같이 얻어먹기 싫구/눈만 마주 치면 갈코리들구 하비러드는 니 언니두 싫어.

영은 ….(보며)

이여사 (보며)대답 안해?

영은 오빠있는데 왜 내가 해요.

이여사 내가 싫단 말야.

여자 아유 사모님 아들없는 분두 아니구 어떻게 따님이 모셔요오.

이여사 (오버랩의 기분)아무데나 끼어들지 좀 말아요.

여자 예에….(퇴장)

이여사 (찻잔 들며)그놈 내 아들아냐.

영은 (오버랩의 기분)엄마.

이여사 (오버랩의 기분)여드름 나기 시작하면서 어머니 소리 안하는 놈이야.그게 아들이니?

영은 ….(보며)

이여사 근본적으루 성북동이 틀려먹은 거야.너/사위 며느리 불러 밥 먹으면서 사전 양해 한마디없이 저러는 거 봐.잘하는 짓야?

영은 ….(안 보며)

이여사 평생 희생하구 헌신해서 말년이 이럴 줄 알았으면 영국이 낳구 팔짜 고쳤어.(찻잔 들고 일어나며) 이만 못했을까봐? 참 약지두 못했구 철두 없었지.(자기 방으로 움직이며)내눈 내가 짤러놓구 누굴 원망하나 하기는…

영은 ….(엄마 들어가는 것 보며/)

S# 성북동 거실

한 (딸기 /두 접시)먹게.먹어라 싱싱하더라.

동우 네

영주 네.(동우와 함께 대답하고 하나 찍어서 동우에게)

동우 (받는데)

한 말수 너무 없는 사람/무슨 생각을 하구 있는지 몰라 여자가 답답할 수 있어.

동우 예.

한 우리한테는 어려운 젊은이 보다는 붙임성 존 게 편하구 좋다네.

(하는데 윤희는 차 쟁반 들고/영국은 차 주전자 들고 같이 나온다)

한　(돌아보며)무거워서 들어주는 거냐?

영국　하하 예.

윤희　....(차 쟁반 내려놓는데)

한　앉어라.그거 이리 내구.(주전자)

영국　윤희한테 하라 그러세요.(주전자 윤희 쪽으로)

윤희　(받아서 우선 한 잔 따라 한에게 내놓고 다시 따르는데)

영주　(채워진 잔 오빠 자리에/영국 앉으면서)

윤희　(다시 따르는데)

동우　....(윤희 보는)

영주　(동우에게 채워진 잔 놓으며)오빠 딸기 먹어.맛있어.

영국　어 (하고 딸기 찍으며/동우에게)딸기 먹어.

동우　먹구 있습니다.

영국　말은 좀 되는 편인가?

동우　?

영국　회화 말야.영어.

영주　잘하나봐.걱정마.

영국　E (제 잔 채워서 집어 드는 윤희 위에)그럼 랭귀지코슨 생략해두
　되겠군.

동우　E 그럴 정돈지 아닌진/가서 판단해얄것같습니다.

동우　여기서 하는 영어라구 해봤자 업무관계에 국한 돼 있는 거구
　...별루 자신 없습니다.

영국　기초 탄탄하면 금방 돼.걱정할 거 없어.

한　(오버랩의 기분 윤희에게 나직이)딸기 먹어라.

216

윤희 네···(하고 딸기 접시 영국에게 밀어놓는)

동우 (그러는 윤희 보는 위에)

영주 E 하니문은 어디루 갈 거야?

동우 ?(영주 돌아보는데)

영국 E 아 그 얘긴 아직 안해봤는데(동우 고개 앞으로/영국을 보지는 않지만 청각은 세우는)어디루 할까요 우리.

영국 가구 싶은데 어디에요.말해요.

윤희 (웃으며)알아서···하세요.

영국 거긴 어디루 갈 작정야 강서방.

동우 즈이두 아직···생각 안해봤습니다.

영주 난 비엔나 가구 싶어.비엔나 어떠니.(동우에게)

동우 안가봐서 모르겠는데.

동우 E (차 마시는 윤희 위에 연결)영준 가봤어?

영주 E 엉.두째 이모 거기 살아.좋아.

영국 (오버랩의 기분)아아/우리 여행에 애들 데려가면 어떨까요 어머니.

윤희 ?(차마시다)

한   E (윤희 위에)뭐 그러기두 들 하나부더라.

동우 ?(딸기 찍으려다)

한   E (동우 위에)그럴수 있으면

한   그래두 좋지.낯선데서 둘이만 지내는 거보다는 (남아 있는데)

동우 E (오버랩의 기분)회사 그렇게 비울수

동우 (좀 웃으며)없어요.

영국 (오버랩의 기분)주말끼구 하루 이틀 휴가 못빼?

동우 휴가 뺄 형편 못됩니다.

영주 (오버랩의 기분)왜 못빼 빼면 되지?

동우 (오버랩의 기분)안돼.있는 동안은 충실한 게 좋습니다.

윤희 (안도로 차 마시면서)…(윤희 위에)

동우 E 그런 일루 휴가 빼는 거/다른 사원들한테두

동우 좋은 본보기는 아니구요.즈이는 못갑니다.

영국 똑바른 생각야.맘에 들어.한번 찔러본 거야.흠흠흠…

S# 성북동 대문 앞

두 커플 나오면서

영주 (앞서 나오면서)늦었는데 한대루 움직이자구.가는 길에 내려

주께.도는 것두 아닌데 (윤희에게)

윤희 전 택시타두 돼요.

영주 (오버랩의 기분/윤희 잡으며)택시 안 태워.걱정 말구 있어 오빠 엉?

영국 알았어 그래.부탁 좀 하자.윤희씨 괜찮아요?

윤희 네 괜찮아요.

영국 모두 말리니까 그럼 강서방 차 얻어타요.강서방 부탁해.

동우 예 알겠습니다.

영주 동우야 문 열어..

동우 (자동차 리모컨 작동)

영주 (뒷문 열어주며)타요.

윤희 (눈인사하는 듯 마는 듯 뒷자리에 오르고)

영주 (문 닫고 운전대 옆으로 오르며)오빠 들어가라.

영국 그래.

동우 가겠습니다.(목례하며)

영국   (손 내밀며)어.잘가.

동우   (손잡고)안녕히 계십시오(하고. 자동차에 올라 출발하면서 다시 밖의 영국에 인사 챙기고) 뜨는 차.

영국   ······(차 빠지는 것 보며)

S# 성북동 길을 빠지고 있는 동우의 차

S# 차 안

동우   (운전하며)····

영주   ······(입 다물고 제 생각에)····

윤희   (뒷좌석에서)·········(있다가)큰길 나가서 세워주세요.택시 타겠어요.

영주   (돌아보며)서대리 집 먼저 가자.

동우   ?··가는 길에 안 내려?

영주   내가 나중에 내릴께(하고 기대면서)피곤하다.나 좀 졸께···

동우   ··그래··

영주   길 안내 놓치지 말구 하세요··

윤희   ···네··

영주   ·····(눈 감고)····

윤희   ·····(차창 밖으로 고개 돌리며)···

동우   (운전하며)·····

S# 달리는 자동차···

S# 다른 길(차 안)

동우   ·····(운전하며)

영주   (눈 감은 채 그대로)····

윤희   ·····(가만히 있다가 시선 아래로 한 채)적당한데 세워주세요.

동우 (잠깐 뒤 돌아볼 듯했다가)‥‥(세우려고 길 가장자리로 붙으려는데)

영주 (눈 감은 채)그냥 가 동우야.

동우 ‥(돌아본다)

영주 오빠한테 약속했잖아‥

동우 (포기하고)‥여기서‥어디루 가죠?

윤희 ‥좌회전해야 해요‥

동우 ‥‥(차선 바꾸는 준비)‥‥

S# 슈퍼마켓 앞으로 들어와 서는 자동차

동우 (내리고)

윤희 (내린다)

영주 (유리 내리고)나 안내려요.

윤희 ‥(동우 보면)

동우 안녕히 계십쇼.(목례하며)

윤희 ‥안녕히 가세요.감사합니다.

동우 (자동차로 오르고 출발)

윤희 ‥‥(보다가 돌아서 걷기 시작한다)‥‥‥

S# 달리는 차 안

영주 ‥‥‥

동우 (돌아보며)많이 피곤하니?

영주 (오버랩의 기분/돌아보며)기름 충분해?

동우 왜.퇴근하면서 넣어.가득찼어.

영주 양수리 가자.(동우 보며)

동우 ?‥지금?

영주 지금.

동우   출근 안해?

영주   토요일이잖아.반차 받아.

동우   안돼.(웃으며)미리 받았어야지……(보다가)진작 얘기하지‥

영주   (오버랩의 기분)그럼 결근처리 해.양수리 가자.

동우   ‥‥(보다가)왜 그러는 거야.

영주   (보며)너랑 양수리가 지내구 싶어서 그래.집에 들어가기 싫어.
        너하구 같이 밤길 달려 서울 떠나보구 싶어.안되니?

동우   (웃으며)니네 엄마한테 뭐라 그러구.

영주   전화 함 돼.(앞 보며)‥‥

동우   ‥‥‥(운전하며 어떡하나)

영주   싫으니?(앞 보며)

동우   싫을 게 없어.신나‥‥단지 회사가 걸려서

영주   (오버랩의 기분)시골집에 무슨 일 있다 그럼 되잖아.태어나 거
        짓말 한번두 안해봤니?

동우   왜 안해.숱해 했지.

영주   양수리야.

동우   ‥(잠깐 돌아보고/에라 모르겠다)그래 좋아/ 가자.(하며 속력 약간
        더 올리는)

영주   ‥‥‥‥

동우   키스하자.

영주   ?(돌아본다)

동우   복잡해지기 전에 빨리이.

영주   좋아.(하고 빠르게 입 댔다 떼면서)됐지? 한날한시에 제삿날 되
        기 싫음 앞만 보구 운전 잘해.

동우   나쁠 거 없지.

영주   …(돌아본다)?

동우   (잠깐 돌아보며)얼마나 천생연분이면 한날한시겠어.안 그래?

영주   ….(보며)

동우   아냐?(돌아보며)

영주   (얼른 고개 돌리며)아직은 아까워.니 빨래두 못해봤구…밥두 한
        번 못해 먹여봤는데(하며 혼자서 고이는 눈물)억울하잖어.

동우   후후후후(소리 내어 웃는다)…

S# 동네 카페

윤희   (혼자 커피 마시고 있는 윤희)…..

S# 강변도로를 달리고 있는 동우의 차(늦은 밤)…

S# 집으로 걷고 있는 윤희…..

S# 달리는 동우의 차

영주   E 저녁은 누구랑 먹었수?..어 영은이 들어왔었어? 잘 했네.

S# 자동차 안

영주   근데 엄마 화내지 마.나 지금 동우랑 양수리 가.(모나지 않게)기
        다리지 말라구…화내지 마 엄마.내가 꿘 거야. 동운 가기 싫어해…
        낼 반차래.회사 안나가두 돼.

S# 이여사의 침실

이여사   (화장대에 앉아 저녁 화장하다가 받은 참이다/무슨 말인가 하려
          는데)

영주   F 화내지 마 화내지 말구 한번 만 봐줘 엄마 웅?

이여사   (딸이 이상해서 전화 조금 떼어 보는데)

영주   F (수화기에서 나오는 소리)엄마 사랑해.(이여사 ?)나 엄마 안 싫

어해. 엄마두 그렇지? 나 안 미워하지?

이여사   술먹었니? (이쪽도 모가 나지 않는다)

S# 윤희의 마루

이모   (조모 발톱에 무좀 매니큐어 칠해주다 돌아본 자세)건 뭐야?

윤희   딸기‥

이모   저번 것두 한참 남었는데 뭐하러 돈 써.

지숙   씻어갖구 나오께.

윤희   그래.(봉지 넘어가고/지숙/부엌/할머니 옆에 앉으며)영 안나요?

조모   늙으면 그래.

윤희   더 존 약 없수? (이모에게)

이모   발랐다 안발랐다 그래서 그래.꼭 내가 챙겨야 바르잖어‥것두 하나 못챙겨바르구 어이그으으

조모   잘 차리셨든?

윤희   뭐‥네‥우리 집 음식하구 달라요.

이모   당연하지 우리하구 같으면 뭐가 부잣집야.

조모   시집살이할려면 큰일났다.

이모   큰일날 거 많네.배우면 돼.누군 태날때 요리사 자격증 들구 나와?

윤희   이모는 왜 요새 계속 골난 사람 같어요?

이모   내가 왜.

윤희   푸푸푸푸 그러잖어.

조모   너 시집 보내는 게 허전탄다.

이모   허전한 게 아니라 패씸해 그래‥맨날 늦구 얼굴 구경두 힘들어 심통나. 바람나니까 영 싸가지가 바가지야 너.

윤희 (쓰게 웃으며)그럼..이모/시집가지 마까?

이모 (안 보는 채)그래애.욕심같어서는 늬들 시집 보내지 말구 평생 옆구리 끼구 살었음 좋겠다.

조모 (오버랩의 기분)사부인 너 이뻐하시는 거 같어?

윤희 ?…네 그럼요.

이모 어른 눈에 안들애는 아니지이이.

지숙 (셋은 딸기 들고 나오며(오버랩의 기분))맛있다 언니.할머니/(한 개 할머니 입에)맛있어요.엄마(엄마 입에도)/먹어(윤희)

윤희 나 먹었어.맛있더라.

지숙 으응/그 집에서 딸기 먹다 걸려서 사왔구나.

윤희 (오버랩의 기분)시집가지 마까 할머니?

조모 아 쓸데없는 소린 왜 해.괜히 그러는 거야.너없이 살 거 심난스 러서.

윤희 (오버랩의 기분/시선 내리고 저만 아는 소리)나두 말두 못하게 심 난스러요…

조모 ….(보며)

이모 ….(보며)

지숙 …..(딸기 썹으며)

조모 윤희야..

윤희 …(본다)

조모 다아 잊어버리구…가서 정붙이구 살자아아..그렇게 생각하구 결심하구…그러구 가면 돼.예전에는/.. 얼굴두 모르구 혼인날 첨 만 나 살기 시작한 사람들두..다아..자식 낳구 해로들 했어.

윤희 (보며)….

조모 (윤희 만지며)맘으루 하는 거 아니구/··결심으루 하는 혼인인 거… 우리 알어.그게 그렇게 가슴이 애려 이모두 나두… 그래두 잘 못하는 거 아니지이 우리 그래.처녀 시집··너 못가아.좋다구 데려 간다는 사람/그저 고맙게 생각하구 가서… 가서 잘 살면 돼애…살 다보면 정은 생기는 법이야··알어?

윤희 (끄덕이며 눈물 툭툭툭툭)…

조모 자꾸만 상채기 뜯어 피흘리지 말구…다 잊어.잊어버리자 아 가··(눈물 닦아주며)

윤희 ….(일어나 제 방으로)

이모 (고개 틀고 윤희 들어가는 것 보다가)홧김에 뭐한다구 해놓구는 …따루 드는 생각이 왜 없겠수. (하다가 딸기 먹는 지숙에게 버럭)다 먹어라 다 먹어.(그릇 뺏으며)할머니 꺼까지 다 먹어 다먹어웅?

조모 아이구 놔둬어.안 먹어두 돼.

S# 윤희의 방

윤희 (앉아 있는 위에)

이모 E (연결)으떻게 생각이라는 게 읍서 기집애가.

지숙 E 어이그 그냥 딸기 하우스 집으루 시집을 가든지

이모 E 얼시구 얼시구.

윤희 ……(피시시 옆으로 눕는다/옷도 안 갈아입은 채)…

S# 성북동 식탁/묵묵히 밥 먹는 동우/ 이 초/

S# 슈퍼 앞/안녕히 계십쇼 인사하는 동우/오디오 삭제/이 초/

S# 돌아눕는 윤희(현재)

S# 별장에서의 동우 커트 중에서 한 커트/삼 초/

S# 물가(별장)

윤희 ······(멈춰 선 채 보는)

동우 ······(윤희 앞에 와서 멈추며 고개 들어본다)···

윤희 ·····(말가니 보며)

동우 ·····

윤희 (조금 비키며 걸으려)

동우 기분이 어때.

윤희 (돌아본다)

동우 재미 있어?

윤희 그쪽은 어때.

동우 스릴 있구 /존데? (쓴웃음)

S# 블루스 추는 동우와 영주/입술 찍는 커트

S# 윤희의 방

윤희 ···(엎드려 있다)···

S# 욕실

윤희 (발가벗은 혜림 치켜든 궁둥이 깨물고 있는 커트)

S# 윤희의 방

윤희 (불끈 일어나 앉는)··

S# 윤희의 방(과거)

팬티 바람의 혜림과 윤희 서로 간지럽히면서 장난치는··

S# 울음 터지기 직전의 윤희/(현재)

윤희 ·····

S# 세수하는 윤희(현재)

윤희 (얼굴에 물 한없이 끼얹고 있다)····

S# 마루

윤희 (욕실에서 나와 제 방으로)

S# 윤희의 방

윤희 (들어와 화장대 앞에 앉으며 머리 수건 벗겨내면서)

영국 E 고맙소.나를..믿어주구...사람 대접 해줘서..

S# 13회에서

영국 (팔 놓으며)먼지처럼 떠다니며 사는 것에 싫증이 나요.누가 좀
날 붙잡아줬으면 좋겠어. 그걸 당신이 해줬으면 좋겠단 거요

영국 E (윤희/? 연결)내말은/.....당신은 분명 바보는 아니니까 요즘
내가 줄곧 당신 언저리 돌구 있는 거 알 거요.

윤희 .....(보며)

영국 요즘 그래요...어느 날 부턴가 그러기 시작했어요.....이런 기분은
...처음이요.(정시하며)

윤희 .....(보며)

S# 윤희의 방

윤희 (옷장에 기대어 두 다리 뻗고 앉아서)....(머리 브러시질하며)

S# 13회에서

영국 (좀 기대어 앉으며)나는 게름뱅이구 의욕상실이구/방탕했던
과거가 있구 여전히 방탕할 소지두 있으며/ 이혼경력두 있구 남을
잘 안믿구/ 내장은 꼬였구/(술잔 들며)책임지는 거 싫구... 말하자
면 불성실의 표본이요. (시선 들어 보며)어떻게 생각해요.

윤희 자신의 결함을 그렇게 다 알구 있으면...고칠수두 있는 거 아닐
까요?

영국 ......(쏘듯이 보며)

윤희 .....(보며)

영국　(술잔 놓으며/시선 그대로인 채)나는 거미줄에 걸렸소……서윤희
　　　가 쳐논 거미줄요.

S#　윤희의 방

윤희　(브러시 멈추고 방바닥 저쪽 보며)…

S#　13회에서

영국　나한테 맡겨요…내가 당신 영혼에 입은 상처…치료사가 한번 돼
　　　보겠소.

윤희　……(보는)

영국　하하하하(하늘 보고 웃는 듯한)웃기는 놈이요 참 나는.내 주제
　　　에 무슨.하나님두 웃으시겠네 해놓구 보니까/…… 그래두 한번 해봅
　　　시다.그동안 숱한 여자들한테 못할 짓 한/…속죄루…해 볼테요……
　　　(어깨에 올려놓았던 손 윤희 뒤통수로 가며 조금 당긴다)

윤희　……(당겨 안아지면서 뚜르르르 눈물)죄송합니다 상무님.

S#　윤희의 방

윤희　(벽에 뒤통수 붙이며 천장으로 시선)……

S#　별장 전경(밤)

　　　대어져 있는 동우의 차.

S#　별장 거실

영주　(글라스에 얼음 넣고 있는데)

동우　E 야/

동우　(이 층에서 넥타이 푼 와이셔츠 바람으로 내려오며)넌 갈아입을
　　　옷 있다니까 괜찮겠지만 난 황당하다. (소파로)속옷두 못갈아입게
　　　생겼잖아.(앉으며 영주 허리 안는다)

영주　빨가벗구 자.빨아서 말려주께.

동우 (당겨 목에 입 붙이며)감시하는 사람 없으니까 같이 자두 되겠지?

영주 (좀 밀치면서)좀 떨어져라.저기 절루 옮겨 앉어 너.

동우 ?··왜 그래.

영주 (따르던 술 마저 따르면서 안 보는 채/아무렇지도 않게)너무 가까우면 니 얼굴 제대루 다 안보여. (좀 웃으며 다른 잔에 얼음 넣으며)내가 좋아하는 니 얼굴/제대루 보구싶어.가까이 앉아서 (술병 집어 따르며)콧구멍이나 보구싶지 않아.

동우 (픽 웃는다)

영주 옮겨 앉아 얼른.(글라스 내밀며)

동우 (받으며 장의자에서 안락의자로 옮긴다)알았어 그래.

영주 (글라스 내밀며)건배하자.

동우 오케이.

영주 (잔 부딪히고)오늘/잊지말자.

동우 (픽 웃으며)잊지 말자.

영주 (먼저 글라스 입으로)

동우 (마신다)

영주 (글라스 내리며 안 보는 채)동우야.

동우 ?···(내리며 본다)···왜.

영주 (동우 보며)누군가 말했더라.삶은 슬픔으루 가득찬 거라구.

동우 ·····(보며)누가 그랬는지는 몰라?

영주 몰라··기억 안했어···그저 내 생각하구 참 같구나 했었어.

동우 (시선 글라스로 내리며)슬픔···그래··어쩌면···

영주 억울한 것두 마지막은 슬픔이구···분한 것두···끝은 슬픔으루 녹아들어.(조용히 보며) 부모가 미운 것두 슬픔이구 사랑때문에 앓는 것두 슬픔이구…. (홀쩍 한 모금 마시고 내리며)삶이 슬픔 자체라는 거..맞아.

동우   왜 그런 생각이 드는 건데

영주   (오버랩의 기분 좀 기대며/보며)나 고등학교 때 우울증으루 잠깐 치료 받었었다?

동우   …그랬어?

영주   (한 모금 마시고 내리며)거지같은 내 출생을 용서할 수가 없었어.자존심이 상해 견딜 수가 없었어. 평생 붙이구 살어야하는 꼬리표에서 벗어나는 건 죽는 길 밖에 없다 생각하구 약먹었다 병원 실려갔지.

동우   …(보는)

영주   E 그래서 치료받게 됐던 거야….

영주   (보며/바꿔서)선생님을 잘 만났어.치료가 끝났을 때 나 아주 교만한 애가 돼 있었거든. 남보기에는 한심했겠지만 나는 훨씬 편해졌어.죽는 걸루 지지 말구 잘난 척하면서 사는 걸루 이기지 했으니까.(마신다)

동우   (좀 웃으며)까딱했다간 너 못 볼뻔 했구나.

영주   (마신 술잔 내리며/시선 술잔에)동우야.

동우   …왜.

영주   나를…사랑하니?

동우   …여자는 그렇게 …중간중간 꼭 확인이 필요하니?

영주   (보며)그 여자두 그랬었니?

동우   ……(그저 보며)

영주   니가…불안해.불안한 게 슬퍼.

230

동우   왜 불안해.

영주   왜?(조금 웃으며/그러나 울음이 차오르며)너는..근사하니까..멋
있구..섹시하니까.

동우   (피식 웃으며 고개 잠깐 돌렸다 보며)낯간지럽다.

영주   (오버랩의 기분)사랑하니?

동우   사랑해.

영주   내가 너 사랑하는 만큼(목이 찢어지며)..그만큼 사랑하니?

동우   너/나 얼마나 사랑하는지 몰라서/그 대답은 못하겠다.

영주   (안 보며)나 없인 못살겠다..그만큼 …되니?

동우   ….(보며)

영주   그만큼 아니지…(보며)그러니까 그만두자 소리 할 수 있는 거
야 그치?

동우   말일 뿐이야.

영주   나는 안하는데?…(보며)난 안하는데 너는 해.

동우   내 입장을 이해해.너하군 다르잖아.

영주   (오버랩의 기분)첨 날 봤을 때/날 봤던 첫순간에 너 어떤 느낌
이었니.

동우   …(보며)어디/화장실에서 아니면 현관에서.

영주   같은 날이잖아.어느 쪽두 괜찮아(억지로 웃으며)눈에 띠더라/
보기 좋았어 그런 말 말구….

동우   (조금 웃으며/그때 생각하듯 시선 좀 비켜지면서)현관에 어머니
하구 같이 내리는데… (영주에게 시선)첨봤거든.아/쩜쩜쩜쩜…졸
다가 눈 번쩍 뜨이는 ..그런 거였어.천박하지 않구두 화려할 수 있
구나 생각했지/..난 여자 치장 진한 거 싫었거든.

영주 나 들어가는 거/ 끝까지 봤었니?

동우 아니/난 그런 거 챙피해 하는 놈야.

영주 언제부터 나 좋아하기 시작했니.

동우 흠흠흠‥(기대앉으며)건 정확히 모르겠어.어쨌든 화장실 사건 뒤 너랑 술마시구 들어가서… 니 얼굴/니 목소리/쉽게 안 지워졌 었어.

영주 내 전화 받구 너 놀래더라.

동우 당연히 놀랬지.상상두 못했던 일이니까.

영주 ‥‥(술잔 내려다보다가 한 모금 마시고 내리는데)

동우 너 뭐 하는 중이니?

영주 ?‥‥(본다)

동우 아니면 하기 직전이거나.

영주 (오버랩의 기분 술병 집으며)여자에 대해 많이 아는구나.

동우 ‥‥‥(보며)

영주 (따르며)갑자기…(잠깐 멈추고 동우 보고 웃으며)니‥사랑이 부도 수표면 어떡하나‥(따르며)겁나져서 그래.

동우 에스칼레이터?(웃음기 없이)

영주 (술잔 집어 마시는)…

동우 (고개 조금 돌리고 김새서 잔 비워버린다)‥‥(잔 내리며 영주 보는 데)…

영주 불쾌하니?

동우 유쾌하지 않아.(하며 술잔 놓고 일어선다)

영주 지나치게 민감하더라.

동우 (오버랩의 기분)평생 모두한테 의심받으며 살아야 해?너한테

까지?

영주 그러느니 그만두구 싶니?

동우 백번 낫지.(하고 돌아서는데/목표는 현관)

영주 (오버랩의 기분)키스해 줄래?

동우 ?···(돌아본다)

영주 (안 보며)싫으니?····

동우 그럴 기분 아냐.(하며 현관 쪽으로 움직이는)

영주 (오버랩의 기분)내방 장에 보면 가디건 있거든?그것 좀 갖다 줄래?나두 나가구 싶어.

동우 ···(보다가 이 층으로)

영주 ····(이 층으로 올라가는 동우 보다가 술잔 올리는데/눈물 툭)···

S# 윤희의 방

윤희 (전화기 들고 있는)

영국 F 뭐라구 할까···맛있는 거 적당히 배부르게 먹구

S# 영국의 방

   M 잔잔한 클래식

영국 (전화/의자에 앉아서/두꺼운 백과사전 같은 것 들척이며/연결)기분 좋은 햇빛/ 기분 좋은 바람 속에 편안하게 기대 앉아/ 졸음처럼 느껴지는 기분 좋은 포만감 같은···그런 만족감이요··· 이 세상에···누구 두 손 못대는 내여자/그런 사람을 갖는다는 게 이렇게 ···뭐래야 하나.이렇게 존 건지

S# 윤희의 방

영국 F 흠흠···/소월시 한구절처럼 예전엔 미처 몰랐었소.

윤희 ·····

영국 F 나는 행운아요….얼마나 고마워하는지 모를 거요.

윤희 …..

영국 F 메아리가 없군.(갑자기 휘파람/사랑해 당신을/정말로 사랑해 까지 불고)듣구는 있는 거요?

윤희 늦었는데 왜 안주무세요.

영국 F 시아버지하구 통화중이요?그러는 당신은 왜 안 주무시구 전화 받으십니까 낄낄. 뭐하구 있었어요.

윤희 잠들려던 참이었어요.

영국 F 잠들 참인 사람 일어내켰군.그럼 자요.잘 자요.

      F 전화 끊기는 소리‥

윤희 …..(수화기 내리며)

S# 별장 강변/묵묵히 걷고 있는 두 사람/

동우 …..

영주 …..(가디건 걸치고)

동우 ……

영주 ……골났니?(처지지 말 것)

동우 ….그래.

영주 …..얼마나.

동우 …..많이.

영주 …..그저‥그렇게 생각해주라…니가 너무 좋아서….웬일인지 니 앞에서 자신이 없어서… (동우 멈추고 본다/영주 멈추고 보며)진실루 날 사랑하구 필요루하는 건가‥ 짚어보구 싶어 그런다구.

동우 (쓴웃음)니가 자신이 없어?…나한테?‥

영주 있어두 되는 거니?

234

동우 너무 많아 탈이야.납득하게 해줘.뭐야.니네 엄마 또 어디서/내 얘기 갖구 들어오셨어?솔직하게 말해.그러는 게 좋아.

영주 (걷기 시작하며)아냐.그런 일 없어.

동우 (선 채)그럼 뭐야.

영주 (돌아보며/털듯이)체크/체크라니까? 우리 말루 해?점검/확인/밤공기 너무 좋다.오기 잘했지.나 이제 기분 좋아졌어 동우야.

동우 ….(보며)

영주 (와서 팔 끼며)근데 어떡하니/내 기분은 좋아졌는데 니 기분은 쑤셔박혔으니…

동우 ….(보며)

영주 (가볍게 동우 뺨에 입 댔다 떼며)너없는 세상은 토핑 없는 핏짜구 김빠진 콜라구 케첩없는 프랜치 프라이야. 배 안고프니?난 배고프다아(찡그리며)…

S# 별장 주방

영주 (보글보글 끓고 있는 두 개의 냄비에 각각 라면/젓가락으로 체크하고)달걀 너.난 안너.

동우 어/(기분 풀렸다/들고 있던 달걀 탁 쳐서 라면에)

영주 (파 썰어놓은 것 라면 냄비 두 개에 재빠른 손짓으로 나눠 넣으며)이제 일분 쯤이면 돼.일분 동안 우리 뭐하까.

동우 뭘해.

영주 가위바위보해서 (손가락 튀기기 흉내내며)이거 하까?

동우 좋아 그래

둘 가위바위보!보!보!

영주 까르르르르/(손끝으로 동우 이마 튀긴다)

동우 다시/

둘 가위바위보!보!보!보!(에서)

S# 식탁(약간의 시간 경과)

영주 (라면 먹으며)난 너한테 해주구 싶은 거 너무너무 많아.

동우 (먹으며 보는)

영주 간이 좀 짰나?아침엔 꼭 먼저 일어나 가벼운 화장하구 니가 좋아하는 향수 냄새 풍기면서 널 깨울 거야.

동우 (먹으며 보는)

영주 E 샤워하구 나와 식탁에 앉으면 금방 군 바삭바삭한 빵하구 베이컨 재빠르게 대령할 거구/

영주 쥬스 먼저 마셔라/터진 달걀 노른자 빵으루 훑어 다먹어라 잔소리 할 거구?/너 입구 나갈 옷은 전날 밤에 미리 다 코디 됐다가 넥타이 꼭 내가 매서 내보낼 거구?

동우 (오버랩의 기분)잠깐/나 아침 밥먹었음 좋겠다.나 촌놈야.

영주 …(잠깐 생각하는 척했다가)그래 밥해주께 그럼.니 빨래는 절대루 누구 안시키구 내손으루 빨어서 삶어서 다림질 할 거구? 런닝 머신 집에 들여놓구 무슨 일이 있어두 하루 사십분은 운동시킬 거구?

동우 죽었다.

영주 피곤하다 싶으면 무조건 침대 집어넣구 열시간쯤 재울 거구/봄 가을 두 차례는 무슨 일 있어두 약 먹일 거구/

동우 (오버랩의 기분)됐어됐어.겁난다.대신 난 뭐해야 하는데 너한테.그거부터 알자.

영주 ……(보며)

동우 나 아무 것두 안해두 돼?

영주 딴데 쳐다보지마/배나오지 마/아프지 마/병들지 마/나 두구 먼

저 죽지 마/‥이상.

동우 ‥‥‥(먹다 멈추고 보며)

영주 ‥‥쉽지?(웃으며)

S# 동우 침실

동우 (엎드려 자고 있다)‥‥

S# 별장 테라스

영주 ‥‥‥‥(어둠 속에 혼자/팔짱 끼고 앉아 있는)‥‥‥

F.O

S# 테라스

영주 (서양식 아침/커피 따르며)재료가 없어서 밥으루 못했어.참아

주라.

동우 (웃으며 냅킨 펴며)알았어 참으께.

영주 쥬스먼저 드세요.

동우 아 금방 이닦아서 재미없는데.

영주 세모금쨴 괜찮아.빨리 마셔.(오렌지 주스 잔 집어주며)

동우 할수 없지.(받아서 벌컥벌컥)

영주 ‥‥‥(웃음기 없는 얼굴로 보다가 동우가 잔 비우고 내리자 웃으며)말

잘들어 좋다.(제 주스 잔 집으며)너 동숙씨한테 전화했니?

동우 (토스트 집다가)어 동숙이가 기다리다 했더라.잊었었어.

영주 시간 지키구 있다 회사 전화해.

동우 (빵 찢은 것 입에 넣으며)뭐라 그러지?

영주 집안 일이라는 게 젤 편하잖니?

동우   편하지.(씹으며/하는데)

여자 E (시중들던)아가씨 왔어요?

둘   (돌아보면/테라스 아래 나타난)

영주   (동우 일어서고)네에.우리 왔어요 아주머니.(동우 목례하며)

동우   안녕하세요.

여인   예에.한밤중에 보니까 불이 켜졌더라구.와서 보니까 아는 차 래서 그냥 갔지이.

   (15/16회 영주 동우 타고 온 차를 동우 차로 하십시오)

영주   네 즈이였어요.

여인   쌀 좀 갖구 왔는데…(보따리/쌀과 야채 등)밥해 먹을까 싶어서… 김치두 갖구 오구.

영주   갖다 놔 주세요.

여인   닭 도리탕 하나 해다주까요?

영주   (오버랩의 기분)아니 아니에요/아니에요 괜찮아요.(여인 건물 로 움직이면서/영주 앉으며)닭 먹을래?

동우   냉면 맛있더라.

영주   (오버랩의 기분)아주머니!냉면 해주실수 있어요?(에서)

S# 모터보트 타고 있는 동우와 영주……

S# 회사 식당

윤희   (먹으며)실망했어?

인주   (먹으며)실망이라기보다….배실장님은 이만저만 실망 아닌모 양이지만…

윤희   ….(보며)

인주   약속한 사람…상무님 아니었죠?

238

윤희   (밥 말면서)아냐..

인주   어떻게…된 거에요?

윤희   나한테 서먹하게 굴구…인주씨 그러지 마..나 같은 사람야.

인주   그래두 자연히 어렵게 생각되구…전같지는 않아요.

윤희   ....

인주   실장님 걱정 많이 하세요..

윤희   그러실 거야…

S# 회장 식당

영국   (식사하면서)필리핀 쪽에요 회장님.회사 직영 오피스 설치 방
      안 검토해얄 거 같아요. 대리점으루는 아무래두 약하다는 중론이
      거든요?

회장   (먹으며)으으음..인도네시아는 어떻게 좀 나아지구 있는 모양
      이던데..

영국   아직두 상당히 어려워요.그쪽에서 미국으루 가는 물량은 조금
      씩 증가된다구 합니다만. 영업본부에서 영업력 집중적으루 강화
      하자구 했어요.

배실장   (메모 들고 들어와 회장에게 보이는)

회장   알았어.(에서)

S# 기획실 복도 승강기에서 내리는 인주와 윤희

인주   수고하세요.

윤희   인주씨두. (두 아가씨 각각 자기 방으로)

윤희   ......

S# 기획실

윤희   (들어와서 곧장 탕비실로)

S# 탕비실

윤희 (들어와 녹차 봉지 넣고 뜨거운 물 붓고 차 봉지 담갔다 뺐다 우려 건져내면서)……

　　E 기획실 문 여닫히는 소리

윤희 ?…

S# 기획실

영국 (들어오고)

윤희 (탕비실에서 나오며)차 드려요?

영국 마셨어요.물이나 한잔 부탁해요.(하며 들어간다)

S# 탕비실

윤희 (물 만드는)…

S# 기획실

윤희 (들어온다)……

영국 (타이 느슨하게 하면서 테이블에 앉으며/서류 간추리며 안 보는 채)
　　점심 먹었어요?

윤희 ‥네‥(컵 놓고)

영국 (잠깐 보며)맛있었어요?

윤희 …네‥

영국 ……(서류 넘기는)

윤희 ……(보고 서 있는)

영국 ‥‥(서류 들여다보며)할 얘기가 있어요?

윤희 …네.

영국 ?(잠깐 보고 의자에서 일어나 윤희 앞으로 와 서며)그저께부터 조금씩 조금씩 얼굴이 어두워지구 있는 이유.

윤희 (오버랩의 기분)말 할께요.

영국 (오버랩의 기분)아냐…하지 말아요…내가 알아맞춰볼테니까.

윤희 ·····(보며)

영국 (손 내밀며)…손…

윤희 ····(보며)

영국 ··손.

윤희 (손 내밀고)

영국 (잡아서 지그시 조여 쥐며 눈 맞추고)···

윤희 ?·····(보며)

영국 나한테 죄책감들어 괴로운 거 아뇨?

윤희 말하께요.

영국 (오버랩의 기분)내가 대신 한다니까.

윤희 ····(보며)

영국 나를 좋아하구…사랑해서 하는 결혼이 아닌 거 때문 아뇨?···잘 못 짚었소?

윤희 (보다가)····(무슨 말인가 하려는데)

영국 내가 벌써 얘기했던 것처럼 서대리한테 몹쓸 짓한 녀석에 대한 시위/반격같은 심리가 어느정도 작용했다는 거 알아요.

윤희 (시선 내리며)어느 정도가 아니라…많이에요.

영국 얼만큼.

윤희 (보며)많이요.

영국 그럼 내가 짐작하는거보다 더 많이 가책받겠군.

윤희 (오버랩의 기분)그만두는 게 좋겠어요.옳지 않아요.

영국 ·····(쏘듯이 보는)

윤희   상무님을…사랑하지 않아요.사랑해서 결혼하겠다 그런 게 아니에요.

영국   아는 얘긴 생략하구/나 속구 있는 거 아뇨.

윤희   상무님,

영국   (오버랩의 기분)그 가책은 나한테는 반가운 소식이요. 나를 한 인격으루 인정하기 시작했다는 뜻 아닌가?/ 내가 약속한 성실두 믿는다는 의미구.그렇다면 그놈한테 보여주기 위해 나를 이용해보겠다는 당신 목적은 퇴색되는 거 아뇨?

윤희   ….(보며)

영국   (빙긋 웃으며)날 진심으루 대하기 시작했다는 증거요.나는 이미 이용당하구 있지 않아.이용할 생각이 없어졌으니까. 대단히 기분 좋은 발전이요.

윤희   안하는 게 좋아요.

영국   …..(보며)

윤희   안하는게 옳아요.

영국   생각보다 경솔한 데가 있군.

윤희   자격 없어요.

영국   그런 말/효과 없어요.난 탕아 출신야.

윤희   사랑하지 않아요.

영국   내가 사랑해.당신은 천천히 해두 돼.사랑하게 만들 거야.

윤희   상무님

영국   (오버랩의 기분)다시 한번 그말 입밖에 내면 가만 안둬.여기서 아래루 내던져 버릴 거야!

윤희   ….(보며)

영국 나갑시다‥(문으로 움직이며)

윤희 …(보며)

영국 나와요‥‥회사 밖으루 나가자구/…

S# 회사가 아닌 곳/남산 음악당이든지(낮)

영국 난 완전히 다 당신한테 걸구 있어 모르겠나?

윤희 ‥‥(보며)

영국 어디서 그따위 말을 그렇게 쉽게 내뱉어요,당신 그만큼 오만
해?!당신 그 알량한 죄책감만 대단해?나같은 건 어떻게 되든 상관
없다는 거요?!나!‥나라는 놈은 말요 지금!!‥‥(터트렸다가 추스르
는)‥‥소리 질러 미안해요‥‥ 생전 처음으루 장난 기분 없어요…내
가 장난칠 기분 없으니까 여자가 장난을 치는군.

윤희 ……(땅으로 고개 꺾고)장난치는 거‥‥아니에요.

영국 ……(보다가 다가와 가만히 안는다)

윤희 ‥‥(순하게 실리는/너무 표 나지는 말 것)

영국 당신 필요해.사랑이 어려우면/우정이라두 줘요‥불평 안해.나
한테…정성 한번 쏟아봐요…보람느끼게 해주겠소‥

윤희 ……

S# 근처 카페‥

영국 (한 모금 마시고 찻잔 내리며 안 보는 채)혹시‥나한테 불안이 있
으면/‥흠흠 틀렸소 있겠지 당연히‥ 미안하오.미안하게 생각해
요‥(하고 시선 들어 본다)

윤희 ……(안 보는 채)

영국 서윤희.

윤희 ‥‥(본다)

영국　...이를 갈아가면서 ..방황을 끝내구 싶었던 놈이요.당신이 고
삐만 잘 잡구 있으면... (웃으며 /좀 가볍게)모든 게 다 잘될 거요.속
는 셈 치구 한번 믿어보구려.

윤희　....(보며)

영국　내가 살아있는 한/나한테서 도망 못쳐.흠흠..(찻잔 들며)사랑?
..안해줘두 좋아. (한 모금 마시고 내리며)내 꺼에 초만 치지 마. 잠깐
(찻잔 놓고 일어나며)나없이 회의하라구 전화 해야해.토요일인데
잡아놨거든.미안한데? (화면에서 아웃)

윤희　....(영국을 시선으로 쫓으면서)....

S#　윤희 집으로 가는 영국의 자동차···

S#　차 안

영국　....(문득 돌아보며 한 손 내민다)..

윤희　...(잠깐 보고/영국의 손에 제 손 올려놓는다)

영국　쓸데없는 생각 안하기.

윤희　(웃는 듯 마는 듯)

영국　국산 모나리자요?

윤희　?

영국　웃을려면 확 웃구 아니면 말아요.모나리자 카피하지말구/

윤희　(고개 조금 돌리고 웃어버린다)...

영국　옳지/그렇게....

S#　윤희의 마당(밤)

S#　마루

　저녁상 차리고 있는 조모/이모/지숙/

이모　(상추 그릇 지숙에게서 받으며)깨끗이 씻었어?

244

지숙 드럽게 씻었어.

조모 굴비가 큰데 속까지 익게 잘 굽지 왜.

이모 다 익었을 걸?(하며 젓가락으로 몸통 푹 찔러 헤집어보고)다 익었어.

조모 익었네..

이모 밥 퍼와.뭐해?(지숙에게)

S# 윤희의 방

윤희 (장 정리하고 있는데)….

이모 E 아이엠에프 끝났는지 수선이 줄어.(궁시렁궁시렁)

조모 E 그놈으 소리 진절머리 난다…밥 못먹을까 걱정야?

S# 마루

조모 줄면 주는대루 …예전에 비하면 호강이 뻗쳤지 끼니 걱정은 안하구 사니..

이모 욕심두 암튼..밥만 먹음 장땡이유?

조모 장땡이잖구…보리 쌀 삶어 보리밥 해먹어야겠다.

이모 아직 이르잖어?

조모 나 먹구싶으면 보리밥이지 이르구 늦은 게 어딨어.

지숙 (밥 퍼들고 나오며)벌써어?(불만)

이모 입에 밥들어가는 것만두 행복야 불평말어.

지숙 갑자기 북한 됐나아..언니이.밥 먹어.

윤희 E 으웅..

조모 (시래기 찜 맛보며)시래기가 뻐시더라.

이모 그렇더라구.

윤희 (나온다)

이모 　얼마나 좋아.(윤희 돌아보며)일찌감치 들어와 쉬구 장 정리하
　　　구 얼마나 편해.그냐앙 한밤중에 들어와 씻구 자기 바빳다가 새벽
　　　같이 일어나 허둥지둥 또 나가야구(윤희 앉으며)

윤희 　글쎄 말유.

지숙 　엄마 때매 난 연애두 못하겠구 따라서 시집두 못갈 거야.

이모 　왜.

지숙 　늦는 거 그렇게 싫어하는데 연앨 어떻게 해.날마다 모녀전쟁
　　　하게?

이모 　그래서 안늦는다 그래서 안늦어.

조모 　(쌈에 고추장과 굴비 넣어 작게 싸서 윤희에게)윤희야.

윤희 　?‥(웃고 받는데)

지숙 　엄마 나두(얼굴 들이대며)

이모 　어이구 재롱?

지숙 　엉‥

이모 　(쌈 집어 손바닥에 펴며)강가는 너/지 회사 쿤네루 시집가는 거
　　　아니?

윤희 　…(보는)

이모 　소문 안났어?소문 났으면 그눔두 알 거아냐.

윤희 　아직 소문 안났어.

이모 　그눔 낯짝 좀 한번 봤으면 좋겠다‥‥결혼하면 그자식 먼저 내
　　　쫓아.

조모 　끌끌끌끌

이모 　것두 못해?장차 회장 댁이?웬수갚어얄 거 아냐.

조모 　웬순 갚어 뭐해.입다물구 밥이나 먹어.

246

이모 (엄마가 못마땅해서 꿍얼거리는)

윤희 …(그냥 먹는)

S# 별장 거실

동우 (긴 소파에 천장 보고 누워서 담배 태우고 있는)……(떨어질 듯한 담뱃재)

영주 (화면 안으로 들어오다 보고 재털이 집어 대는데/마침 떨어지는 재/웃으며)기막히다 타이밍..

동우 (불끈 일어나며 담배 꺼 재털이 빼 치우며 동시에 영주 안아 소파에 눕히는데)

　　E 전화벨/탁자에 핸드폰 두 개.

영주 ?..니꺼다.

동우 누구야.(전화 들고)네 여보세요.

동숙 E 아부지 돌아가셨대요…오빠..

동우 ?…(머리가 서는)

S# 동우 아파트

동숙 (선 채 울면서)엉엉엉…아부지 불쌍해서 어떡해애..엉엉엉엉

S# 별장

동우 …지금 가께….(전화 끊는)

영주 ?…무슨 전화니.

동우 (돌아보며)춘천가야겠다.

영주 ?……

제19회

S# 춘천 큰 병원 입구로 들어오고 있는 동우의 자동차(밤)

S# 주차장으로 가는 자동차. 빈 자리 찾아서 주차하는/⋯멈추자

S# 자동차 안

동우 (운전대 잡은 채)⋯⋯

영주 ⋯⋯(동우 보며)⋯⋯

동우 (저만큼 앞 보는 채 있다가⋯천천히 시동 끄면서)엄마만 보구 ⋯잠깐

있다가 올라가.

영주 ⋯⋯(보는 채)

동우 계속 있을 건 없어.

영주 ⋯알아서 하께⋯

동우 (오버랩처럼 문 열고 내린다)

영주 ⋯(내린다)

S# 자동차 밖

동우 (영주 등에 가볍게 손 대면서 움직이는)찾아봐⋯ 어딘지 몰라⋯

영주 (시선으로 찾는 듯 하면서)싸인 있을 거야⋯

움직이는 두 사람 / ‥‥

S# 영안실 밖 화면으로 들어서는 둘

다른 가족들의 울음소리 들리고 3호실/고인 강만수/상주 강동우/강

동철/붙어 있고

동우 ‥‥(그것 보며)

S# 동우네 영안실

동우 (앞서 들어오다가 잠깐 멈춘다)‥‥

영주 (약간 뒤에 서서 따라 들어오다 멈추는)‥‥

모친 (두 손 치마폭 안에 넣고 우두커니 넋 나가 앉아 있는)‥‥(동그마니 혼
자다)

동우 ‥‥(보다가 올라서 엄마에게)

모친 ?‥‥(올려다보며)‥‥어째 이렇게 빨리 왔어‥

동우 (엄마 앞에 앉는데)

모친 아직 아무두 읍서어‥연락은 했는데‥‥배타구 와야하니까‥‥낼
이나 돼야들 오겠지‥‥동숙이 안데려왔니?(아들만 보며)

동우 이제 올 거에요.저는 딴데 있다 오는 거에요.(엄마 보며 눈물 돌
아나며)고생‥‥하셨어요?

모친 아파트 경비가‥택시 잡어다주구‥그렇게 왔어.고생 안했다.

동우 아버지 말이에요.(오버랩의 기분)

모친 ‥‥(보다가)으으응‥‥별루‥‥병원에 와서‥‥금방‥‥한 오분이나 됐
나‥금방‥‥(찢어지며/침 꼬올칵 넘기듯 하고)떠나더라‥‥고생 별루 안
한 셈이야‥‥

동우 영주 왔어요.(하며 고개 영주 쪽으로)

모친 ?‥‥(아들 돌아가는 고개 따라 보고)‥어어‥‥왔니?‥‥애기 왔니?

영주   (모친 쪽으로 다가와 앉으며)…(모친 팔에 손 대는데)

모친   (터진다)그렇게 보구싶어 하더니이이이이..그러어어케 보구
싶어하더니이이/ 새애기 여기 왔슈 영가암.(아예 영정 쪽으로 돌아
앉으며 바닥 때리며)여기 왔네요 여보오오오오..아이고 아이고오오
오 으흐으으으으응/이…복두복두 지지리두 읍는 양반아아아 응
응응응응/쪼꼼만 더 살지이이이..많이두 말구 삼년만 더 살지이이
이이

동우   (옆으로 돌아앉아 우는 엄마 당겨 안아버린다)……

영주   ….(그런 모자 보면서)……

S# 윤희의 방

윤희   ……(혜림의 다른 사진/방에 있던 독사진 들고 앉아 내려다보며)….

영국   E 난 완전히 다 당신한테 걸구 있어 모르겠나?

윤희   ….

영국   E 어디서 그따위 말을 그렇게 쉽게 내뱉어요,당신 그만큼 오만
해?!당신 그 알량한 죄책감만 대단해?나같은 건 어떻게 되든 상관
없다는 거요?!나!..나라는 놈은 말요 지금!!……생전 처음으루 장난
기분 없어요…내가 장난칠 기분 없으니까 여자가 장난을 치는군.

윤희   ……(고개 조금 들어지며 한숨)

영국   E 당신 필요해.사랑이 어려우면/우정이라두 줘요..불평 안
해.나한테…정성 한번 쏟아봐요…보람느끼게 해주겠소··

윤희   ……

S# 윤희네 안방(안방 문은 열어놔 주세요)

이모   (사과 배 깎으며 궁시렁거리는)예단이며 뭐며 어떡해야 하는 건
지..니 언니 무슨 말 안해?(지숙에게)

지숙 (고개 흔들고)‥아니?‥

이모 답답해 죽겠네 그냥.잠이 안와 엄마.부잣집에 가는 거/우리 같은 형편엔 반가운 거 아니네.대체 어떡해야 하는 거야.모르쇠루 나갈 수두 읎구/내배째라‥그럴 수두 읎구…

조모 (걱정은 걱정이다. 묵묵히 과일만 베어 먹으며)‥

이모 으응?(엄마 보며/말 좀 해)

조모 글쎄 말이다…

이모 집 팔어?

지숙 ?뭐라구?

이모 집 팔어 딸 시집보내는 부모 심정 알만해 하는 소리야.

지숙 (오버랩의 기분)진짜 별 기절할 소리 다하네.집 팔어 언니보내구 우리 거리루 나앉어?

이모 누가 판대? 심정이 그렇다는 얘기야.

지숙 언니!(방문 쪽으로 좀 움직이며/느닷없이)언니 뭐하니!

윤희 E 어 왜애.

지숙 좀 와봐.의논 좀 하자아.

이모 뭐하러 불러.

지숙 집 팔아먹을까봐 집 붙잡을려구 그래.

윤희 (들어오는)

지숙 (돌아보며(오버랩의 기분))시집 간다 소리만 통/떨어뜨려 놓구 아무 상관없이 그러구 있으면 어떡하니.엄마 집팔어 시집 보낸다는데.

윤희 집을 왜?

지숙 시집 보낼 밑천 없어 집 팔어 보낸대.

윤희   (앉으며)말두 안돼.집을 왜 팔어 이모.

조모   (오버랩의 기분)괜한 말이래두 집 들먹이지 마라.집이 화낸다.

윤희   글쎄 말야.

이모   (오버랩의 기분)혼수를 어떡하냐구.어지간한 집안이래야 대충 꾸려보낸다지/이거야 까마득한 상상봉에 앉어 있는 사람들 무슨 수루

윤희   (오버랩의 기분)우리 형편 뻔히 다 알어 이모.혼수같은 거 전혀 기대 안하실 거에요.걱정말어요.

이모   (오버랩의 기분)글쎄 그런 거 같으면 미리/혼수 걱정은 하지 마라.우리가 다 알어서 할테니까 생각두 하지 마라 무슨 그런 말이래두 있어야잖어.답답해 돌아가시겠어.자다가두 깨.무뜩무뜩.(하는데)

　　　E 윤희 방 전화벨(오버랩의 기분)

윤희   잠깐만 이모(일어서는데)

지숙   그남자한테라두 물어봐.우리 집에서는 혼수때매 집 판다 그런다.집 팔어두 되냐.(윤희 그냥 나가고)

조모   집 그만 팔어 안팔어.공연히 왜 가만 있는 집은 자꾸 들먹거려.집이 화낸다니까.

이모   오죽 답답하면

S# 윤희의 방

윤희   (전화 받는다/이 방문은 닫아주세요)네에..

영국   F 소인 올시다.저녁 먹었어요?

윤희   그럼요.지금 몇신데요.(시계로 돌아가며/이 남자 너무 좋아하는 것처럼 보이지 마세요)열시가 넘었어요.

252

S# 영국의 방

영국　할머님하구 이모님…내일…바쁘세요?

S# 이여사의 방

이여사　(침대에 들어가려 시트 젖히는데)

　　　E 노크

이여사　?네에.

영은　(들어오며)지금 금방 형부한테서 전화왔는데 엄마/

이여사　?왜.

영은　형부 아버지/그러니까 언니 시아버지 돌아가셨대요.언니 지
　금 거기 가 있는데 낼 새벽에 차 갖구 와서 언니 데려 가라구.

이여사　그럼 양수리서 그리 간 거니?

영은　그런가봐요.

이여사　즈 아버지 오늘낼 하는데 아들놈 양수리가 놀구 있었던 거야?

영은　갑자기였겠지.원래 편찮으시다구 했어요.

이여사　결혼 앞두구 초상은 왜 나 초상은.

영은　…(보며)

이여사　그리구 물색없이 거긴 왜 따라가

영은　..며느린데 그럼 안가봐요?

이여사　결혼식 아직 안했어.

영은　그래두우.

이여사　녀석한테 환장한 인물/…애처롭구 불쌍해서…더 끔찍하겠
　구나.

영은　당연하죠.

이여사　?(뭐야? 하는 기분으로 본다)

영은 (웃으며)내차루 가까 아님 엄마 차루 가까.

이여사 너 갈려구?

영은 엉 모처럼 약속두 없구/갔다 올려구요.

이여사 내 차 갖구 가.잠두 제대루 못잘텐데··큰차갖구 움직여.

영은 (기분 좋게)네에.안녕히 주무세요.

이여사 김기사한테 출발시간 미리 일러놓구.

영은 응.(하며 돌아서는데)

이여사 (혼잣소리처럼)좋아하는 커피나 옅게 만들어 갖구 가든지··

영은 (잠깐 돌아보고)네에.(나간다)

이여사 (침대로 오르며)자식 /냄새 난다…지 팔자 지가 만들지 누가 만들어 맹추같은 거…가만··(하고 전화기 집어 들고 찍는다)

S# 한여사 거실

한 (주방에서 물 쟁반 들고 나오다가 받는다)네에 성북동입니다…어…저런.쯔쯔쯔….강서방이 장남인거 같은면 연세두 별루 안 높으실텐데 쯔쯔…그래?··잘했군.끝까지 지킬 건 없지만 당연히 가는 봐야지 잘했네…보내야지 그럼.회장님 인사 챙기는 거하구 별도루 보내줘야지 처간데…알았네 자네가 내꺼까지 챙겨보내게 나중에 계산하구··

S# 이여사의 침실

이여사 얼마나 하시겠어요…그렇게 많이요?…성북동이 그렇게 하면 구기동두 그만큼은 해야한단 말이잖어요….곱지두 않은 사위한테 그렇게까진 내키지 않습니다…..알았어요··알았습니다 그만 하세요…네 주무세요(끊으며 투덜거리는)회사 키우는데 한 일 아무것두 없으면서 /손만 커서는… 팔짜 치구는 참 대왕대비마마지··끄

254

으응..(누우며)

S# 영안실

동숙 (영안실 전화하고 있다)...여보세요...상빈오빠 나 동숙이에요.
아직 안잤어요?늦은 시간에 미안해요.(울음으로 꽉 찬 채)아니아
니..작은오빠한테 무슨 일 있는 거 아니구 우리 아버지 돌아가셨어
요 응응..네..네..친구들한테 오빠가 맡아서 연락 좀 해주세요...작
은 오빠 지금 오구 있는 중이에요..빨리 좀 와 주세요.(서러워 울음
터뜨리며)밤샐 사람 아무두 없어요..빨리 와 주세요...네..고마워요
오빠...(끊고 엄마 껴안고 소리 죽여 흐느끼고 있고)...

모친 (동숙 머리 안으며)....

영주 ...(보고 있다)

S# 영안실 밖. 적당한 장소

동우 ......(담배 태우고 서 있다)....

영주 ...(나와서 보고/....동우 옆으로)....

동우 ......(담배 태우며).....

영주 ......(보며)

동우 춘데 뭐하러 나와...

영주 ......(보며)

동우 (담배 푸우우우)...

영주 연락할데 없니?....같이 학교다닌 친구들 말야..

동우 없어.

영주 ...몇은 있을 거 아냐...동숙씨/니 동생 친구한테 연락하더라 밤
샐 사람 없다구 빨리 오라구.

동우 그눔하구 난 달라...걘 친구 많아..

영주 ....(보며)

동우 그 자식은 ...인간성이 좋거든.

영주 너는 나쁘구?

동우 나쁘구....

영주 ...(동우 앞으로 옮겨 서면서)동우야..

동우 ....(보는)

영주 위선자두 나쁘지만 위악자는 더 나빠...넌 왜 너 자신을 그렇게 나쁘게 선전하니...

동우 선전하는 게 아니라 난 나빠.나쁜 놈이야.(시선 피하며)

영주 동우야.

동우 (오버랩의 기분)아버지 엄마한테 감사해본적 한번두 없어.무능이 밉구 ...고생하시는 거/병든 것두 싫어서/.. 한번두 따뜻한 말 해드린 적 없어.방학이 돼두 집에 가기 싫었구...할수 없이 가서두 ...오래 안 묵었어.아쉬워하는 노인네들 뿌리치구...서울 가기 바빴단 말야.나 나쁜 놈야...얼마나 나쁜 놈인지 너는 몰라.다른 사람은 몰라.

영주 (동우 팔에 손 대는)...나는 이해해 동우야...우리 다 그래...보기 괴로우면 얼굴 돌리구 안보려 들잖아...나두 그럴 거 같아.나빠서가 아니라...약해서 그런 걸 거야..견딜 힘이 모자라서...고통을 느끼는 감도/반응...사람마다 다르지 않니?

동우 (오버랩의 기분)원망/말할 수 없이 많이 했어.좀 더 잘난 부모 아닌 거/..정말 미워했다구.

영주 나두 그랬어.나두 우리 엄마 아빠 원망 무지막지 했어 동우야.

동우 (오버랩의 기분)그래두 무슨 수를 써서래두 내가...보상해 주

구 싶었어.가난 속에 태어나 평생…가난 속에서 허우적거렸던 아
버지 가엾은 일생…내가 해결해줄 작정이었단 말야..(울음으로 꽉
차서)

영주 (안아버린다)…

동우 얼마나 나쁜 놈인지 너는 몰라…나는..나는(영주 어깨에 얼굴 쑤
셔 박으며)천벌깜이야.나 더러운 놈야 더러운 놈…

영주 …..그래두 널 사랑해…..너를 사랑해….

S# 윤희/동우/잠자리에서 짙은 격렬한 키스와 애무

동우 윤희/윤희/윤희야…(칠 초쯤.)

S# 윤희의 어두운 방

윤희 (잠자다 불끈 일어나 앉는)………

S# 영안실

동철 (무릎 꿇고 앉아 서럽게 울고 있다)…

모친 (소리 내어 마음 놓고 울고 있고)··

동우 …(서서 보고 있고)…

영주 (동우 옆에 서 있고)…
(동철 친구들 칠팔 명 상갓집 뒷수발로 들락거리기도 하고 즈이들끼리
알아서 움직이고 있는)…

동숙 (간단한 국과 밥상 들고 들어와 엄마 앞에 놓고)그만하세요 엄마.
그만하구 밥 먹어요.(숟가락 쥐어준다)

모친 (숟가락 밀어내고)

동숙 작은 오빠 그만해….이제 그만하라구우우우…

친구 (동철에게/어깨 안아 일으키려 하며)동철아 ··동철아.그만해라 엉?
··그만해 그만해.

친구2 그래 그만해…데리구 나가자.상빈아 데리구 나오라구‥

친구3 (엄마 말리면서)진정하세요 어머니.예?진정하세요진정하세요.(아직 상복들은 안 입었습니다)

　　동철 데리고 나가는 친구들‥

동우 ……(눈만 시뻘개서)‥

영주 ……

친구4 (동우에게)앉으세요 형님.다리 아파요,앉아 좀 쉬세요.내일 손님 받을 생각하셔야죠.(영주에게)앉으세요 네?앉으세요.

영주 네‥고맙습니다.

동숙 (엄마 입에 국 만 밥 넣어주려 자꾸 시도하는)

모친 (밀어내며)아이구 성가셔어어.몇끼 굶어 안죽어어어.가만 좀 둬 이것아아아아‥

동숙 ……(엄마 보며)‥

동우 (문득)동숙아‥

동숙 (오빠 본다)…

동우 니 언니‥어디 근처 호텔 잡아 들여보내.

영주 됐어 필요없어.그냥 있을 거야.

동우 하라는대루 해.나가 얼른.

영주 그냥 있는다구.

동우 신경쓰여.너 없는 게 훨씬 나…

영주 ….(보며)

동우 빨리 데리구 나가….상빈이나 누구한테 부탁해‥

동숙 알았어요.

동우 깨끗한 방 달라 그래.

동숙 나오세요.

영주 굳이 안그래두 된다니까아?

동우 (오버랩의 기분)신경쓰인다구…해달라는대루 해줘‥

영주 …(보며)

S# 영안실 밖

나오는 동숙과 영주.

동숙 언니 고마워요.

영주 ?…

동숙 그래두 이렇게 와 주구…

동철 E 이리 와.(두 사람 소리 나는 곳 보면)

동철 (천막 앞에서 담배 끄며)이리 오세요.커피 한잔 하세요.

영주 아네요 됐어요.

동숙 (오버랩의 기분)큰오빠가 호텔 잡아 주래.

동철 ?‥그래?

동숙 상빈이 오빠 지금 바뻐?

동철 상빈이 술먹어.내가 하께‥잠깐요.(천막 안으로 사라지며)상빈
아.키 좀 다우.

상빈 E 어 여깄다.왜 뭐할려구.

동철 E 어디 쯤 세워났냐.

상빈 E (자동차 세운 자리 가르쳐주는)

동철 (천막에서 나오며)오세요.제가 모셔다 드리죠.

동숙 오빠 상주잖어.

동철 괜찮어. 형있잖어…(웃지는 말고)오세요.

S# 주차장‥

동철 (영주와 함께 와서 자동차 문 열고 뒷좌석 문 열어주고)타세요.

영주 (눈인사하고 탄다)

동철 (문 닫아주고 운전대로)

S# 자동차 안

동철 (타면서)서울에 호텔같지는 않을 겁니다.

영주 네..괜찮아요..

동철 (출발시킨다)

S# 춘천 시내를 가는 자동차 안

동철 .....(묵묵히 운전만)

영주 .....(차창 밖 보며)......

S# 어느 호텔 현관 앞에 대어지는 자동차

영주 (내린다)

동철 (내리면서)차 좀 잠깐 대주십쇼.

도어보이 예 알겠습니다.

영주 혼자 들어가두 되는데요.

동철 예,그럼..

영주 (조금 웃어 보이고 돌아서는데)

동철 저기/

영주 (돌아본다)

동철 주무시구..형 말대루 낼 일찍 가세요.(웃음기 없이)

영주 왜...꼭 그래야하죠?

동철 아무리 손님없는 상갓집이라구 해두...낼은 좀 올 거...좀 있을
거에요.계시면 피곤하구..우리 식구두...챙겨드릴 여유..없어요.

영주 (오버랩의 기분)알았어요.그렇게 할께요..

동철 못 보더라구..안녕히 가세요.어쨌거나간에…고맙습니다.

영주 (오버랩의 기분)형님…몸 판 거 아니에요 동철씨.

동철 ….(보다가 시선 피하며 끄덕이듯)예..그건 우리 형제들끼리 뭐….미안합니다 들으셨다면…그럼/(꿉벅하고 자동차 있는 곳으로 움직이는)

영주 ….(보며 섰다가 호텔로 돌아서는)….

S# 병원 전경(한밤중/이 초)

S# 영안실

모친 (꼬부리고 누워 지쳐 잠들어 있는)…

동숙 (엄마 손잡고 같이 꼬부리고 누워 자는)…

동우 (양반다리하고 꼿꼿이 앉아서 방바닥 보며)…..(옆에 사이다병 하나와 종이컵 놓여있고)

동철 (기대어 앉아 고개 좀 위로 하고 종이컵에 음료 마시며)…..

동우 ……

동철 아버지…꿈꿨었어..

동우 …..

동철 고기 잡으시더라구…편찮으신데 한군데두 없이…옛날같이 기운 펄펄하셔서…꿈에서두 이상했지…편찮으셔 고기 못잡으시는데에…

동우 …..

동철 형은 그래두 조금은 했으니 괜찮겠수…..나는…아무 것두 못해드렸는데…이렇게 돼 버렸어..(담담하고..허탈한/감정 쓰지 말고)

동우 아버지하구 같이…있어드렸잖어…농사짓구..그물 치구…버섯 따구…자식노릇은 니가 했지/..나는 아니야…

동철 그래두 아버지한텐 형밖에 없었어요…그거 몰루?‥

동우 ‥‥(종이컵에 사이다 따른다)

동철 나는‥구박만 들었는데 뭐 흐흥‥‥그래두 나는 (찢어지게)아버지가 불쌍하면서 좋았다우‥‥욕을해두 불쌍하구…머리 안 돌아가 답답해두‥ 뻔한 일에 쓸데없는 고집을 펴두/…불쌍하면서 좋았다구…

동우 ‥‥‥(사이다 마시는)

동철 아버지 인생‥‥아버지/뭐하러 태어나신 걸까…아버지 세상에 왔다 가시는 거…무슨 의미 있는 걸까.

동우 ‥‥‥

동철 형하구 나‥동숙이 떨어뜨리러 오신 건가?…그렇다면 우리 다같이… 좀 괜찮게 살다 가야하는 거 아뉴?

동우 ‥‥‥ (다시 마시는)

동철 (형 보며)……‥ 천천히

F.O

S# 이여사의 거실(오전 열한 시경)

영주 (들어온다)

영은 (따라 들어오며)엄마는요.(커피 마호병과 과일이라도 조금 싸갖고 갔었던 듯/보자기에 싼 작은 바구니 들고)

여자 (현관께 서 있다가)저기 계시잖어요.(소파에)

영은 언니 왔어요.

이여사 몇시에 떠났는데.

영주 (하품 손으로 막으며)몇시였니.

영은 (엄마 쪽으로 언니와 함께 움직이며)여덟시 쯤.언니 오면서두 내

262

내 잤어요.

이여사 상차려요.

여자 예에.(아웃)

이여사 (긴 소파에 피시시 옆으로 눕는 딸 보며)문상객은 있디?

영주 오늘부터.원래 살던데서 나온지 얼마 안돼서 손님 없더라구.

이여사 (패션 잡지 접으면서)자식들은 다 모이구?

영주 그럼요…아구구구구 죽겠다‥(천장으로 돌아누우며)…

이여사 조위금 받구 강서방인지 산서방인지 뭐래.

영주 몰라.강서방 손님하구 얘기하는 동안 시누이 주구 나왔으니까
…얼마나 넜수 그런데?

이여사 밤 꼴딱 샜어?

영주 아냐.

영은 (오버랩의 기분)형부가 호텔에 집어넜드라구.고생하지 말구
자라구.

영주 아그그그그그

이여사 밤샌 것두 아닌데 왜 그렇게 길길거려. 약해 빠져서는‥뭐에
쓸건지 정말. 시어머니 될 양반은 어떡하구 있구.

영주 (일어나 앉으며)우리 집 하구는 달라요.우린 상당해두 소리내
울면 흉한 건줄 알잖우.엄마두 재클린 케네디 흉내내잖었수?

이여사 뭐?

영주 (일어나며)거긴 안그래.맘놓구 우시더라구.억울하구 아깝구
한스러운 맘 다 털어놓구 우시는데‥그게 훨씬 자연스러운 거 아닌
가‥그런 생각했어‥아버님이 나 많이 보구싶어하셨다는데 /정말
죄송했어.동우한테두 미안하구.(의자 빠지며)

이여사 효부상에 열녀문깜이다.(혼잣소리)

영주 (돌아보며)동우 미워하면 엄마 나뻐요…정말 불쌍한 애야.

이여사 동정하는 거니 사랑하는 거니.

영주 사랑만큼 가여워해.따루따루 아니에요.(하고 주방으로 움직이 는데)

S# 윤희의 마루

지숙 (밖에서 뛰어 들어오며)엄마 아직 멀었어?(윤희 제 방에서 나온 다/외출 차림)빨리 나가 빨리.(하고 안방으로)

S# 안방

지숙 (들어오다)엄마 뭐 옷두 다 안 입었단 말야?(치마 입는 중인 이모)

이모 (오버랩의 기분)아 할머니가 딴 거 입으라잖어.촌스럽다구우.

지숙 (오버랩의 기분/엄마 저고리 집어 들고 들이대며)새까만 자가용 대문 앞에 대기중야.흐흐.할머니 날씬한 자가용 와 있다구우.

조모 아이구 자가용 나두 많이 봤어.생전 첨보게?

지숙 (저고리 팔 꿰주며)할머니랑 우리 엄마 좌우간 출세했다 히히. 오래살구 볼일야 히히.

이모 턱주가리 빠졌어 왜 이리 히히거려 기집애가.

지숙 (오버랩의 기분)괜히 교양없이 아무 말이나 막 하지말구 잘하 구 들어와.할머닌 걱정안되는데 엄만 걱정야 엉?

이모 망할년/딸년 에미 기죽이는 것두 여러가지다 으응/

지숙 갤갤갤

S# 대문 앞

영국 괜찮아요.아직 시간 여유있어요.(기다리다 되들어가려는 윤희 팔 잡으며)재촉하지 말구 그냥 기다려요.미리 어제 쯤 연락드렸으

264

면 좋았을 걸.우리 어머니두 늙으셔서 깜박깜박하긴대요 하하.(하
는데)

    E 세 식구 나오는 발소리 들리며

조모 E 얘 너 치마 너머 껑충해.좀 내려.

이모 E 그래?너머 조여 입었나?

지숙 E 이렇게 해봐 엄마 가만/··잠깐 서봐아···

영국 (윤희 보고 웃고)

윤희 (영국 보고 조금 웃는 듯)··

    세 여인 나온다.

허   (뒷좌석 문 열고 기다리다가 꿉벅)안녕하십니까.안녕하세요.

조모 예에··

이모 오랜만이에요.

허   예 사모님.

이모 ?(사모님 소리에 ?잠깐 했다가 영국에게)기다리게 해서

영국 (오버랩의 기분)아이 아닙니다 이모님.이모님 이쪽으루 오세
요.윤희가 가운데 타요.

윤희 네.(가운데로 오르고)

이모 (영국 쪽으로 움직이며/한편)

허   할머님 타세요.타십시오.

조모 예에··(하고 어설프게 오른다)

이모 (저쪽으로 타고)

영국 문 닫습니다.

이모 으응(어정쩡)

    양쪽 문 닫히고/

영국 (배웅 나와 선 지숙에게)미안해요.우린 따루 하자구요.

지숙 네에.기대하께요.

허 안녕하계십시오.(지숙에게 꿈벅)

지숙 안녕히 가세요.

　　　허기사와 영국/거의 동시에 앞자리에 타고/부웅 뜨는 자동차··

지숙 ···출세 순식간이다.배아플라 그러네(하며 돌아서는 데서)

S# 골목을 빠져나가는 자동차 안

영국 (돌아보며)불편하지 않으세요?

조모 아니아니,

이모 (조모와 동시에)아이구 불편하기느은,

영국 (오버랩의 기분)제가 운전하구 왔으면 훨씬 편하셨을텐데요 제
　　　가 나중에 따루 움직일 일이 있어서요오 할머니.

조모 됐어 됐어.됐네.

영국 (허기사에게 곧이어서)우리 내리면 곧장 회사 전화해서 차 하나
　　　별도루 대기 시켜.

허 예 알겠습니다 상무님.

영국 E (감탄으로 보는 이모 위에)기사한테 서대리 집 약도 상세히 가
　　　르쳐주구 실수없이 모시라구 해.

허 E 알겠습니다.

이모 (고개 돌려 엄마와 윤희 쪽 보는 얼굴이 좋아서 벌쭉거리는)····

윤희 (할머니 옷고름 만져주고 있다)····

S# 시내 호텔 현관 앞

　　　자동차 들어와 멎고 허기사와 영국 빠르게 내려 여인들 내리는 것 돕
　　　는다/

266

허　(할머니 잡아주고)

조모　고마워요.

허　아닙니다 할머님‥

기사　(대기 중이다가 가까이 와서)사모님 도착해 계십니다.(두 여인과
　　　윤희? 벌써?)

영국　아 그래? 알았어요.

이모　(오버랩의 기분)우리가 늦었나부네에.

영국　아녜요 괜찮습니다.오시죠‥(앞서며)할머님 내가 모실테니까
　　　윤희씨 이모님 부탁해요.

윤희　(끄덕이고)이모.

이모　아이구 얘 난 괜찮아.내가 노인이니?

S# 호텔 현관/로비/

　　　들어오는 조모와 영국/윤희와 이모‥

조모　(그냥 바닥만 보고 영국이 끄는대로 움직이는데)

이모　(두리번거리느라 정신이 없다)‥(안 들리게)이이고오오‥아이구
　　　얘 겁나게 넓다아아‥

윤희　(그러지 말라는)이모오오(작게)

이모　(빠르게 눈치 보고)그래.그래 알았어.(하며 윤희 손잡는다)…

S# 일식집 방‥

한　(혼자 단정하게 앉아 있는/발 놓이는 부분이 파여진 방)

　　　E 발소리와 함께.

아가씨　이쪽입니다‥상무님‥

한　?‥(하고 일어나는데)

아가씨　(미닫이 열고)손님 오셨습니다.

한   예에 고마워요…

영국   올라가세요 할머님..이모님 올라가세요.윤희씨?

윤희   (먼저 들어오며 목례)

한   오냐.어서 모셔라.

윤희   (할머니와 이모 들어오게 하고)할머니,(하고 소개하려는데)

조모   (오버랩의 기분)얘 외할밉니다.(허리 굽혀 인사)

한   (마주 인사하며)아이구 제가 먼저 인살 드려야하는 건데 죄송합니다.제가 부족한 녀석 에밉니다…

영국   이모세요.

한   안녕하십니까.

이모   예에.안녕하세요.이몹니다.처음뵙겠습니다.

한   앉으시지요…도와 드려라.

영국   예..

S# 영안실

    (시골 노인들 두셋 상주와 맞절하고 있는 참. 한 옆에서는 모친/시골 여자노인 몇에 들러싸여 소리내어 울고 있고)…

동숙   (화면 안으로 들어오며)상빈 오빠/한수오빠가 잠깐 나와보래요.(소리 죽여/인사 중이니까. 상빈 적당히 대답하고 나오는데)

문상객   (영정에 절하기 시작하고)

    동우 동철 나란히 서서 아이고 아이고 아이고 아이고….

S# 일식집 방

    음식 벌써 나와 있고

한   안 그래두 그러시지 싶어서 겸사겸사 뵙자구 했습니다.세상이 마안이 달라져서 혼인두 전같지 않게 요란스러워져..딸 가진 부모님들 걱정이 예삿일이 아니지요··압니다.

이모 예에 더구나 살림이 워낙 기울다보니까 즈이 집에서는 당체

한 (오버랩의 기분)즈이집에서는 그저 아이 주시는 것만으루두 감
지덕지 합니다.혼수 걱정은 눈꼽만큼두 하지 마세요.

이모 ?···(했다가 엄마 보는데)

한 E 재혼 자리에 조카딸 내노시기

이모 (얼굴 한에게)

한 얼마나 아까우시겠어요.그런데두 크게 반대 안하시구 선뜻 주
신다구 하셔서 우리로서는

이모 E (이건 뭔가 좀 이상하다/얘기했다구 했는데)

한 E 그것만으루두 감사하기 이를데 없습니다.

이모 (가만히 식탁 내려다보는/어른은 모르는구나)

한 E (조모 위에)그저 웬 복덩어리냐 그렇게 생각하구 있는데

한 염치없이 혼수걱정 하시게 만들까요. (윤희 보며)아이 하나면
됐어요···아무 걱정하지마시구···아이만 넘겨주십시오.

윤희 ·····

이모 ····(윤희 보면서)마마말씀 그렇게 하셔두 (한 보며)그래두 즈이
입장에서는 또

한 (오버랩의 기분)입장 어렵지 않게끔··제가 알아서 하겠어요.(조
모 보며)외손녀 키우시면서···마음 많이 아프셨겠습니다··

조모 제제대루··키우지두 모모못했지요···부끄러운 일입니다··(이모
? 해서 본다/더듬기는 왜 더듬어)

한 웬걸요··혼인말 나오기 전에두 ···몇년을 봤는데요··참··잘 큰 처
녀다 했더니··점잖으신 할머님이 계셨군요··

조모   아이구 몸둘 바를…바를 모르겠네요..

한   할머님하구 이모님 은혜 잊으면 안된다.(윤희에게)살림은 어
       려웠겠지만..정에는 배고프지 않았겠어..

윤희   네에..

영국   좀 드시면서 하세요 어머니.회는 시간 지나면 맛없어져요.

한   어 그래.(젓가락 집으며)내가 좋은 음식 맛없게 만드는구나.드
       시죠.드세요.드시면서 말씀하세요.

이모   예에..들어요..

조모   …오냐…

한   너두.

윤희   네에..

한   (먹기 시작)….생선이 좋다.(영국에게)

영국   네..많이 드세요 할머님.

조모   그러께..

영국   (생선 건드리며)이사람..데려가면 안돼요?

윤희   ?(어디?)

한   ?..(아들 본다)

영국   안되는 거에요?

한   약혼두 안했는데 좀 앞서 달리는 거 아니겠니?

영국   그럼 차에 앉혀놓구 저혼자 들어갔다 나오면요..

한   그거야 누가 상관하겠어.

영국   흠흠..(하며 윤희 본다)

윤희   어디 가는데요?

영국   나중에 얘기하께요.많이 먹어요.이런 생선 먹기 힘들어요.많이

　　　　드세요 이모님.

이모　걱정 말아요.다 먹구 갈테니까‥

한　　이제 곧 덥다 소리하게 생겼으니‥시간 참 빨리 가지요(조모에게)

조모　그러게요‥(한여사 보며)유수와 같네요‥

한　　머잖아 증손주 안아보시게 되면‥얼마나 보람 있으시겠어요‥

조모　예에‥그걸 이루 말루 다‥‥

한　　즈이 집에두 얘 할머님이 계세요‥

조모　(끄덕이며)예에‥(들었어요)

한　　건강하셔서 참(이모 보며)부럽습니다‥

조모　감사합니다‥‥

이모　(먹느라고 모르고)

윤희　이모‥(환기시키는)

이모　?‥왜‥

윤희　할머니 건강하셔서 부러우시대요‥

이모　아이구 사모님두 너무 건강하신데요 뭐.

윤희　(난처해서)그거 아니구 이모오

한　　괜찮다‥‥어서 드세요.

이모　?‥‥왜애?‥‥뭐유 엄마.

조모　어이먹기나 해.

이모　뭐야 노서방.

영국　흠흠흠흠 할머님 건강하신거/이모님 좋으시겠다구요.

이모　예에‥(엄마 보며)없는 살림에 그저 건강이래두 해야지요.건강
　　　하신 편이에요‥‥(에서)

S# 호텔 밖

나와 서는 일행.

대기 중이던 한여사의 차가 먼저 와서 멎고/뒤따라 윤희네 식구 타고
갈 자동차 와서 멎는다. 거의 동시에 영국 타고 갈 허기사 차 그 뒤에 대
어지고

이모 (웬 차가 이렇게 줄줄이야의 얼굴/따로 커트를 딸 필요는 없고/)

한 (약간 당황해서)아/저기/ 뒤에차 앞서게 해.조금 비켜나 줘요 한
기사.

윤희 (오버랩의 기분)아니에요 먼저 가세요.

이모 (오버랩의 기분)아이구 아니에요 사모님 먼저 가세요.먼저 가
세요.

영국 (오버랩의 기분)예 먼저 타세요.차 순서대루 움직이게 하세요.

한 (조모 돌아보며)그래두 그건 예의가

조모 (오버랩의 기분)어이 먼저 타세요.즈인 아무 상관없어요.

한 아이구 참 그럼…먼저 움직이겠어요.안녕히 가십시오.

조모 예에.감사합니다.

이모 (같이 허리 굽히며)감사합니다.

한 (차로 움직이며)다녀와라 그럼.

영국 예…(엄마 타는 것 봐주고)

윤희 (목례하고/조모 태울 차의 기사와 허기사도 함께 절/도어맨 물론)

한 (차 안에서 인사하며)

자동차 빠지고

허 (두 번째 차 문 열고)타세요 할머님.

영국 네 타세요.그리구 출발하지 말구 잠깐 있어 봐요.(하고 윤희에
게 나직이)강서방 부친상 당했대요.

윤희 ? (두 사람 대화하는 동안 조모와 이모는 자동차로 오르는)

영국 E (연결) 집안 대표해서 지금 춘천 가는데 같이 안 가겠소?

윤희 언제요.

영국 ?..아 어제 오후 늦게였나봐요.주말에 휴일이라 회사에서두 내일이나 몇사람 움직일 거구/회장님께서 오늘 다녀 오라 그러시네..

윤희 ....(보며)

영국 같이 갔다 옵시다...혼자 가기 지루한데/

윤희 (조모 탄 차 쪽 보며) 혼자 다녀오세요.

영국 ?

윤희 (보며) 되도록이면...할머니하구

영국 (오버랩의 기분) 아 됐어요 잘못했어.잠깐 깜박했어.그래 그럼. 그러라구.들어가요..(윤희 등에 손 대고 차 쪽으로)

윤희 (차 쪽으로 가며 영국 보며) 죄송합니다 상무님.

영국 (오버랩의 기분) 괜찮습니다 서대리님...(윤희 앞자리로/들여다 보며) 안녕히 들어가세요 할머님.

조모 ..(유리 안에서 끄덕이고/이모/알은체하고)

영국 잘모셔.

기사 예.(유리 내려져 있는데)

허 골목 조심해요.갑자기 애들 튀어나오기 십상이니까 골목에서 는 무조건 서행하라구요.

영국 (가볍게 치며) 너나 잘해 너나.(하고 뜨는 차에 인사하고 보는).....

허 (어느새 잽싸게 차 갖다 대는 데서)

S# 호텔 빠져나가고 있는 자동차 안

윤희 ......

조모 (뒷좌석에서)치신머리읍시 먹는데 바뻐 엉뚱한 소리나 하구 사둔 집하구 초상집엔 못데리구 갈 위인이니까 암튼(궁시렁궁시렁)

이모 (꿍얼꿍얼)어이구 엄마는 뭐··더듬긴 왜 더듬어 더듬긴 갑자기 말더듬이모양.

조모 입 붙이구 가만 있어.(이 차두 그 집안 차야)표깨지 말구··

이모 아이구우우우 (창밖 내다보며)조오타.니덕에 신선놀음이다 으으으웅?

조모 쯔쯔쯔쯔쯔

윤희 ....

S# 영안실(입관 끝난 직후/재래식 상복 착용)

동철 (울다 기절한 어머니 흔들면서)어머니/어머니이/정신 차려요 어머니.

동숙 (울며불며)엄마··엄마아아아아아··

상빈 어머니/어머니/야 안되겠다 일단 병원으루 모시자.

동우 (오버랩의 기분/서서 보다가)정신 드시게 해서 집으루 모셔.동철아.

동철 (울며 버럭)말 안들으시잖아! 엄마! 엄마아아!

상빈 (등 돌려 대며)업혀.업혀 동철아...이 자식아 뭘 꾸물거려!줄초상 나게 만들거야 너?!

동우 (눈 꽉 감는)···

S# 윤희네 마루

지숙 (따라 들어오며)어디서 만났어?뭐 먹었어요?

이모   (오버랩의 기분)호텔/생선회에 튀김에 탕에 할머니 팔순 잔치 했다.

조모   (벌써 앉으며 버선 벗으며)왜 난 팔어.지 환갑잔치 하구서는‥(윤 희 뒤따라 들어와 눈치껏 제 방으로 빠지고)

이모   (앉으며 버선 벗으며)낄낄 왜 더듬었수 웅? 갑자기 왜 드드드드 더듬었냐구.

조모   ?너는 안 더듬었냐?너는 안 더듬었어?

이모   내가 언제.

조모   언제?마마마마말씀 그렇게 하셔두…왜 더듬어 왜 니가 그러 구 더듬으니까 나두 나두 모르게 드드드드 (나머지 버선 벗는다)

이모   낄낄 제제제제대루 키키키키우지두 모모모모못하구 아이구 우스워.

지숙   엄마랑 할머니랑 둘이 같이 더듬었단 말야?

이모   기죽대애 엄마.

조모   기죽더라.(다 벗은 버선 들고 일어나며)

이모   (한 짝만 벗은 버선 들고 일어나며)무슨 생선이 그렇게 맛있어 엄 마. 녹더라 그냥 녹아.

지숙   (따라 들어가며)기죽었다면서 그래두 먹긴 먹었어?

S# 윤희의 방

윤희   ………(혼자 앉아서/외출복 차림인 채)‥‥

S# 동우의 친가 안방(소양호)

부친   (아프기 전/간난 혜림 안고 좋아서 어쩔 줄 모르는)으ㅎㅎㅎㅎ/그 눔 참/으ㅎㅎㅎㅎ/허허…에미 닮어 똑 따먹게 이쁘다 으응?

윤희   (활짝 웃는)

부친 이눔아 넌 뭐했어.어째 너 닮은덴 한군데두 읍어 엉?

동우 여자애가 저 닮으면 어떡해요.

모친 (남편 옆에 바싹 붙어서(오버랩의 기분))그러엄/그럼그럼…

부친 <u>으ㅎㅎㅎㅎ</u> 허허.허허허허허허허/(마냥 좋아서)

S# 윤희의 방

윤희 …….

S# 2회에서 생가에서 배 타러 가는 길/

모친 그저 무슨 일이 있어두 금년 봄에는 면사포 쓰거라.

윤희 네에.

모친 어찌됐거나 밥은 먹울테니까 이제 우리 걱정 접어두구 알었니?

윤희 네 이제 들어가세요 어머님.(해놓고 바로 앞의 시부 잡으며)아버
님 이제 그만 나오세요.바람 차요.들어가세요.네?

동우 (윤희의 "아버님"에서 멈추고 돌아본다/부친은 상관없이 계속 움직
이고 있고)

모친 (잠깐 멈췄다가 도로 걸으며)말 안들으신다.어이 가자.

윤희 감기 드세요오.그만 들어가세요 어머님.

모친 아 괜찮어.천한 몸뚱이는 감기두 싫단다.가자 어이.
다시 걷기 시작하는 동우와 일행……

S# 선착장

모친 (꽤 멀어져서)끼니 걸르지 말구 몸조심해라아아….고맙다….고
맙다 으으응?(괜히 바쁘게 손 흔들어대면서)

S# 배의 속도에 따라 멀어지는 가족들…

S# 시간 경과/아주아주 멀어진 가족들/배에서 보는/

S# 윤희의 방

윤희 ········

S# 영안실 앞

배실장 (담배 태우면서)····(서 있는데)

동철 (천막에서 커피 들고 나와 내민다)

배 아 고맙습니다···(상가 분위기는 감독이 내실 것/한 모금 마시고 내리며)내일··회사에서 많이 올 겁니다.마침 휴일이라서··

동철 네에에···

배 커피가 맛있네요··

동철 저기···회장님 비서실에··서윤희씨···

배 예···아세요?

동철 그저 조금···건너건너건너 조금···아는 사람이에요.선선배네 먼 친척 누이에요··아직 회사···다니구 있나요?

배 다니죠.그런데 곧 그만둬요.결혼해요.

동철 ?··결혼해요?

배 예··

동철 잘··잘됐네요 결혼하면···좋은 사람 생겼나보죠?

배 (끄덕/뭐라고 할 수가 없다)잘됐다구(볼 수도 없고 볼 수도 있고/애매한데)

허 (화면 안으로 불쑥 들어오며)상무님 오셨습니다.

배 (깜짝 놀라서)?··(엉겁결에 종이컵 동철에게 안기듯 하며)잠깐요. (오고 있는 영국에게 내달아 허리 굽히며)상무님 오셨습니까.(동철 몸 돌리고)

영국 배실장 언제 왔어요.

배 좀 됐습니다.회장님 지시 받구 금방 출발했습니다.이쪽으루 오시지요.

S# 영안실

영국 (들어온다)

동우 (상주 자리에 선 채/옆에 동철/엄마는 치워졌고/동숙은 바닥 좀 치
우고 있다/)

배   상무님 오셨습니다.

동우 형제 ....

영국 (올라서서 마주 서 절하는)

상주들 (맞절하는)....

S# 윤희네 마당(밤)

S# 마루

저녁 먹는 가족들....

이모 ....(먹다가)참 점심하구 차이가 나두 너머 나네...

지숙 누구 약올릴 일 있나아.

이모 그게 얼마짜리나 되까 (엄마에게)

조모 나는 안 알구 싶다.알구 뒤루 쓰러지느니 모르는게 뱃속 편해.

지숙 그렇게 잘들 자시구 들어오면서 그래 집지키는 진도개 먹일
햄버거라두 하나 사갖구 올 생각같은 거 안나나?

이모 새까만 자가용 터억하니 기다렸다 태워갖구 오는데 그런 생각
할 참이 어딨어.

지숙 핑계없는 무덤 없다네.언니 왜 밥알을 세에? 한 공기에 쌀알 몇
개 보리알 몇개 파악할 일 있어?

윤희 (젓가락 놓으며)혜림이 할아버지 돌아가셨대요 할머니.

조모 ?....

278

이모	?..강가 아버지 말이냐?
윤희	네에..
지숙	?즈 아버지 죽었다구 전화했디?(말도 안 돼)
윤희	아냐...다른 데서 들었어..
지숙	다른데 어디?..주책없이 그런 거 알려주는 사람 누구야?
윤희	...
지숙	우리랑 무슨 상관 있는데.
이모	그래 무슨 상관있어.
조모	(오버랩의 기분)은제 돌아가셨다든.
윤희	어제요...
조모	...좀 더 사시잖구...
이모	그눔으 집구석에 뭐 아쉬운 거 있어서 그런 소리야.
조모	고생만 하다가 이제 부잣집 며느리 봐 심 좀 피게 생겼는데..안 됐구나....
이모	어으어으어으/(아무 데나 안됐대 그냥)
지숙	그래서 밥맛없는 거야?
윤희	...
지숙	어으어으어으 여기 또 있어 엄마.
조모	까불지 마라...이웃집 노인이 세상 떴대두 입에 파 떠넣기 미안 한 법인데...(한숨 내쉬며)뭐라구 해두 혜림이 할아버지 였잖어..몸 보신하라구 메기두 잡어보내구 잉어두 보내구 했던 양반인데.
이모	그 메기 잉어 엄마가 다 잡쉈잖어.(여전히 먹으며)
조모	안먹구 내버리게 생겨서 먹었지...
윤희	(일어나 제 방으로)

이모   (보다가)딱할 거 없다아아아?끊어진 인연야.왜 밥 못먹구 심난해.

윤희   …(그냥 들어간다)

이모   빙충이.못나 빠지기는 암튼/저 기집애 왜 나 안 닮구 딱 즈 엄마 닮았는지 몰라아아?

지숙   엄마 닮은 기집애 여깄어.언니가 언니 엄마 닮지 어떻게 엄말 닮어.

이모   나와 밥 더먹어….니가 밥 못먹을 이유가 뭐야 대체.

조모   개돼지야?(소리는 지르지 말고)…쯔쯔쯔쯔/너는 나 안닮구 누굴 닮은 게야 대체/

이모   (잠깐 엄마 보고 그만두고)…

지숙   킬킬킬

이모   (지숙에게 눈 째지게 흘긴다)

S# 윤희의 방

윤희   ‥‥‥

지숙   E 근데 강가 왜 결혼 안해?‥했어?

윤희   ‥‥

S# 이여사의 주방

이여사   ‥‥(죽 뜨다가 배가 싸르르르 아파서 찡그리는)…

영주   ‥‥(보다가)왜 또 그래.뭐 잘못 먹은 거 있어요?

이여사   아이구 모르겠다……가라앉을 줄 알았는데……

영주   (수저 놓고 일어나며)너 오박사님 오시라 그래

영은   엉.(일어나는)

이여사   (오버랩의 기분)얘 놔둬…좀 있어보구‥

영주   있어보다가 악화시키지 말구 빨리 손 쓰는 게 나아요.

여자   네 그래요 사모님,

이여사   (오버랩의 기분)앉어어…어서 먹어‥굶어보자 어디…뜨거운
물이나 한잔 줘요…물은 괜찮아서 먹어볼랬더니…앉어 먹어 어서.
(두 딸 앉는다)…

영주   (수저 들며)밥먹구 찜질해 보자구요.

이여사   ?‥‥(영주 보며)

영주   (먹으며)나한테 깨끗하게 잘듣는 진통제 있어 참.갖구 내려오
께(하며 일어나려)

이여사   앉어. 나중에 해두 돼.

영주   잘 듣는다니까?

이여사   밥 먹구 이따 갖구 와 글쎄.지금 괜찮어‥‥앉으라니까?

영주   (앉으며)혹시‥나 양수리 간 거 때매 신경 곤두세웠었수?

이여사   ‥전혀 아니라구는 말 못하지.빤한 거 아냐.젊은 것들 둘이
뭐하겠어‥‥(뜨거운 물 놓여진다)

영주   그냥 맡겨 줌 안돼요?

이여사   포기했다…

영주   포기했음 병두 안나야지.

이여사   ‥나한테 왜 이렇게 친절하니.

영주   …(보다가)엄마가 안 쏘면 나두 안 쏴요.

이여사   니가 안쏘면 나두 안 쏜다‥

영주   누가 먼저 쏘는데.

이여사   누가 먼저 쏘는데‥

영은   엄마가 먼저 쏠때두 있구 언니가 먼저 쏠 때두 있어.

영주 (오버랩의 기분)방법이 틀렸을 수는 있어두…엄마가 나한테 하는 모든 잔소리 굵은 소리/…근본바탕은 나 잘못될까봐 라는 거…. 알아졌어요.

이여사 어떻게 무슨 계기가 그렇게 신기한 사건을 만들었니?

영주 철나는 거겠지요.

이여사 듣던 중 반가운 소리야. 파티라두 해야겠다.

영주 강서방 올라오면 따듯하게 위로해줘 엄마.

이여사 ….(보며)

영주 엄마가 저 싫어한다는 거때매 스트레스 무지 받어. 한마디 해주면 감동할 거야.

이여사 (물 잔 집으며)너부터 나 감동시켜봐.

영주 아직 감동 안했수? (에서)

S# 윤희의 방

윤희 (옆으로 꼬부리고 누워 혜림 사진 만지며)……

F.O

S# 산 다지기 하고 있는 중…어허 달고 타령…

동우 ….(눈물 없이 어금니 물고 서서 지켜보는)…

동철 (얼굴 우그러뜨리고 참아가면서 우는)…

동숙 (섧게 우는)…..

손님/스무 명쯤….동철 친구들은 몽땅 다 와 있고/

S# 춘천 아파트 전경(오후/짧게)

S# 아파트 안방

앉아 있는 나머지 가족들

동우 …삼우제날 오께요…너는 어때‥

동철 와야지‥(형 안 보는 채)

동우 동숙이 데리구 계세요…정리할 거 정리하구‥서울루 올라오실 생각하세요‥

모친 (있는 대로 탈진해 앉았다가)그럴 거 없어‥‥

동우 ‥‥(본다)‥(보다가)그럴 거 없으면 어떡하자구요.

모친 동숙이두 데리구 가구…나는 도루…***루 들어갈란다‥‥

동우 (눈 감았다 뜨며)거긴 도루 왜 들어가요 글쎄에.

모친 늬 아부지 여기 싫어했어어어.이사오구 며칠만 좋아라 하더니 만…답답하다구‥물두 읍구 산두 읍다구‥사람사는데 아니라구

동우 (오버랩의 기분)아버지 안계셔요.아버지 안계시는데 그 구석 으루 도루 들어가셔서 뭐하실려구요.

모친 나두 여기 싫여어.

동우 누가 여기 사시래요?서울루 가시자구요.

모친 (푹 떨어트려)서울가면…뭐할 거야.서울서 나 오라는 사람‥어 딨어. 늬들은 혼인하면 그길루 미국간다면서.

동철 (오버랩의 기분)동숙이 있잖어요.

모친 동숙이구 뭐구 다 귀찮타…다 귀찮어…잉잉잉…그만 살구 나두 이제 늬 아부지 옆으루 가구만 싶어어.(엄마 어깨 안고 얼굴 붙이고)

동우 ‥‥(보며)

동철 (방바닥 보며)…

S# 아파트 앞

아파트에서 나와 천천히 주차한 곳으로 움직이는 형제…

동우 ‥‥

동철 잠 한숨 못자구…운전 괜찮겠수?

동우 …애 썼다…니 친구들 아니면 장사두 못 치를 뻔 했어..친구들
한테 고맙다구 해…

동철 우리 다 그래..괜찮아요…

동우 (자동차 리모컨 작동시키고 차 문 여는데)

동철 혜림이 엄마…

동우 (돌아본다)

동철 결혼한다든데…알어요?

동우 ..그래.(하고 돌아서는데)

동철 평생 발등 짓찔 일 저질렀다는 거나 아쇼.

동우 (그냥 탄다)

동철 축하한다구 전화할 참이요.

동우 ?하지 마.

동철 ..왜요.

동우 하지 마 글쎄…무슨 상관야.다 끝났어.그런 전화 할 필요 없어.

동철 꼭 하구 싶은 말 있어요.

동우 무슨 말/(상당히 고약하게)

동철 비인간적인 형 둔 거 부끄럽단 말은 꼭 하구 싶어요.

동우 ?….(보다가)하지 마.(하고 문 탕 닫고 거칠게 출발한다)

동철 (보며)……

S# 경춘 가도를 달리는 동우의 차

S# 운전하는 동우….

S# 일진상선 회장실 복도

함께 걸어 나오며/배실장 앞서서 승강기 쪽으로/

회장 책임이라는 게 뭐라구 생각하니.책임 무거운 자리에 앉아서

사생활 없다구 툴툴 거리는 놈은 책임있는 자리 앉었을 자격 없는 놈야.가정 생활 물론 중요하지.그러나 각 기업에서 중책 맡구있는 무수한 인재들한테 사생활/가정생활이라는 게 있는 줄 알어 이놈아?

영국 ....

회장 그 많은 인재들이 사생활 가정생활 희생해서 기업을 키우구 나라 경제력 키우는 거야.그 덕에 국민소득 얼마얼마 만들며 국력 튼튼하게 만드는 거구/

영국 예에..

회장 물론 나두 가구 싶지 않은 자리 많어.(배실장/문 열려 있는 승강기 앞에서 대기 중/승강기로 타면서)그러나 내 기분은 중요하지 않아.니가 필요하다는 자리는 빠지지 말구 좋은 얼굴루 참석해.서루 그러면서 돕는 거야.

영국 E (닫히는 승강기 안에서)알겠습니다.

배 (목례..)

S# 서울 야경..

S# 시내/운전하면서 전화 중

동우 시내루 들어오는 중야....낼 출근해야지..잘 거야..전화하지 마.

S# 영주의 방

영주 알았어.안깨우께 푹 자...그래 낼 연락하자.응...응...그래 끊어.

S# 동우의 차

동우 (전화 접고 그대로 나가다가)......(갑자기 길 옆으로 자동차 세우고/고개 뒤로 젖히고 눈 감고)........(한참 그대로 있다가 몸 일으키고 전화 찍는다).....

F 벨 가는 소리….

윤희　F 네에…

동우　(침 꿀컥 넘기는)…

윤희　F 여보세요?……여보세요?

동우　나 좀 만나주라.윤희야.

윤희　F ….

동우　윤희야…

S# 윤희의 방

윤희　….(수화기 들고)

동우　F 만나주라….나 좀….만나주라 윤희야..

윤희　……

F.O

제20회

S# 골목길/동네 공터를 향해 걷고 있는 윤희····

S# 걷고 있는 윤희···

S# 공터로 들어서는 윤희··

윤희　·····(들어서다 멈추고 본다)···

동우　(큰 바윗돌 같은 데 걸터앉아서/소주병 기울이고 있는)····(시내 불
　　　빛과 마주하고)··

윤희　····(보며)

동우　(소주병 내리고 그대로)·····(야경과 마주하고)

윤희　····(천천히 동우 옆으로 가 선다)·····

동우　·····

윤희　·····(보다가)다시는 불러내지 말랬잖아.

동우　(오버랩의 기분)미안하다·····미안해.(하며 소주 다시 마신다)

윤희　····(보며)

동우　(술병 내리며)우리 아버지····돌아가셨다.

윤희　·····

동우 장사치르구 …올라오는 길야.아버지…돌아가셨어.

윤희 알아.…들었어.

동우 (오버랩의 기분)언제든 닥칠수 있다구 각오한 일인데두…(울음이 꽉차서)황당해…너 늘..나 야단쳤었지.제발 좋은 얼굴 좀 하라구…… 가슴아픈 걸/왜 꼭 화나구 짜증난 걸루 표현하느냐구..아버지 어머니 나한테/ 죄인….아니라구…

윤희 …(보며)

동우 니말이 맞어.아버지 엄마한테 좋은 얼굴 한적 없어.항상 화부터 내구 눈치보게 만들었어.아버지하구 눈맞추구/편하게 웃어드린 적두 없어.아니 아버질 정면으루 쳐다본 일두 별루 없어. 그런 기억조차 없어.

윤희 ….

동우 그러지 마라/나쁜 아들이다/가슴아프구 속상한 거/화내는 걸루 표현하지 마라/..니 말 들을 걸/..니말 들었으면 좋았을걸..(한 모금 마시고 내리며)후회해두 소용없는 거 알아.그래두 나 /머리 찧구 죽어버리구 싶을 만큼 후회해.미칠 거 같아/돌아버리겠어.(하고 술병 기울이는)

윤희 (조금 다가서며)그만 마셔…차갖구 왔을 거 아냐.

동우 (비운 술병 아무렇게나 던지고 윤희 쪽 올려다보며//눈물범벅)울 자격조차 없는 눔이라 … 울지두 못했다.울수가 없었어.그런데..(서 있는 윤희 아랫도리 한 팔로 안으며)울구 싶다…(큭큭큭큭큭 울기 시작한다)…너는..봐 주겠지..큭큭큭큭.큭큭큭큭…

윤희 ……(내려다보다가 손이 올라가…두어 차례 망설이다가 가만히 머리에 손대는)…

288

동우　(윤희 껴안으며/윤희 어깨에 머리 처박고 소리 억제하며 우는)‥‥

윤희　‥‥‥(한참 내려다보는 채 있다가)‥‥괜찮아‥소리내‥크게 소리내
두 돼‥‥아프면 울어‥‥(시선 저만큼으로 올라가며)자격같은 거 따지
지 마.아프면 우는 거야‥‥울어‥‥아프면 우는 거야‥

동우　(조금 더 마음 놓고 우는)‥‥‥

윤희　‥‥‥(머리 만져주면서)‥‥

동우　‥‥‥

윤희　‥‥‥

동우　‥‥

윤희　‥‥(그대로 있다가 무너지듯/무릎 세워 앉아 동우와 키 맞추고 동우
떼어내고 보며/한심하고 슬퍼져서)우리 왜 이렇게 됐니‥‥어쩌다가
이렇게 된 거야‥‥우리 대체 이게 무슨 꼴야.(조금씩 격앙되면서)다
른사람들처럼 평범하구 순하게‥‥/순하게 그랬으면 좋았잖아.딴
생각 왜해.왜 엉뚱한 욕심은 내서 당신두 나두 이런 꼴을 만들어.
(가슴 아프게)

동우　(윤희 보며 입 꽉 붙이고 울기만)

윤희　위독하다는데 왜 안와! 왜 안와서 나 돌아버리게 만들어.깨끗
이 포기한다구 나‥안했어?어떻게 혜림이 핑계루 얕은 꾀 쓰는 거
라구 생각할 수가 있어/내가 그런 애야?나 그렇게 몰라?

동우　그래 잘못했어.어쨌든 과장이라구 생각했어.너하구 혜림이/
늬집식구들 부딪히기 싫었어.피하구 싶었어.그렇지만 사고라구/
머리 다쳐 병원갔다 그랬으면 갔을 거란 말야.덮어놓구 위독이란
말이 실감 안났어.정말 실감이 안났다구.

윤희　(화내는/자연히 몰아세우는 듯/일어서며(오버랩의 기분))그럼 왜

전화두 못해/확인전화할 수 있었잖아.

동우 안했어.(잘못했어)

윤희 노영주하구 노느라 바빠서.

동우 (오버랩의 기분)가능하면 너하구 연결/안하구 싶었을 때야.(좀
화내듯/자신에게 화나는)

윤희 ……(보다가 허탈해져)그래애…그래서 혜림인 지 아빠 배웅두 못
받구 떠났어.

동우 (고개 꺾으며 한 손 머리칼 속으로)잘못했어/잘못했어잘못했어.

윤희 (돌아보며)당신…혜림이 위해서두/울었어?

동우 ……

윤희 울었어?…안울었지.

동우 니 앞에서는 못 울었어.

윤희 아버지때문에는 불러내서까지 울면서 왜애.(왜 못 울어)

동우 (손 빼내며)당신 비웃을까봐··가짜라구 할까봐··

윤희 ……(보며)

동우 ……(그대로)

윤희 (동우 보던 고개 다른 쪽으로 돌리면서)….

S# 윤희의 마루(불은 아직 켜져 있고)
　　E 윤희 방의 전화벨…

S# 안방
　　겨울 이부자리 홑청 꿰매는 중인 두 여인…
　　E 윤희 방 전화벨 네 번째 다섯 번째 울리자

이모 (고개 돌아가며)얘 안받어 왜.

조모 씻구 있는 거 아냐?

290

이모   씻었는데 또 씻어?(하며 일어선다)

조모   볼일보는 거든지.

S# 마루

이모   (나오며)변소 있니?…(대꾸 없자 부지런히 윤희 방으로)

S# 윤희의 방

이모   (들어오며)? 얘 어디 간거야.(전화받는다)네에…아이구머니나 노상무/아니 노서방.(하하 예/윤희 뭐합니까)글쎄··방에 있는 줄 알 었는데 없네에.아까 잠깐 전화오는 거 같던데 누구 친구 만나러 나 갔나아··

S# 대문 앞. 차 안

영국   (전화 중)아니 그 친구 나가면 나간다구 말씀 안드리구 그냥 나 가군 하나요··하하 알았습니다.그럼 이모님,잠깐 지숙씨 좀 내보내 주세요.뭐 간단한 거 전해드릴 게 있어서요…예··예 하하.(끊고 차에 서 내린다)

허   (밖에 서 있다)들어가십니까 상무님?

영국   어 아냐.

S# 안방

이모   (서두르는/이불 한 자락 휙 걷으면서)얼른얼른 치워 엄마.치우라 구 응?(얇은 내의 상의만 입은 위에 겉옷 허둥지둥 입으며)이 기집애 는 온다간다 기척두 없이 대체 어디루 샌거야.

조모   뭐 생리대 사러 갔거나 그랬겠지.

이모   (후닥탁 나가고)

조모   (구부렁구부렁 방 치우는/)

S# 대문 밖

이모 (대문 열며)들어와요 곧 들어올 거에요.아뭇소리 안하구 나간 거 보믄 멀리 간건 아닌 거 같으니까(남아 있다)

영국 (오버랩의 기분)아니 들어가지는 않겠습니다 이모님.어머니두 기다리시구요/(허가 들이미는 케이크 상자/살라미 소시지/햄 등등 상자 받아 내밀면서)어디서 저녁 모임이 있었어요.그집 케익이 좋거든요.나오다가 좀 샀어요 맛 보시라구요.

이모 (받으며)아이구 뭐 그런 마음까지 써주구‥너무 고맙네 인간적으루우‥

영국 하하‥이모님두‥그럼 가겠습니다.

이모 (오버랩의 기분)아니 얘 금방 들어올 거 같은데에‥

영국 (오버랩의 기분)다녀갔다구만 해 주세요.안녕히 주무세요.

이모 에에‥그럼 잘 가요

영국 (자동차로)

허 안녕히 계십시오.

이모 예에 잘 가세요‥(영국의 자동차 떠나고/대문 안으로)

S# 대문 안

이모 (상자들 안고 집으로 움직이며 혼잣소리)볼수룩 맘에 드네 볼수룩 맘에 들어.

S# 마루

조모 (마루에 나와 섰다가 들어오는 딸 보고)…

이모 갔어/ 안들어와.

조모 갔어?

이모 (마루 가운데로)갔어.잠깐 이거 전할려구 들렸대.말루는 우리 맛보라구 갖구 왔다는데 윤희 멕이구 싶은 거 아니겠수?(상자 까면서)무슨 케익이 이렇게 이쁘냐아아?

조모　(고무줄 치마 벗어 속바지 차림 되면서)지숙이 살판 났다.

이모　이년은 참 왜 안들어와.(에서)

S# 카페가 있는 모퉁이 길(동네/언젠가 동우 윤희 만났던 곳)

　　카페를 목표로 천천히 오고 있는 동우와 윤희····

동우　(카페 출입구 앞에 서서 윤희 돌아본다)

윤희　(동우 스치듯 안 보는 채 들어가고)

동우　(들어가는데)

　　바로 카페 출입구를 스치고 지나가는 영국의 자동차··

S# 차 안

　　M 클래식 틀어놓고

영국　(전화)저에요.지금 들어가는 길이에요····그러셨어요? 왜 그러세요 어머니.(그러지 마세요)샤워하시는 중에 들어감 어때요.편하게 하세요.빨리 하세요 지금. 여기서 집까지 샤워하시는 시간 충분해요.하세요 네?··네에··(하고 끊는데)

S# 카페

　　놓여지는 찻잔······

동우　·····(찻잔 놓아지는 것 보며)

윤희　·····(마찬가지)···

동우　·····(그대로인 채)고맙다····나같은 눔···그래두··상대해줘서···

윤희　(안 보는 채)상당하구 온 사람이니까···(만나준다)

동우　····(보며)

윤희　우리 꼴···(그대로인 채)너무 기막혀···만나서···사랑하구···사랑해서 아이두 낳았어···어느 날 갑자기···한 사람이 ··한 사람이 돌아섰지..죽을 힘 다해 잡았지만 소용없었어…내가 좋아 사랑했던 사람…(막혀오는 가슴 한숨으로 틔우는 것같은 호흡)놓아주는 걸루 끝내자 ..정말 그랬어.원망같은 거..(시선 들어 보며)미움같은 거 대신 ..당신이 진 십자가 가여워하자…(마른침 꼴깍 넘기고)..그래두/사랑하는 동안 좋았으니까..고마워하자…그랬었어…..

동우 (보다가 시선 내리며)다리 하나…. 잘라내는 것 같았어…심장 반쪽을/뜯어내는 거 같았어. 작심하구 하는 짓인데두/…두 번 할짓은/아니더라…(눈물 주르르/얼른 한 손 눈께로 올리며/다른 손으로 주머니에서 손수건 꺼낸다)생각을 바꾸면 마음두 바뀌는 건줄 알았어. …(손수건으로 눈물 닦으며)아니더라…

윤희 …….(보며)

동우 혜림이한테…(소리에 울음 섞이며)나 용서하라구 그래…그래 줘..

윤희 …(보며)우리가 하구 있는 짓이 이게 뭐야…내가 지금 하구 있는 짓이 뭐야.(조용하고 애달프게)나 왜 이렇게 만들어.왜 이런 짓까지 하게 만들어.

동우 (안 보는 채)원인두 결과두 다…나야.갚아.갚아버려.

윤희 (오버랩의 기분/작게)그런 생각 이제/없어졌단 말야.(항의하듯)하구싶지 않아.

동우 …..(보며)

윤희 뺄 수 있다면 그만 발 빼구..손털구 싶다구..(손끝으로 눈물 닦으며)누구 망하는 꼴 보겠다는 황폐한 내 마음두 역겹구…

윤희 E 애매한 사람 이용하구 있는 나 자신/너무 징그러워…(좀 다듬어지는)남자/여자/사랑이 별볼일 없는 거라면

윤희 …미움은 무슨 볼일 있겠어.사람 한 평생이 덧없다면 ..사랑

이나 미움이나(다시 목구멍 찢어지며)‥무슨 의미가 있을까‥‥(안 보
는 채)

동우 ‥‥‥(보며)

윤희 어떡할 거야…어떡했으면 좋겠어‥‥

동우 ‥‥‥(보며)어떡했으면 좋겠니.

윤희 ‥‥노상무한테‥책임감 느껴

동우 ‥‥‥

윤희 영주씨 순수한 사람이야… 당신 책임져줘야해.

동우 ‥‥‥(보며) 어떻게 책임을 져‥‥니가 결혼하는데

윤희 알어… 우리 둘다 스스로 놓은 덫에 체인 꼴이야‥

동우 둘이 아니야 넷이야…

S# 골목

윤희 이젠 그만가

동우 (윤희보며) 노상무 사랑하니

윤희 좋은사람이야…

동우 …(보면)

윤희 그리구‥ 날 참 많이 좋아해 주구 잘해 주구‥

동우 알아. 봤어.

윤희 당신 도와주구 싶은데… 그럴수가 없어.

동우 …

윤희 이제는… 나 결혼해두 당신때문 아냐‥ 지금까지 했던말 다 취
소해. 당신 잘못되기 안바래.

동우 어떡하자는거니… 우리 둘다 그대로… 결혼해도 된다는거야

윤희 그런 뜻은 아냐. 당신은 당신이 알아서 하구‥ 나는 내 일만 생

각한다는거야.

동우 ….

윤희 갈께…

동우 (가는 윤희 보다 뒤돌아간다)

S# 마루

[들어오는 윤희/ 문 잠그고…]

이모 E 누구냐…

윤희 저예요.

이모 (방문 열면)쥐두새두 모르게 어디갔다오는거야?

윤희 쥐두 새두 모르게는…답답해서 바람쐬러 나갔었어요

이모 노상무 못봤어?

윤희 (놀라) 아니…왔었어요?

이모 들어와 케익먹어.

이모 E 케익 사들구 왔더라 소세지랑 햄이랑도 잔뜩오구…

S# 안방

이모 어휴 볼것두 없어 그만 끄슈

조모 (티브이 끄고) 감기들게 밤바람 쎄러 머하러 나가

윤희 (자리에 와 앉는다)

이모 (케이크 랩으로 싼 걸 벗겨주며) 이걸먹던지 소주를 한잔하던지…
우리 소세지 구워 한잔 하던 중이다. (자기의 잔에 있던 잔을 비워 윤
희에게 건넨다) 자, 한잔해.

윤희 (잔을 받는다)

이모 너 없다니깐 아주 허전한가 부드라. 비우구 가서 전화해. 전화
하라 그랬어.

윤희 (받아든 잔을 비운다)

조모 (윤희 입에 안주 넣어준다)

이모 노서방 덕택에 입만 고급돼 야단났다. 할머니랑 걱정하던 중야.

윤희 뭘 걱정씩이나…

S# 마루

지숙 나 들어왔어 엄마아.

이모 (버럭)왜 이렇게 늦어!(문에 대고)

지숙 (들어오며)열시가 늦으면 여덟시에 들어와 그럼? 술파티야?

이모 기집애가 햇구멍만 닫히면 들어와야지 하는 일두 없이 무슨 사무가 바뻐서 나가면 오밤중야.

지숙 (엄마가 자기 잔에 따라 놓은 소주 집어 들면서)이제부터 진짜 사무 바쁘게 생겼는데 엄마.(하고 훌쩍 마시는데)

이모 (오버랩의 기분)뭐하는데.동회 취직했어?

지숙 ?어 엄마 나 취직한 거 어떻게 알아?

이모 뭐?(모두?)

지숙 취직했시다 오마니 동무.이제부터 오마니 딸 구박하지 말라우요.

이모 정말야 헷소리야.어디 무슨 취직을 했다는 거야.

지숙 뭐 어디 내놓구 자랑할만한 덴 아냐.그냥 쬐끄만 연예오락 잡지.선배언니가 억지루 꾸겨넣어줬어.월급두 육십오만원밖에 안준다 그러구 몇달있다 망할 건지두 모르지만

지숙 E (이모 위에)어쨌든 일단 백수소린 면하니까 난 좋아.또 선배 언니가 한달에 한두 꼭지 씩 딴 일거리두 준다 그랬구/

지숙 그럼 월수입 최소한 한장은 될걸?(소세지 썹으며)엄마 나한테

잘보여야 용돈 국물두 있을걸? 할머니 용돈은 덮어놓구 책임지지만 엄만 태도점수에 따라 오만원이냐 삼만원이냐 결정볼테니까.

이모 (오버랩의 기분/딸 무릎 건드리며)까불지 마.까불지 말구 그래 출근은 언제부터야출근.

지숙 담주 월요일부터.

이모 확실한 거야?

지숙 그러엄.할머니/월 십만원 드림 되죠?

조모 (입 딱 벌렸다가)오호호호호/그렇게 많이?

이모 (오버랩의 기분)아이구 얘 너 빨리 가 전화부터 걸어.빨리.기다려.

조모 어 그래 그래라.

윤희 (일어나며)지숙아.축하해.

지숙 어 언니 땡큐.(윤희 나가는 위에)

이모 (윤희와 상관없이 지숙 무릎 탁탁 치며)얘얘.직원이 모두 몇이야 직원.

지숙 일곱.

이모 (같잖아서)?···애개개개.

지숙 ?··그렇게 노골적으루 그럴거유?내가 미리 /자랑할만한 덴 아니랬잖어어.(인상 쓰며)

S# 윤희의 방

윤희 (옷 벗은 것 장에 치우고 돌아서며 전화 본다)·····(있다가 전화로 가 그 앞에 앉는다···전화기 보며)

S# 노모의 방

노모 (물리치료 받고 있는 중이고)

한 (옆에 앉아서 노모 보며)···웬일인지 점심부터 식사량이 반으루

줄으셨어.(혼잣소리처럼)

영국 (신문 방바닥에 놓고 보다가)?(엄마 본다)‥그러세요?

한   저녁두 탐탁잖아 하시구…

영국 입맛에 안 맞으시는 거 드린 거 아니에요?

한   그런 게 아니신 거 같다‥

치료사 (치료하며)봄되면 다들 그러세요‥너무 염려 안하셔두 됩니다 사모님.

한   그럴까요?

영국 (오버랩의 기분)작년 봄엔 어떠셨어요.

한   글쎄다‥별루 입맛없어하시는 일은 없으신 편인데‥비교적 식사는 잘 하시는 편이거든‥

영국 병원에 한번 들어가시게 하죠 어머니.들어가셔서 전체적으루 체크 받으시구

한   (오버랩의 기분)병원들어가시는 건 유월이야.년말에 한번 유월에 한번 들어가시잖니.(하는데)

    E 거실의 전화벨 소리.

영국 ?‥(일어나 나간다)

S# 거실

영국 (나와서 받는다)…네 성북동입니다.

윤희 F 뭐 말씀 중이세요?상무님 방 전화 안 받아서

영국 아/할머님 방에 있었어요.지금 치료받으시는 중이거든요.지금 들어왔어요?

윤희 F 네‥

영국 F 당연히 집에 있는 줄 알구 갔는데 없으니까 이상하던데?

S# 윤희의 방

영국 F (연결)어디 누구 친구 만나러 나갔었소?

윤희 아니에요..바람 쐬러요…

영국 F 바람 쐬러라니.그 집엔 바람 없어요?

윤희 답답해서 잠깐 걸었어요.

영국 F 밤길에 혼자 걸어다니는 거 하지 말아요.위험해.운수 불길해서 흉한 놈들 만나면 어쩔려구 그래요.혼잔 다니지 말아요.거기 사람 통행두 별루 없구 밤엔 외지겠던데 음?

윤희 네..이제부턴 안할께요…

영국 F 목소리 들었으니 됐어요.이제 편안해졌어요.잘자요.

윤희 ..네…

영국 F 굿나잇.

윤희 네…

　　　F 전화 끊기는…

윤희 ….(천천히 수화기 놓는)…

S# 동우 아파트 거실

동우 (윤희에게서 돌아온 채로 의자에 앉아 저만큼 구석 보면서)………

　　　　　　　　　　　　　　　　　　　　　　　　　F.O

S# 일진상선 회장 복도

동우 (빠르게 걸어와서 회장실로)

S# 회장실

동우 (들어온다)안녕하십니까 실장님.

배 (뭔가 챙기다가 보고)아 올라왔어요?회장님 지금 말씀 중이신데 잠깐 기다리세요.

300

동우 알겠습니다.

배 거 동생이 서대리 안부를 챙기던데(서류 간추리면서)

동우 ?

배 E (동우 위에)선배네 친척 누이라나

배 (동우 보며)그러든데요?

동우 네에‥저는 잘(하는데)

인주 (차 쟁반에 찻잔 세 개 들고 나오며(오버랩의 기분))사장님 나오십

니다.(배/자세 가다듬고)

　　곧이어/사장과 영국 나온다. 배와 동우 목례‥

영국 아 왔어?사장님 그럼‥

사장 어‥그래요.(하고 먼저 나가고)

영국 잘 치르구 왔지.

동우 예 덕분에…

영국 (어깨 두드려주며)너무 상심 말구‥음?

동우 네‥

영국 (끄덕여주고 나가고)

인주 (재빠르게 회장실 문 열고)강대리 왔습니다 회장님.

회장 E 들여보내요.

인주 들어가세요.

S# 회장실

동우 (들어와 테이블 앞에서 인사)…

회장 (테이블에 앉은 채 끄덕이며)별 실수없이 잘 치렀지?

동우 네‥

회장 어머님 상심이 크실텐데‥어떻게 자알 위로해드리지 왜.

동우   ..네…

회장   부모 돌아가시구 회한 없는 자식은 없네.남들이 보는 효자 불
효자 따질 거 없이 돌아가신 부모 앞에서는 다같이 천하 불효자가
되는 게 자식들이야.마음 아프겠지만 부모는 자식 후회하게 하면
서 먼저 떠나게 돼 있는 거니까 (끄덕끄덕하고)…이제부터는 불편
하신 건강상태루 고생안하셔두 되는구나 그저 그렇게 생각하게.

동우   …네..

S# 기획실

윤희   (영국 상의 옷걸이에 걸어 장에 넣는데)

영국   (넥타이 좀 느슨하게 하며)강대리 올라왔드군.

윤희   (돌아보는)

영국   꺼칠하더라구.(테이블로 움직이며)상주가 그렇지 뭐.

윤희   (장문 닫는다)

영국   만나면 따듯하게 위로의 말 해줘요.모르는 척 하구 있지 말구.(의
자에 앉으며)

윤희   (오버랩의 기분)뭐..차 드려요?

영국   아니 필요없어요.주구싶으면 냉수나 한잔 줘요.(보며 웃는다)

윤희   알겠습니다.(나가는데)

영국   영주 나오라구 해서 강서방하구 같이 점심 먹을까요?

윤희   (돌아본다)

영국   어때요.

윤희   저는…(했다가)다음 날루 하세요.지치구 피곤할 거에요.아무
래두 신경쓰이는 자릴텐데..

영국   (끄덕이며)그래요 일리 있어요.그럼 우리 둘이 합시다.

302

윤희 …(보다가 돌아서는데)

S# 근처 카페…

영주 잠은 좀 잤니?

동우 잤어..(영주 보며 순하게)

영주 내가 데리러 가는 건데 잘못했어.운전하구 오다 잘못되면 어떡하나 내내 조마조마했었어.나 웃겨.만약 운전하다 사고내구 니가 죽었다/그런 상상 잠깐 해봤거든?소름 끼치드라. 오분간격으루 전화하구 싶은 거 참느라구 혼났어.두 주먹 불끈 쥐구 얼마나 긴장해 있었는지/너 서울에 들어왔다 소리 듣구 곰방 긿아 떨어져 업어가두 모르게 자버렸어.

동우 (찻잔 집어 올리며)너무 그러지 마.좋은 거 아냐.

영주 왜애?

동우 (한 모금 마시고 내리며)우리 헤어질 수두 있으니까.

영주 ?…뭐?

동우 (보며)너한테 할 얘기가 있어.

영주 ?…뭔데?

동우 (찻잔 다시 집어 올린다)

영주 …헤어지자 소리 할려 그러는 거니?

동우 (찻잔 내려놓으며 안 보는 채(오버랩의 기분))너는 나한테 전폭적이구 정직하구 순수해.난 그렇지가 못해.

영주 …너 무슨 얘기할려 그러는 거야.

동우 나는 너한테 다 정직하지 못해.거짓말 많이 했어.(보며)

영주 (오버랩의 기분)됐어 동우야 그만해.듣구 싶지 않아.말하지 마.

동우 그래두 해야 해.

영주 하지 마.(오버랩의 기분)안 들어.필요없어.

동우 들으면 너 나한테 침뱉구 떠날 거야.

영주 (오버랩의 기분)글쎄 그럼 안되니까 하지 말라구.침뱉구 떠날 얘기/하려구 든다는 것만으루 충분해.

동우 무슨 얘긴지 알구 그러는 거니.

영주 (오버랩의 기분)무슨 얘기든/‥무슨 얘기든 상관없어.안들을래. 하지 마.

동우 ‥‥‥(보며)

영주 내 자존심을 위해서두 하지 마.(찻잔 들며/찻잔 내려다보며)너 는 얘기해버리면 시원하게 짐 벗은 기분이겠지만 나는 어떡하니. (한 모금 마시고 내려놓으며)침뱉구 돌아설 얘기 듣구두 못돌아서 면‥‥나 뭐가 되니.

동우 돌아서면 되잖아.

영주 ‥‥‥(보며)

동우 돌아서라구⋯널 위해 그게 좋아.

영주 ‥‥‥(보다)싫증났니?‥ 떼어내구 싶어서 그래?

동우 널 ‥속이구 있는 게 많아.니가 알구 있는 내 모습은 진짜 내가 아니야.

영주 갑자기 왜 정직하구 싶어진 거야.너 거짓말한 거 나 놓치기 싫 어서였다면서‥‥‥‥이제 놓쳐두 상관없단 거야?

동우 (오버랩의 기분)양심이 아파.내가 사깃군인 게 마음에 안들어.

영주 ‥‥(보다가)동우야.

동우 (오버랩의 기분 안 보는 채)잠깐 사겼던 여자 아니었어.칠년이나 된 관계였어.

동우 E (똑바로 보는 영주 위에)너 만나구 난 뒤에 정리했어.그 여자는

영주 (오버랩의 기분)니 애까지 낳았었어.

동우 ?…(놀라서 본다)

영주 바루 얼마 전에 죽었어.너는 애가 죽었는데두 모른 척한 나쁜 자식이야.됐니?

동우 …어떻게 아는 거야.

영주 다 알구 있으니까 사깃군같은 생각하지 마.

동우 어떻게 알았어.

영주 안 수연이라는 여자 아니?

동우 ….(보며)

영주 칠년 최선을 다해 헌신하구 자식까지 낳은 여자 배신한 나쁜 인간인데 결혼할 거냐 그러드라.

동우 (시선 피하며)어디까지 했어.

영주 다야…또 있니?

동우 ….(본다)

영주 또 있어?

동우 (오버랩의 기분)넌 처음부터 투명했는데 난 그렇지 않았어.에 스칼레이터루 너 붙잡았어.

영주 (오버랩의 기분)아마··그랬던 것같아.아는 얘기야…괜찮아.

동우 괜찮아?

영주 우리/편하게 써먹을 유능한 일꾼 필요해.넌 날 붙잡아 너 원하는 거 언구/우리 집은 잘난 일꾼하나 언구 /피차 손해볼 거 없잖니?(목이 메면서)

동우 영주야.

영주 (오버랩의 기분)출발은 순수하지 못했어두 너… 나 사랑해.아니니?

동우 ….(보며)

영주 니 사랑을 믿어.니 사랑을 믿구…내 사랑을 믿어.그럼 된 거 아니니?

동우 ….(보며)

영주 하지 말라면 하지 말지.어쨌든 기분은 별루다.일어나자.운동 갈래.(먼저 일어나 나가는)

동우 ……

S# 카페 주차장

영주 (제 자동차 있는 곳으로 가 차 문 열고 돌아본다)

동우 (저만큼에서 주차장으로 들어오고 있다)….

영주 ……(보며)

동우 (다가와 서서 안 보는 채)괴롭지 않았니?

영주 …(잠깐 생각하다가 가볍게 웃으며)죽을만큼 괴로웠지만/널 잃는 것보다는 낫다구 생각했어.

동우 …(잠시 보다가 부드럽게 안아준다)…

영주 (마주 안고)…들어가 일해…전화하께.(몸 떼고 보며)어떡하구 계신가 어머니한테 전화드려.우리 엄마랑 성북동에두 전화 너주면 고맙겠구.

동우 ….(보면)

영주 아니면 내일이나 모레 나하구 같이 차례루 인사가든지 응?

동우 (다시 안는다)…

영주 (안긴 채)니 냄새 좋아…어떤 꽃향기 보다두…

동우   ·····(안은채 눈 뜬다···이 노릇을 어떡해야 하나···)

S# 동우 사무실

동우   ····(모은 주먹 턱 밑에 대고)·····(한참 그대로 있다가 의자 돌려 옆으로 앉으며)·····(해결의 길이 없다)···

부장   E 강대리····

부장   강대리/

이대리   (동우 쪽으로 돌아앉으며)강대리.

동우   ?음.

이대리   부장님 부르시잖아.

동우   ?(일어나며)아 예.(에서)

S# 운동하고 있는 영주(땀 벅벅 흘리면서 집중해서 열심히)····

S# 윤희의 비서실

윤희   (컴퓨터에 문서 쓰고 있다)····

S# 구기동 전경(밤)

S# 구기동 거실

윤희   ···(서 있는데)

여자   (안방에서 나오며)앉으세요.금방 나오실 거에요.앉아요.

윤희   네···

이여사   (안방에서 봉투 들고 나온다)

윤희   ··(목례)

이여사   앉어라.

윤희   ····(이여사 앉고 나서 앉는다)

이여사   영국이는.

윤희   팀장들하구 회식이 있습니다.

이여사   여기 온다구 했니?

윤희   아닙니다.

이여사   차는.

윤희   상무님 차

이여사   (오버랩의 기분)그럼 기사가 알 거 아냐.

윤희   얘기해 두겠습니다.

이여사   (봉투에서 알맹이 꺼내며)굳이 이러자는 거 니 입장에서는 유쾌하지 않겠지만 그래두 어쩔 수 없다.한 두번 당한 일두 아니구 그동안 영국이가 퍼낸 걸루 회사 하날 더 차려두 너끈했을 정도니/니가 이해해 주기 바라구‥읽어봐.

윤희   아닙니다.괜찮습니다.

이여사   그래두 읽어봐야지.알몸으루 나가라 그래놨으면 어쩔려구 그래. 이런 일은 그렇게 허술하게 하는 게 아니야.

윤희   괜찮습니다.

이여사   ‥(잠깐 보다가)만약의 경우 뒷처리는 우리 처분에 이의없이 따른다구 해놨다.물론 단서두 부쳐놨어./결혼유지 햇수에 준해서 상식선의 위로금은 지불될 거야.

윤희   ‥‥

이여사   주민등록증하구 도장 갖구 왔니?

윤희   네‥(핸드백에서 편지 봉투에 넣은 것 꺼내 놓는다)

이여사   (봉투 당기며)인감도장이겠지?

윤희   네.

이여사   나중에 돌려주마.

윤희   ‥‥(보며)

이여사 이 일은..너하구 나만 아는 일이야.

윤희 네 알겠습니다.

이여사 그래…(바꿔서)영국이는 어떠니..뭐 일 좀 할것처럼 보이니?

윤희 열심히…하구 있습니다.

이여사 넌 그동안 연애한 사람 없었니?

윤희 (잠깐 보고 시선 내리며)있었는데..헤어졌습니다…

이여사 그 인물에 재혼 자리에 들어올 결심…보통 아니다.늬집 어른 들두 대단하구…어지간하면 안보낼텐데…이런 걸루 재산덕을 보는 건지 뭔지..어쨌거나 일단 시집 오면 친정은 신경끄구 살어.그러는 거야.

윤희 ..네……

S# 대문 앞

윤희 (나온다)

허 (대기하고 있다가 재빠르게 문 열어주고)

윤희 (뒷좌석에 오른다)

허 (운전석에)

윤희 ..저기요

허 네 서대리님.

윤희 나 여기 왔던 거 ..상무님은 모르세요..

허 예 무슨 뜻인지 알겠습니다.(출발하는 자동차)

윤희 ……(차장 밖 보면서)….

S# 동우의 아파트 거실

동우 (열쇠로 열고 들어오는데)?..(거실에 불이 켜져 있다)누구야.동숙이 왔니?

영주   E 나아.빨리 씻구 저녁 먹자.배고파.

동우   (벌써 부엌으로)

S# 주방

동우   뭐하는 거야.

영주   바압.(된장찌개 간 보면서)동숙씨가 가르쳐준대루 했는데 어째 그맛이 안나네에?

동우   ....(보며)

영주   ?(돌아보며)뭐해? 빨리 씻구 오라니까?

동우   뭐하러 이래.아무렇게나 찬밥 먹구 말면 되는데.

영주   아무렇게나 그럴까봐.너 아무렇게나 한술 먹구 혼자 있을 거 생각하니까 불쌍해서.(부지런히 움직이며)딱 떨어지는 맛 아니드래두 노력한 성의 봐서 참아주세요.차차 나아질 거 약속할테니까.

동우   ...(그저 보며)

영주   응/뭐가 빠졌나 했네.(하고 부지런히 와서 동우 입에 제 입 콕 찍으며)잘 다녀 오셨수?(하고 도로 식탁으로)

동우   (별수 없이 몸 돌리고 침실 쪽으로)

영주   (부지런히 움직이고)

S# 침실

동우   (들어오며 넥타이 풀어 빼내면서 침대에 가방 놓으며)

    E 전화벨

동우   (받는다)네에..어 그래...음 지금 막 들어오는 길야...왜..

S# 춘천 안방

동숙   엄마가 걸어보라구 해서요.(밥상 받고 있는 엄마)저녁은요....(엄마 돌아보며)이제 먹을거래요..

엄마   걔가 와서 좀 안해주냐구 물어봐.(식욕 없는 숟가락으로 물김치 뜨면서)

동숙   언니가 와서 좀 안해주냐구 물어보래요……해준대요.

S#   동우의 방

동우   엄만 어떠셔..(영주 들어오며)춘천?

동우   (끄덕이고)정 그러시면 영양제라두 놔드려.구경만 하구 있지 말구.

영주   (손 내밀며)나 어머니하구 통화 좀 해.

동우   됐어 안해두 돼.(조금 돌아서며)

영주   (수화기 뺏으며)인줘어.(집에서들 핸드폰 쓰지 마세요)여보세요? ..어 나에요.나 어머니하구 얘기하구 싶어요.(하며 동우 보고)…네 저 영주에요 어머니.끝까지 못있구 먼저 올라와서 죄송해요.제가 있으면 신경쓰인다구 자꾸 가라구 떠밀어서 할 수 없이 먼저 빠진 거에요 모르시죠?

동우   (영주 보는 위에)

영주   E 진지는 좀 드세요?…아유 드셔야지 안돼요오…아무리 슬프시더라두 잡숫는 건 열심히 잡수세요.안 잡수면 기운없어 슬퍼두 못하세요 네?..동우씨는 걱정하지 마세요 잘하지는 못해두 저 있잖아요.제가 챙겨요 어머니..네…네 그럼요…네…네..

S#   윤희네 마당

S#   윤희의 마루

S#   윤희네 안방

이모   (마른 빨래 개키면서)약혼하구두 회사 나가?(윤희 보며)

윤희   아아니,전날까지만 나가구 그만두기루 했어요..(할머니 어깨

주무르며)

이모 다행이네.결혼식하구두 회사 다니랄까봐 걱정했는데.

조모 시할머님 수발하구 살림해야지 회사는

이모 (오버랩의 기분)퇴직금은 얼마나 나오는 거야?

윤희 몰라요.계산 안해봤는데 퇴직금 타면 적금탔던 거랑 합쳐서 전부다 이모주게.

이모 ?…그래?(눈이 버언해서)

윤희 (끄덕이며)네.

이모 이이고오오 깔깔 이게 웬 횡재야아?중년에 횡재수 있다더니 이건가부네에에?

조모 (오버랩의 기분)물색없기는/아 그걸 왜 니가 챙겨.

이모 준대잖어어어.

조모 쓸데없는데 침흘리지 마.턱 빠져. 너두 그런 소리 마.니 이모가 뭘했다구 그걸 줘. 갖구 가 비상금으루 둬.

윤희 내 용돈은 주겠지 뭐.지숙이 결혼두 시켜야구 응/그걸루 할머니 이두 새루 하시구 집 수리두 하구 그럼 좋겠네 참(이모 보며)

이모 안된다잖어.(하는데)

　E 전화벨(윤희 방)

윤희 (일어나 나간다)

조모 (딸에게 눈 흘기면서) 으떻게 생각이 읍서 생각이. 옳다구나 아이고 깔깔/횡재다 횡재.돈만 보면 인사불성이야 암튼 쯔쯔쯔쯔

이모 (들킨 것 같아 무색하며)아 그런다구 내가 그거 가질 사람이유우?

조모 어이구 안가질 사람이다 그래 안가질 위인야.

이모 사람 그렇게 치부하면 섭하지이이이

조모   섭하지이이이?··욕심 버려.욕심처럼 추하구 드러운 거 읍서.

S# 윤희의 방

윤희   (수화기 들고 있는 위에)

동우   F 그게···너라는 것만 빼구 혜림이 얘기까지 다 털어놨어.(윤
희 시선 조금 올라간다/의외)그런데··꿈쩍두 안해.벌써 알구 있었더
라구.

윤희   ?어떻게.

동우   안수연···만나자 그래서 만났대.

윤희   ?

S# 동우의 방

동우   (침대에 옆으로 앉아 담배 태우면서)정리하려구 했었어.그런데··
안 먹혀····

S# 윤희의 방

동우   F 상관 안한대·····

윤희   ····

동우   F 윤희야······윤희야··

윤희   말해.

S# 동우의 침실

동우   ···그냥···그냥/··가면 안되는 거니?···니가 노상무한테 책임감
느끼는 것 처럼···나두 그래.(담배 낀 손 /손끝으로 마치 이마에 배어
나오고 있는 찐득한 땀을 밀어내는 것처럼)영주···어떻게 할 수가 없이
나한테 집착해···또 다시 죽일 놈 되는 거··정말 어렵다.

윤희   F 그냥 가면 ····우리 두사람 ···지옥에 떨어질 음모가 돼···당신
하구 함께···그걸 하자구?

동우 ……너라는 거까지 다 얘기해? 그렇게 해서 너두 나두 다 원점으루 돌아가? ……뭐해…대답해.

S# 윤희의 방

윤희 상무님 어떡해….너무 나쁜 짓이야.

동우 F 그럼 영주는.

윤희 ….(눈동자가 흔들리며/길이 없다)

동우 F 평생 따루따루/우린 나가서 살구 너는 여기서 살구…안될까?…

윤희 ……

S# 동우의 침실

동우 그리구 죽어서/ 너하구 나…가마솥에 같이 삶겨지면 될 거 아냐.

윤희 F……

동우 묘안이 있으면 얘기해봐……응?

윤희 F 그런 게 있을 게 어딨어….

동우 (푸우우 담배 뿜으며 눈 감는다)……

S# 윤희의 방

윤희 그런 건 없어……없어….

S# 윤희의 마당(밤)

잠시 두었다가

F.O

S# 춘천 아파트 거실

동우 고집피지 마세요.거기 들어가 뭐해요.그 다리루 농살 질수가 있어요 그렇다구 어머니가 고기를 잡아요.할일 아무 것두 없잖아요.

모친 (안 보는 채)텃밭은 해먹을 수 있잖어..양식이야 늬들이 팔어줄

거구/혼자 사는데 무슨 돈 들어.돈 안들어.

동철 돈 얘기가 아니구요 엄마.동숙이하구 서울 가 사시는 게 젤 좋

아요.동숙이 학교두 보내야하구(남아 있다)

모친 (오버랩의 기분)동숙이 데리구 가라니까 글쎄에.(큰아들 보며)

조석 끓여먹는 것두 걱정이구 내가 걱정이야.동숙이 데리구 가.

동우 어머니 혼자 놔두구 동숙일 어떻게 데리구 가요.

모친 (오버랩의 기분)아뭏든 나는 안간다….나는 안가.서울두 싫구 여

기두 싫어…이 집은 팔든지 세를 놓든지 큰애 니맘대루하구..나는

이제 돈두 싫구 집두 싫다.니들 아부지 평생 사셨던데루 가서… 죽

는 날까지 그저 늬 아부지 친구나 하며 그렇게 살다… 갈 거야.

동우 ……(엄마 보며)

동철 ……(엄마 보며)

모친 내가 알어.늬 아부지 거 가 계셔…나들어올 때 기다린다구.

동숙 (오버랩의 기분/한 무릎 다가앉으며)그러지 말구 엄마아.큰오빠

맘 편하게 서울루 가요오.

모친 ……(아무도 안 보는 채)

동철 평생 고집이라는 거 모르시더니 엄마 왜 이러세요.

동우 (오버랩의 기분)그럼 동철이 하구 계시면 어때요.(방바닥 보며)

모친 (아들 본다)

동철 ?(형 보고)

동숙 (동우 보고)

동우 울산 가서서 동철이하구

동철 (오버랩의 기분)나 아직 방두 없어요.

동우 (오버랩의 기분)그건 어때요.

모친   ....

동우   예?

모친   ..장가들이면....그때 생각해보자...

동우   .....(보며/자기는 거부 당하는 것 같은)

모친   들어갈 거야...물두 보구 싶구 산두 보구 싶구...(비죽비죽하며)
늬 아부지 밤낮 왔다갔다하던/동네길두 보구싶어.(손으로 얼굴 가
린다)....

자식들   (엄마 보며).....

S# 아파트 밖

동철   (동우 옆에 나오며/동숙은 한 걸음 늦게 따라 나오고)소원이시라
는데 어쩌겠수.일단 모셔다 드리구 가께요.

동우   .....(말없이 자동차 있는 곳으로)

동철   엄마 이해하자구요.여기두 설어하시는데 서울 싫으실 거에요.

동우   내가 싫어서 저러시는 거야.(자동차 리모컨 작동하며)

동숙   (오버랩의 기분)그건 아니에요 오빠.그건 아니구(좀 적극적으
로)아는 사람두 없구 말할 사람두 없구..친구두 누구두 아무두 없
잖아요.그리구/아부지 생각 많이하면서 사시구 싶대요.

동우   (돌아본다)

동숙   E 어제밤에 그러시는데..여기서는 아부지 누워 계시던 거 밖
에는 아무 것두 생각할 게 없다구...

동숙   ***에는 엄마 시집왔을 때부터 아부지랑 살던 추억이 많다구

동우   (오버랩의 기분)됐어.(차 문 열며)들어들 가라.(자동차에 오른다)

동철   너무 걱정 말어요.

동우   들어가.(하며 문 닫고)

동숙 며칠 있다 가께요.

동우 (대꾸 없이 부웅 뜨고)

남매 ····(보면서)

S# 운전하는 동우······

S# 회장실 식당

회장 (냉면에 식초 치면서)서대리 비우는 자리 자네가 내려가구(인주)

인주 ?(회장 보았다가 윤희 보는데)

회장 배실장두 내일부터 기획실장 방으루 출근해.

배 ?(모두 같이 냉면)

영국 회장님.

회장 (오버랩의 기분)배실장 내방에서 몇년이지?

배 구년쨉니다 회장님.

회장 보기에는 저래두(빙그시 웃으며 배실장 보며)소리없이 유능해.
　　큰 도움 될 거야.

영국 아니 배실장을 제방으루 주시면 회장님은

회장 (오버랩의 기분)(냉면 섞으며)이제부터 큰 보고만 받을 거구 웬
　　만한 일은 사장하구 니가 알어서 처리해.슬슬 은퇴준비 해야지.

영국 ····(회장 보며)

회장 ?뭣들 하구 있어.어이 먹어 들.

영국 너무 빨라요 회장님.(그러지 마세요)

회장 빠를 거 없어.나는 그렇게 생각 안해.(냉면 말아 올리면서)안먹
　　구들 제사 지낼 거야?

모두 ··(젓가락 집어 드는)

영국 그럼 회장님 비서실에는

회장 (오버랩의 기분)인사과에서 알아서 해.배실장 그동안 애 많이
  썼지.

배 여러가지 부족했습니다 회장님.

회장 노상무 전력을 다해 보필해줘요.

배 최선을 다하겠습니다.

회장 우리 서대리두 수고 많이 했어.

윤희 …(목례로 인사)

회장 (웃으며)서대리는 회사 벗어나 노상무 집으루 들어가 보필해
  주겠다니 내가 더 고맙구.허허허.

배/인주 (웃고)

영국 (웃으며 윤희 보면)

윤희 …(고개 숙이고 웃음기 없이)….

S# 기획실

영국 (비서실 문 열고)

윤희 (들어와 탕비실로)

영국 서대리

윤희 ?(돌아본다)

영국 왜 얼굴이 개운칠 않아요.설마 아직두 갈등중인 건 아니겠지.

윤희 아니에요(하고 탕비실로)…

S# 탕비실

윤희 (들어와 녹차 준비하는데)

영국 (들어오며)혹시 나에 대한 불안때문은 아니요?

윤희 ..아니에요.

영국 (오버랩의 기분)그럼 뭐요.

318

윤희 (차 준비하면서)그냥··출근할 데가 없어진다는 게···이상해요··· 뭔가 끈이 떨어진 거 같구요.

영국 ······(그게 아닌 것을 아는/쟁반에 찻잔 올리는)

윤희 (쟁반 들고 돌아서며 조금 웃는)가능하다면 과장까지는 한번 돼보 구 싶었는데···

영국 흠흠.건 유감이군.내가 진작 들어왔으면 과장 만들어줄 수두 있 었을텐데.

윤희 나가세요.

영국 (윤희 어깨에 한 손 올리며)그 대신/회장 발령 내줄테니까 기분 풀 어요.당신 내 회장님이요.

윤희 (영국 비켜 나가면서)십분 뒤에 회의십니다.

영국 ····(잠시 보다가 나가는)

S# 기획실

윤희 (들어와 테이블에 찻잔 놓는데)

영국 (들어온다)

윤희 상무님 회의 들어가시면 저는 짐 정리 하겠습니다.

영국 아까 메모시킨 거

윤희 (오버랩의 기분)여기 있습니다.(메모 정리된 큰 종이 집어주며)

영국 (받아들고 보며 테이블 의자로)인주씨는 머리 좀 돌아가나?

윤희 명랑하구 재치있어요.저보다 훨씬 잘할 거에요.

영국 (오버랩의 기분)나를 싫어하는 건 아니죠.

윤희 ?··인주씨가 그럴 이유가 어딨어요.

영국 (메모 접어 주머니에 넣으며)왜 어벙벙한척 해요.당신 말이요.

윤희 ····(보며)

영국 생각했어요.혹시 싫어하는 사람인데 상황에 떠밀려 어거지루 약혼하구 결혼하는 건 아닐까.건 비극 중에두 엄청난 비극이다.

윤희 (보며)……

영국 ……(보다가)으으음 불안한데? 싫어해요?

윤희 아뇨.그렇진 않아요.

영국 좋아해요?…사랑하냐 묻는 건 아니요.오해해서 잘못 대답하지 말아요.

윤희 …네..

영국 그럼 내가 (웃지 말고 안 보는 채)…뭐냐 그…입을 맞춰두…얼굴을 피하거나 그러지는 않을 거요?

윤희 ……(보며)

영국 손잡는 건 가만 있던데…으으음…이렇게 아니라 우리 직접 한 번 해봅시다 어디.확인해보자구요(하며 성큼성큼 윤희 앞으로)

윤희 (저도 모르게 뒷걸음친다)

영국 ?….그거 하구 얼굴 돌리는 거 하구 같은 거요?

윤희 사무실이에요.

영국 감시 카메라같은 거 없어요.(다가들어 양 어깨 잡으며)자 지금 부터 내가 회장님 입에/ 내 입을 맞출 겁니다.날마다 출근할 때는 오늘은 입을 꼭 맞춰야지/맞춰버려야지 하구 나와서는 등신처럼 맨날 실패하구 들어갔어요.(다소 장난스럽게)

윤희 ….(보는 위에)

영국 E 결혼할 여자 약혼 전전날까지 입한번 못 맞춰 본 얼뜨기 여기 있습니다.

영국 제발 불쌍히 여기셔서 허락해 주시기 바랍니다 폐하.

윤희   (고개 돌리고 조금 웃어버린다)

영국   (웃음기 없이 윤희 턱 잡아 앞으로)···(진지한 눈빛)

윤희   ······(웃음기 없이 보며)

영국   (다가드는 얼굴···)

윤희   ······(그대로 있다가 영국의 입이 부드럽게 닿자 눈 스르르 감긴다)··

영국   (사 초쯤 붙이고 있다가 천천히 얼굴 떼고 보는)

윤희   ······(보는)

영국   ·····(보는)

윤희   ·····(보는)

영국   ···(천천히 손이 윤희 얼굴로 올라와 검지 손가락으로 이마 끝에서 부터 천천히 콧날을 타고 내려와 입술까지/마치 귀한 것을 손끝으로 부드럽게 더듬어 내리듯)····

윤희   (손끝이 코허리를 지날 때 잠시 눈 감았다가 뜨고 보고)····

영국   (다시 부드럽게 입술 붙인다)

윤희   ····(순하게 받고)

영국   ····(얼굴 떼고)····(보다가 갑자기 두 팔 위로 번쩍 치켜들며)야호오! (팔내리며)최소한 당신은 내가 역겹지는 않아.그럼 된 거야.하하. 하하하하하하

S# 비서실

윤희   ···(기획실에서 나오며 자신도 자신에게 얼떨떨한···한동안 그 상태로 서 있다가 급히 탕비실로)

S# 탕비실

윤희   (들어와 냉수 따라 입으로 올리는데 후들후들 떨리는 손)···(그 손을 내려다보는)··(컵 두 손으로 잡고 기획실 쪽 돌아보는)·····

E 기획실 문 여닫히는 소리 나며

영국 E 나 회의 들어가요.

윤희 (얼른 나간다)

S# 비서실

윤희 (나온다)

영국 (벌써 나가면서 손 들어 보이며)이따 봅시다.

윤희 ……(문 보고 있으며)

S# 일진상선 현관 앞

허 (차 트렁크 열어놓고 윤희의 개인 사물 박스 들고 나와 싣고 트렁크
닫고 윤희 영국 탈 자리 문 두 짝 다 열어놓는데)

윤희 영국 (나와서 차에 오르고)

자동차 뜬다….

S# 회사에서 막 나오다가 보는 동우….

S# 입구를 빠져나가는 자동차 안

영국 (웃으며 손 내밀고)

윤희 (제 손 준다)

S# 어느 카페‥

동우 (들어와 기다리는 영주 앞으로 …)

영주 ?……(올려다보다가 동우가 앉으면서 시선이 동우를 따르고)세상
고민 다 짊어진 것처럼 얼굴이 그게 뭐야.우선은 어머님 하시구 싶
다는대루 해드려,그리구 잊어버려.시간 지나면 달라지실 수두 있
구 그리구 또 끝까지 고집하시면 건 또 어쩔수 없잖아 응?

동우 (물 잔 집어 마신다)

영주 뭘 그렇게 속상해해.대충 좀 해라.어머니 그러실 수 있다 이해

322

하구 털어버려.너 니네 식구들한테 너무 맘 많이 써.물론 나쁜 거
아니지만 굉장히 구닥다리야.

동우 (물 잔 탁 놓으며 자르듯)우리 끝내자.

영주 ?....(보다가 싫증나서)또 뭐야...또 딴여자 있니? 거기선 애가 둘
이니?

동우 영주야.

영주 (오버랩의 기분)또 다른 비밀 있음 그래 좋아 털어놔 어디.들어
보자.끝내야하는 이유 뭐야.말해.

동우 ....(안 보며)

영주 동우야.(말해 빨리)

동우 먼저 여자가...협박해.

영주 ?(이건 또 무슨 소리야.)

동우 느이 집에/..다 불어버리겠대...그러니까 끝내자구.어차피 못
하게 돼 있어.

영주 정리됐다구 했잖아.

동우 정리된 거였어.

영주 그런데?

동우 애 사고 당했는데두 안 나타났다구 ...돌았어.

영주 요구가 뭐야.얼마면 해결되는 거야.

동우 그런 거 아냐.

영주 협박에는 요구가 있을 거 아냐.

동우 너랑 결혼 못하게 하는 거.원하는 건 그거 뿐야.

영주 .....자기한테 돌아오라는 거니?

동우 건 아냐.

영주 그럼 단지 우리 결혼 깬다는 게 목적야? 왜 그래야하는 건데?

동우 나같이 나쁜 눔 잘되는 꼴 못보겠다는 거야. 나 나쁜 눔이거든.

영주 ……(보며)

동우 그거 뿐야.

영주 그래서 계속 그렇게 복잡한 얼굴 하구 다닌 거니?(옆에 와 서는 종업원에게)쥬스 둘 주세요. 그거 겁나서 중간중간 그만두자 간간이 했구?

동우 (물 잔 집으며)가만 있을 여자 아냐….다 드러나구 ‥너 집안에 창피당하구 그러느니…우리 둘이 ‥정리 하자.

영주 지금 무슨 사무보니? 다른 방법두 안 찾아보구 그냥 정리하구 말어? 시장에 노점상 걷어 치우는 거야? 그렇게 간단해?

동우 방법이 없어 영주야.(달래듯)

영주 (오버랩의 기분)아냐. 방법 있어. 있을 거야. 그 여자 연락처 줘. 내가 만나볼께.

동우 ?‥니가 왜 만나.

영주 너에 대한 적개심이 어느 정돈지/정말 원하는 게 뭔지/정신상태는 어떤지 보구 판단해서 대처할려구 그래.

동우 소용없어 하지 마.

영주 있는지 없는지 해보지두 않구 어떻게 알어.

동우 난 그동안 아무 노력두 안하구 놀았는줄 알어?

영주 …..(보며)

동우 피할 길 없어.

영주 어쨌든 내가 한번 만나보께. 연락처 내놔.

동우 ….

영주 동우야……동우야.

동우 (오버랩의 기분 보며)그럴 거 없다니까.나두 이제 너한테 흥미 없어졌어.그렇게 쉽게 생각해.(일어서며)너 싫어졌어.그럼 간단한 거 아냐.(하고 나간다)

영주 ……(그대로 앉아 있는 채)

제21회

S# 카페…연결…

영주 ……(혼자 앉아서)…(있다가 문득 놓여져 있는 주스 두 잔 중에서 한 잔 집어 벌컥벌컥 마시고 내려놓고 일어나 카운터로 빠르게)

S# 카페 밖

영주 (나와서 주차장 쪽으로)…

S# 주차장

영주 (들어와 제 차 쪽으로 가다가 문득 보면)

동우 (제 차 옆에 서서 담배 태우고 있다)…

영주 ……(보다가 동우 쪽으로)

동우 (돌아본다)…

영주 (동우 앞에 서며/보며)…너한테 화낼려구 해. 니문제기만 한 거 아냐.니 문제는 곧 내문제야.나하구 같이 해결해야해.

동우 (오버랩의 기분)그러지 마 영주야.나..니가 그럴만한 가치가 없 는 눔야.

영주 니 가치는 내가 판단하구 결정해…물론 너/나 참 황당하구 씁

326

쓸하게 만든다.안수연이라는 여자 만났을 때두 그랬구/지금두 그
래.그렇지만 부탁하께…슬프게는 만들지 마.

동우   ……(보며)

영주   너 내꺼하기 …참 힘들구나…(하고 제 차 쪽으로 돌아서는데)

동우   (잡으며)영주야.

영주   (잠깐 멈추며)오늘은 더 이상 너 보기 싫다…나 가께.(하고 움직
          인다)

동우   ……(보면서)…

S# 제 차 쪽으로 오는 영주…(영주 뒤로 영주 쪽 보고 서 있는 동우)…

S# 자동차로 오르는 영주…

S# 영주 차 빠져나가는 것 보고 섰는 동우…맥 떨어져 운전대로 오르는…

S# 자동차 안

동우   (타면서 눈 감고 기대며 천장으로 고개)……

S# 큰길의 영주 자동차 안…

영주   (운전하며/수첩에서 안수연 전화 찾아서 번호 찍는다)…

         F 전화벨 가는 소리. 세 번.

가정부   F 네에에…

영주   실례지만 안수연씨 댁인가요?

가정   F 네 그런데요?

영주   수연씨하구 통화하구 싶은데요.

가정   F 어떡하나 지금 없는데…

영주   외출하셨나요?

가정   아니 일본갔다가 내일이나 올 거에요…그런데 누구세요?

영주   알겠습니다.다시 걸죠.안녕히 계세요.(끊고 운전하며 생각하는)

....(됐다 길은 또 있다. 갑자기 차선 바꿔 유턴하는 바람에 부딪힐 뻔 하
는 다른 차가 화내고/영주는 태연하다)·····

S# 성북동 거실··

한   (노모의 방에서 나온다)왔니?

윤희   (허리 굽혀 인사하고)

영국   오늘루 사직하구 회사에서 철수했어요 이 사람.

한   잘했다.준비할 게 있니없니 해두 어수선하구 바쁠텐데··오늘
        까지 근무한 것만두 장해.할머님께 인사 먼저 드리자.(앞서며)

윤희   ··(다소곳이 따르는)

영국   (같이 움직이며 윤희 등에 손대고)

윤희   (잠깐 돌아보는)

S# 노모의 방

        들어오는 세 사람.

노모   (우물우물 뭔가 우물거리고 있는데 한쪽에서 침이 조금 흐르고)

한   (얼른 수건 집어 입가 닦아주며)맛있으세요?

노모   ····(우물거리며 애들 올려다본다)

한   갑자기 문어가 잡숫구 싶으시대서 문어 드시는 중야.

영국   (앉으며)소화 안 좋으실텐데요··

한   그러게 말이다.앉어라.(윤희 돌아보고)

영국   (윤희 조금 잡아당기며)할머니 제 색시 왔어요···

노모   ··(윤희 보는)··

윤희   안녕하세요 할머님··

노모   고···고운애 왔다.(한여사에게)

한   예에.회사에 다니던 앤데요 오늘루 회사 그만두구 인사여쭈러

왔대요.이제 며칠 있으면 식 올리구 집으루 들어올 거에요.고운 애 매일 보시게 될 거라구요.

노모   내 큰 아들놈두 회사를 하구 있지.

한   예에.

노모   나는 그눔 꼴보기 싫어서 안봐.팔불출이야 팔불출..

한   (오버랩의 기분 막으려는 듯 물컵 들며)물 좀 드세요 어머니.

노모   (고개 비틀어 피하면서)여우년한테 덜미를 잽혀서 그 팔불출.. 창자까지 파 먹히는 줄두 모르구 에이그으 쯔쯔쯔쯔..어디서 그런 문열이가 나왔는지...내가 낳았어두 참 내 맘에 안들어..

영국   (무안하면서도)흠흠흠 할머님 말씀 많이 하시네요..

노모   고 여우가 지 친정으루 빼돌린 재산이 을마나 많은지 몰러.

한   어머님.

노모   (상관없이 자기 대사 연결)화장으으으을 도깨비같이 하구 꼬리 살랑살랑 ...나쁜 년..내 집안 똥 밭 만든년...웅웅..

윤희   ....(그저 보는)...

S# 이여사의 주방

이여사   니 오빠 식 끝나면 여행이나 좀 하구 들어와야겠어..

영은   ?..언니 결혼 준빈 어떡하구요?

이여사   곧장 나갈 애들/준비할 게 뭐 있어.드레스나 맞추구 예단이 나 맞춰내면 되는 거.드레스야 지가 오죽 잘 알어 할까.언제 내 말듣 는 애니?꼭 지 고집대루 하는데..예단은 성북동에서 꾸려주면 되는 거구..

영은   여행 나가구 싶어요?

이여사   (한숨 섞어)지루하구 한심할 따름이다. 사는 게 왜 이렇게 부쩍 지겨운지 모르겠어.

영은　….(보는데)

이여사　이렇게 지겨워서야 어떻게 육칠십까지 살어낼지 모르겠다.

여자　(이여사의 국 바꾸면서)이제 곧 손주들 생기구 재미있어지실 거

　　에요.

이여사　아줌마는 눈뜨구 뻔히 보면서 그런 말 해요?내가 이게 사는

　　거 같아 보여요?

여자　사모님이 그러시면 즈이들은 다 죽어야겠네요..무슨 걱정 있

　　으세요.

이여사　좋은 집에서 잘먹구 잘 입구 잘쓰구 사는 게 다가 아니에요.

　　(혼잣소리처럼)아줌마 보기에는 세상 남부럴 거 없는 팔짜라겠지만.

여자　팔짜루 치면야 그리 좋은 팔짜는 아니시지요..

이여사　?..(여자 돌아보며)무슨 뜻이에요?

여자　느을 쓸쓸하구 섭섭해하셔야 하니까요.어디 좋은 팔짜라구 할

　　수 있나요..(하며 싱크대로)

이여사　그렇다구 깔보지 말아요.깔보면 국물두 없어요.

여자　깔보기는요오..

이여사　(오버랩의 기분)아줌마 빠져요.(국 뜨다가 새삼스레 화내는)집

　　안 얘기하는데 끼어들지 말라니까 왜 자꾸 끼어드는 거에요 에?

영은　?

이여사　(국 뜨던 숟가락 탁 국그릇에 놓으며)참 못말리는 성격야.도대

　　체 왜 그렇게 끼어들구 싶어요.분수두 모르구.

영은　엄마아(제지하는)

이여사　…..(성질 가라앉히는)늬 언니 결혼식에두 안 올지두 몰라.

영은　?..(본다)

이여사　재주는 곰이 피구 수금은 왕서방이 하는 꼴...정말 오장육부
　　　　가 뒤틀려 못참겠어.

영은　이제 그만 포기할 때두 됐잖아요.

이여사　사둔들은 내 얼굴이 어떻게 생겼는지두 몰라.사둔들 대단해
　　　　서가 아냐.내 자식 무대에 내보내는데 광은 딴사람이 내면서 나는
　　　　밤낮 커텐 뒤에 숨어있어야는 거/....진절넌덜머리가 나.

영은　엄마.

이여사　어차피 숨어야하는 거/없으면 무슨 대수야.

영은　나 결혼할땐 엄마 숨지 마세요.

이여사　?(딸 본다)

영은　엄마가 해.난 엄마 안 감출래.

이여사　행여 숙부랑 성북동 노인이 좋다 그러겠다.

영은　내가 하께 엄마.작은 아버지랑 성북동 어른하구 싸워서라두
　　　　내가 이길께.나 하나는 그래두 되잖우?진짜...엄마는 뭐야.너무 하
　　　　잖어.

이여사　너 혼자 생각으루 되는 일두 아냐.고아하구 결혼하는 거면
　　　　몰라두 사둔 쪽이 어떤 집안이냐에 따라서

영은　(오버랩의 기분)그럼 고아하구 하지 뭐.

이여사　?..뭐어?뭐야 너두 강서방이나 그 비슷한 녀석 끌어들이겠
　　　　다는 거야?

S#　아파트 주방

동우　(끓는 물에 라면 집어넣고/옆에 갖다 놓았던 무선 전화 집어 찍는
　　　　다)...

F 신호 가는 소리…두 번

S# 윤희네 마루··

조모   (마루 상 행주질하다가 일어나 전화 울리는 윤희 방으로)

S# 윤희의 방

조모   (들어오면서 방에 불 켜고 받는다)네에 여보세요··

동우   F 안녕하세요…저··

조모   혜림애비구먼··

동우   F····

조모   윤희 아직 안들어왔는데…그런데 전화는 왜····

동우   F 죄송합니다 할머님.

조모   …우리 애…혼인하네…

S# 동우 주방

조모   F 자네가 전화해서 좋을 일 없구····전화하지 말어…우리 자네
다 잊었어.괜히 전화해서 애 심난스럽게 만들지 말어·····알어들어?

동우   네…그런데 할머님 제 전화 번호 좀 적어주시겠어요?윤희하
구 꼭 할 얘기가 있어서 그래요.

조모   F 필요없네.전화왔다 소리두 안 할 거야.알 거 읎서.

동우   ·····

조모   F 아 참…상 당했다면서.

동우   …네··

조모   F 안됐네··고생하시더니…그만 끊네.

F 끊어지는 소리.

동우   (수화기 내리는)·····

S# 윤희의 방

조모 ....(전화 앞에 쭈그리고 앉아 전화기 보다가 일어서며)에이그그그
(한숨처럼)

S# 마루

조모 (나오는데)

이모 (들이닥치듯 하면서/반찬거리 시장 보따리 중간 것 들고)엄마아아
바압!밥 다됐수?

조모 (현관께로 움직이며)왜 이리 난리야.즘심 굶었어?

이모 붕어빵 네개 먹구 버텼더니 눈이 돌아가네.하하.

조모 아 뭐 먹지이.

이모 뭐 먹을 새두 없이 바빴어.오늘따라 궁둥이 붙이구 잠깐 앉을
새두 없더라구.(부엌으로 들어가며)보따리 보따리 들어오는데 오늘
만 같으면 당장 갑부되겠더라.

조모 (시장거리 집어 들며)갑부되기 쉽다(하는데)

지숙 (들어오며)다녀 왔습니다아.

조모 때맞춰 잘 온다.에미두 지금 들어왔어.

지숙 할머니 배고파아아.(이모 반찬 쟁반 들고 나오고)

조모 어이구 배고픈 사람 천지네.밥 다 됐어.어이 손 먼저 씻어.

지숙 네에(세면실로)

이모 (조모에 연결)윤휘 아직 안들어왔수?

조모 (주방으로 움직이며)시댁에 들렸다 온다더라.짐은 아까 왔구.

이모 ?무슨 짐?

조모 아 회사에 있던 지 짐.뭐 책같은거 그런거.

이모 (상 놓으며)으응 난 또오.

S# 동우 주방

동우 …(라면 먹고 있다)…

S# 경춘 시내로 들어오고 있는 영주의 차

S# 운전하는 영주

S# 어느 호텔로 들어오는 영주의 차. 현관에 멈춰

영주 (내리면서 키 주며)부탁합니다.

호텔 보이 네,알겠습니다(영주 차에 오르고)

영주 (상관없이 열쇠 건네지면서 곧장 안으로)

S# 커피숍

영주 (들어온다)….

동숙 (구석자리에서 물 잔 들고 있다가 보고 일어선다)‥

영주 (다가와 좀 웃으며)오래 기다렸어요?

동숙 아뇨.쪼끔 전에요‥그런데 무슨 일이에요?

영주 (앉으며)아파트는 그럼 비워놓을 건가요?

동숙 (무슨 일인지 궁금하면서)모르겠어요.우선 엄마가 필요한 것만 갖구 들어가니까…정 서울 안가신다면 그때 완전히 비우구 팔든지 어떡하든지…저는 모르겠어요.

영주 (오버랩의 기분)짐 싸느라 바쁜데 불러내서 미안해요.(웃음기 없이)

동숙 쌀 것두 별루 없어는데요 머‥작은 오빠두 있구.

영주 나 왔단 소리 안했죠.

동숙 하지 말랬잖아요.

영주 (끄덕이며)그래요.(하는데 종업원)차 들어요 뭐 마실래요.

동숙 커피요.

영주 커피 둘요.(종업원 적당히 대답하고 아웃하는 것 돌아보고 있다가

동숙으로 고개 돌리며)동숙씨 나한테 솔직하지 않았어요.

동숙　?

영주　E 추궁하는 건 아니에요.오빠 입장 생각해서 말할 수 없었다는 거 충분히 이해해요.

동숙　무슨…얘기에요?

영주　오빠한테 여자 있었죠.

동숙　(무슨 말인가 하려는데)

영주　E 오래 교제했어요.아이두 낳았어요.(동숙 놀라는)

영주　그 아이 얼마 전에 사고루 죽었어요…그렇죠?그집 식구들 다 알구 있는 사실이죠?그렇죠?

동숙　어..어떻게 아셨어요?

영주　오빠가 얘기했어요.

동숙　….(입만 조금 벌리고)..

영주　그 여자 누구에요?

동숙　…..(보며)

영주　그여자가 누군지 알구 싶어서 왔어요.말해줘요.나 만나야 해요.

동숙　이이제 다 끝났는데 뭐하러요?

영주　…..(보며)

동숙　끝났어요.오빠 일 뭐가 잘 안되구 있는 거에요?다 끝났는데요?

영주　(오버랩의 기분)끝난 거 아니이요.그 여자가 오빠 협박한대요.

동숙　?..네에?

영주　우리 결혼 못하게 우리 집안에 알려버린다구요.

동숙　(오버랩의 기분 강력하게)말두 안돼요.그 언니 그럴 사람 아니에요.

동숙 E 얼마나 착한 사람인데요.그런 사람 아니에요.그럴 사람이
　　아니에요.

영주 착해요?

동숙 말두 못하게 착한 사람이에요.요새 그런 사람 없어요.오빠한테
　　두 너무너무 잘했구 우리한테두 그럴수 없게‥/정말 마음으루 진심
　　으루 잘했었어요.

동숙 E 맨 첨에 큰오빠 맘 변했을 때 집에 왔었어요.엄마아부지한
　　테 오빠 맘 돌려달라구요.

동숙 그랬는데 우리 엄마아부지/언니네가 회사 줬이라는 말에 솔
　　깃해서 그 언니 도와줄 맘‥없으셨었었어요.부끄러운 얘기지만.
　　(고개 숙이며)그때두‥원망 한마디 안하구 눈물만 줄줄 흘리면서
　　갔었어요‥(고개 들어 보며)절대루 그런 맘 먹을 사람아니에요.

영주 오빠/‥애 죽었는데두 안 가봤대요.

동숙 ?‥그랬대요?

영주 오빠 말루는 그래서 돌았대요.

동숙 ‥‥(보며)세상에‥오빠 왜 그랬대요 왜 안갔대요.

영주 어떻게 연락하면 돼요.연락할데 가르쳐 줘요.

동숙 ‥‥(보며)

영주 (수첩 꺼내며)말해요.

동숙 (안 보며)그렇더래두 그럴 사람 아닌데에‥‥누구한테 나쁜 짓
　　할 사람 못돼요 그 언니.(하며 본다)

영주 그럼 오빠가 괜한 소리 한 걸까요?

동숙 글쎄 그건 모르지만…

영주 몇번이에요.(적을 준비하고)

동숙 ....(보며)

영주 빨리요.

동숙 말..못하겠어요.

영주 ....왜요.

동숙 오빠한테 물어보세요.저는

영주 (오버랩의 기분)동숙씨.

동숙 (오버랩의 기분)전 못해요.오빠한테 직접 물어보시지 왜 저한
테 오세요.

영주 오빠 말 안해줘서요.오빠가 말했으면 내가 뭐하러

동숙 (오버랩의 기분)오빠가 안 하는거 저 못요.안돼요.

영주 ....(보다가 맥 떨어지며)해결할려구 이러는 거에요.만나야 해결
을 하죠오.

동숙 오빠가 안 가르쳐줬으면 안가르쳐줘야할 이유가 있을 거에요.
것두 모르구 중뿔나게 제가 말할 순 없어요.

영주 .....(보며)

동숙 .....(미안해서 보다가)언니 속상하겠어요.

영주 속상한 정도가 아니에요.그러니까 가르쳐 줘요.....네?

동숙 .....(보며)

영주 네?

동숙 (고개 젓는다)

영주 .....(보며)

S# 영국의 방

영국 모두 다 붙박이루 돼 있어요.따루 가구 들일 필요 없어요.옷장
부족한 거 걱정할 거 없구 따루 널찍한 옷방 있으니까.아 침대두

바꿀 거 없어요.작년에 어머니가 바꿔 들인 거에요.방 어때요.좁진

않죠?

윤희   아뇨.

　　E 노크.

영국   네에.

여자   나오시래요.

영국   아 네에‥나갑시다.

S# 거실

　　나오는 두 사람.

영국   (나오며)네에.

한   이리 와 앉아라.

영국   네에.(윤희 데리고 의자로)

한   (옆에 두었던 상자 집어 윤희에게 준다)…

윤희   ?…(받는다)

한   약혼식날 써라…열어 봐.

윤희   (열어보면)

　　다이아몬드 목걸이와 이어링 세트.

윤희   ….(영국 본다)

영국   (기웃이 보고 있다가 한 보며)새루 하셨어요?

한   새루 한건 그거 뿐이야.반지는 내꺼 세팅 바꿔서 줄 거야.마음

에 드니?

윤희   …네…(하며 상자 닫는다)

영국   어머니 이 사람 물려 주실 거/ 많잖아요?

한   노리지 마.내가 알아서 할 거야.이쁜 짓 하면 주구 미운 짓 하면

뺏구 그럴 거다.

영국　흠흠흠..아마 이쁜 짓만 해서 주기만 하셔야지 뺏을 건 없을 걸요?

한　함들어가는데는 원래 사주단자하구 간단히 하는 거다.(윤희에게)원래식으루 할테니 그런 줄 알구/말씀드려 노렴.

윤희　알겠습니다.

한　(따로 준비해놓았던 봉투 집어 내놓으면서)이모님 갖다 드려.아무래두 이것저것 소소한 경비 들어갈 거야.

윤희　(오버랩의 기분)아닙니다 어머님.그 정도는 즈이두 할 수 있습니다.거기까지는 배려안하셔두 됩니다.

영국　(집으며)감사합니다 하구 받아 넣어요.

윤희　(영국의 손 말리면서)아니에요.그렇게 안하구 싶어요.(한에서 얼굴 돌리며)저축두 약간은 있구 작은 경비 정도는 이모께 폐안끼치구 제가 할 수 있습니다.그렇게 하게 해 주세요 어머님.

한　…그래..니 생각이 정 그렇다면..강요는 안하마.

영국　흠흠..보세요.이쁘죠?

한　이뻐두 오늘 더 줄 건 없어.

영국　하하하하(소리 내어 웃는다)

S# 동우의 침실

동우　…..(누워서 천장 보며)……

　　E 전화벨

동우　?….(전화 돌아다 보았다가 일어나 받는다)네에.

동철　F 동철이요.형 뭐 잘 안돼가요?혜림엄마가 형 협박한다는게 무슨 소리유 대체.

동우   ?너 그거 어떻게 알어.

동철   F 노영주씨 여기 왔었대요.동숙이 나갔다 들어왔어.혜림엄마 연락처 대라 그르드래요.협박이라니 혜림엄마가 정말유?

동우   그래서/가르쳐 줬대?

동철   F 안가르쳐주구 들어왔대요.무슨 일이에요 대체.

동우   그럼 됐어.무슨 일/너 원하는대루 되는 거야.몸팔아 한 몫 잡으려다가 망쪼드는 거야.너 좋겠다.(하고 탁 끊어버린다)

S# 춘천 거실

동철   ····(끊긴 전화 내려놓으며)무슨 일이 있긴 있나부다.

동숙   (지켜보고 있다가)뭐라 그래?

동철   망쪼 들었대.

동숙   진짜 협박한대?

동철   그 대답은 안해.(하는데)

모친   (앉은 채 방문 열며)애애.

동숙   네.

모친   (빈 물그릇 내놓으며)물 좀 줘.

동숙   네에··(그쪽으로 급히 가서 물그릇 들고 작은오빠 돌아보며 주방으로)···

동철   ····(뿌우해서)·····

동숙   (물 떠들고 나와 안방에 넣어주고 작은오빠 앞에 와 쪼그리고 앉아 올려다보며)무슨 일이 벌어지구 있는 거지?

동철   (일어나며(오버랩의 기분))뭐 형한테 망쪼/결혼 깨지는 거 밖에 더 있니?나갔다 오께.(현관으로)

동숙   그럼 큰오빠 어떻게 돼.

동철 되는대루 되겠지.나하군 상관없는 일야.기다리지 말구 자.늦을 거야.

동숙 술 많이 먹지 마.(그냥 나가고)

동숙 ……

S# 경춘 고속도로를 달리고 있는 영주의 차

S# 차 안

영주 (전화)네에 미안합니다.아까 전화했던 사람인데요 안수연씨 내일 몇시 비행기루 오죠?…일행이 있나요 혼잔가요.(에서)

S# 동우의 방

동우 (엎드려서 눈 뜬 채 머엉하니)……

F.O

S# 영주의 집 전경(아침)

S# 거실

이여사 (여기저기 손끝으로 먼지 체크하며 다니는 중)…(깨끗하다/소파로)아줌마아아?

여자 (나오며)네에.일어나셨어요?

이여사 (신문 집어 들며)찰떡 두개만 궈주세요.꿀은 필요없어요.

여자 네에.(들어가려는데)

이여사 …어제 영주 몇시에 들어왔죠?

여자 열한 시 좀 넘어서요.

이여사 ……

여자 (보다가 들어간다)

이여사 (신문 뒤집는데)

S# 영주의 방

커튼 꽉 닫아놓은 채 스탠드 켜놓은 채 한 팔 이마에 올리고 누워서

영주 ·······(거의 한숨도 못 잔 상태)····(입술은 좀 지우기를)···(갑자기 시트 머리 끝까지 뒤집어 쓰며 옆으로 돌아눕는)·······(한참 그대로 있다가 불끈 일어나 커튼 열어젖히면서 쏟아져 들어오는 아침/창문 확확 열어놓고 숨 들이마시는)·····

S# 욕조에 들어가 앉아 골똘한 생각에 빠져 있는 영주······

S# 영주의 방

영주 (욕실에서 나와 음악 틀어놓고 의자에 앉아 천천히 커피 마시고 있다)···

　　　E 노크.

영주 ?··네에.

영은 (와플 군 것과 주스 들고 들어오며)와플 궜어.

영주 ····

영은 (탁자에 놓으며)늦더라?

영주 엉···

영은 엄마 좀 위로해줘라.(앉으며)해결이 안나나봐.오빠 식끝나면 여행가서 언니 결혼때두 안올지두 모른대.

영주 ····(그냥 마시는)

영은 (와플 자르며)포기할때두 됐는데 왜 끝까지 포길 못하는지 모르겠어.

영주 피해자라구 생각하니까.

영은 엄마 입장에서는 그렇게 생각할 수두 있지 뭐.

영주 자기 입장에서만 생각하면 세상에 가해자는 없구 피해자만 있어.

영은 포기하면 될텐데 왜 포길 못하지?

342

영주 욕심.끝없는 욕심.(여전히 눈 안 맞추는 채)

영은 욕심부려봤자 소용두 없잖아.

영주 그걸 모르겠니.소용없다는 거 아니까 더 불쾌하구 못견디겠는 거지.소용없다구 욕심이 없어지는 건 아니거든.

영은 엄마 불쌍해….무슨 큰 일 있을 때마다 커어튼 뒤에 숨어있어 야는 거 진절머리 난대….왜 안 그렇겠어.

영주 자신이 선택했잖어.(커피 잔 비우며)

영은 그렇게 냉정하지 말구우.

영주 (일어나 장으로 가며)자기 선택에 대해서는 결과가 어떻든 아프 다 소리 하는 거 아냐.어리광이구 응석이야.

영은 이렇게 일찍 어디가?

영주 ….

영은 약속있어?

영주 엉.

S# 거실

영주 (외출복으로 내려와 엄마 쪽으로)여행가구 싶다구요?(아무 일 없 었다)

이여사 ?(잡지 넘기다 잠깐 돌아보고)뭐가 그렇게 밤낮없이 바뻐.어 디 나가는 거야 아침두 안 먹구.

영주 나두 같이 가주까 엄마?

이여사 ?(했다가)…빈말할 거 없어.뭐 또 매일 싸우면서 다녀?너두 싫겠지만 나두 싫어.

영주 어디 가구싶은데?

이여사 가구 싶은데 따루 있을 게 뭐야.그저 가련한 내 인생 위로삼아 나가볼까 하는 거지.

영주 위로삼아 쇼핑하구?

이여사 그것두 못하면 나 죽어.

영주 ·····(보며)

이여사 니 결혼식에 나 없어두 아무 지장 없겠지.

영주 그건 곤란하지 엄마.내가 섭섭하구 허전해애.

이여사 ?꿈에 늬아빠 봤어?빈말이래두 해주라 그러시대?

영주 어떻게 빈말이라구 생각하우?누가 뭐래두 엄마하구 딸인데
　　　세상에 어떤 딸이 지 결혼식에 엄마 없는데 좋아라 해.

이여사 니 어머니 있잖어.

영주 그쪽은 그저··어쩔 수 없이 인사다녀야하구 그런 또 한 어른.엄
　　　마 말구 나한테 엄마 또 없어요.엄마 뿐야.

이여사 (보며)···왜 그래··왜 그러는 거야.

영주 (엄마 무릎에 손대면서)외롭다 생각하지 말라구요.나갔다 오께요.

이여사 어디가는데··

영주 뭘 그렇게 일일이 알어야 해애.볼일 있어 나가.

이여사 강서방 데리구 와.저녁이나 먹자 또.(안 보는 채)

영주 ····(엄마 돌아보고 있다가)강서방 요즘 일이 많은가 부던데 물어
　　　는 보께.

이여사 (책 넘기며)너머 좋아좋아 하지 말구 바보야.버릇 나빠져.남
　　　잔 너머 달라붙는 여자 재미없어해.함부루 하기 십상이구.

영주 흐훗,알았어.충고 참고하께요.(하고 나간다)

이여사 ·····(돌아보는)

S# 현관 나와서 차고로 가는 영주

344

S# 차고

영주 (자동차로 올라)

S# 차 안

영주 (시동 걸어놓고 운전대 잡고 앞 보며)……(잠시 있다가 움직이기 시작한다)….

S# 윤희네 마루

윤희 (머리 잡아맸던 수건 풀며 나온다)..

조모 (마루 닦다가)출근두 안하는데 뭐하러 일찌감치 부시럭거려.한 열시까지 코가 뇌래지두룩 자지.

윤희 글쎄 자동적으루 깨져서는 다시 잠이 안오네.(할머니 옆에 앉으며)

조모 하던 짓두 명석이지 그래.(손녀 머리 쓸어주며/쭈그리고)잠두 다 안깨서 밥먹구 집 나서는 거 보며 할미 속이 을마나 쓰렸는데 ㅎㅎㅎㅎ

윤희 출근할려다 안할려니까 이상해요.세수를 있잖어요.막 이렇게 하다가(빠른 손짓)생각해 보니까 안나가두 되잖어.도루 천천히/일부러 더 천천히 씻는데 웃음나면서두 이상한 거 있죠.

조모 고생많이 했다.(윤희 손잡아 쓸어주면서)눈이 오나 바람이 부나 출퇴근하느라구 애썼어.

이모 (부엌에서 나오며)김치가 어째 이이상하게 익네에?(대자 멸치 다듬을 것 들고 나오며)

조모 왜.

이모 몰라.(앉으며)어떻게 김치에서 탄까스 냄새두 나는 거 같구 쿠린내같기두 하구 이번 김치 실팬거 같은데?

조모 탄두 안쓰는 데 무슨 탄까스야.

이모   그래 육 년 직장생활 마무리한 소감이 으뗘셔.

윤희   시원섭섭해요.

이모   시원섭섭이 뭔지 알겠지?

윤희   웅

조모   (오버랩의 기분)너 우리 한복 찾어오는 거 잊어버리지 마.

이모   잊을 게 따루 있지 엄마는··잘살 자신 있지?

윤희   ····(보는)

이모   (윤희 좀 치켜뜬 눈으로 보며)시집가 살면서 강가 눔 생각이나
        하구 고개 외루 꼬구 그러는 거 아니지?

윤희   안 그럴 거야 이모···

조모   안 그래야지 그럼.그건 죄야.

윤희   (아무도 안 보며)하늘이 허락한다면···만약 하늘이 허락한다면
        ···죽는 날까지 내가 가진 거/할 수 있는 거 다 바쳐서···좋은 짝이 돼
        줄 거야.

이모   그렇게 맘먹었어?

조모   (이모와 함께)그러엄/그럼그럼그럼.(손녀 등 두드리며)그래야
        지 그럼.그래야구말구.

윤희   그런데··하늘이 허락할지 모르겠어.(아무도 안 보는 채)

이모   하늘이 왜.(윤희 보며)

윤희   (이모 보며)나···나쁜 애거든 이모.

이모   ?뭐?··니가?··오호호호호 니가 어디가 나쁜데.뭐가 나쁜데.엄
        마 애 좀 봐.왜 혜림이 놓치구 금방 시집가서 나뻐?그래 벌 받을 거
        같어서?

윤희   그거 말구두 나 나뻐요 이모.(하며 일어난다)

346

이모　니가 나쁘면 세상에 안 나쁜 사람 하나두 없어.(조모 쿨쩍)니가 나쁘면 누가 좋은 사람이니 엉?(쿨쩍)아 왜 그래요오.

조모　(속살거리는)노서방 빼구는 다 처년줄 알잖어어.그거 때매 걱정돼서 그러는 걸 그걸 어이구우우 으째 이렇게 머리가 나쁜 거야 화사앙.

이모　‥‥그러네 참‥‥(했다가)아 그거야 누가 우리가 속이구 들어가는 거유?노서방한테는 일단 얘기했잖어.

S# 윤희의 방

윤희　‥‥(앉아 있는 위에)

이모　E (속살거리는데도 조금 들린다)그럼 노서방이 알어서 할일이지 우리는 죄없다구우우.

조모　E 조용해라 조용해.쉬이‥그런데 애는 왜 기척이 없어.출근 안해?

이모　E 아이구 이 터분한 기집애.지숙아.지숙아아아아!

윤희　‥‥‥(서랍에서 혜림이 사진 꺼내 내려다보면서)‥‥

S# 혜림 사진 위에

윤희　E 혜림아…엄마는…있지…

윤희　(속 소리)꼭…구멍난 배에 타구 있는 기분이야…배에서 ‥내릴 수두 없어…어떻게 될지 모르겠어…뭐가 될지 모르겠다 ‥그래서 엄마는 이제…될대루 돼라 그래…맘에 안들지?(혜림 얼굴 만지며)이제 니 아빠 안 미워해.그건 괜찮지?‥‥너 안 잊어…걱정마…죽는 날까지 안 잊어‥‥죽으면 찾으께…(사진틀 가슴에 안으며)엄마 찾기 쉬운데 있어 혜림아 응?…알지?…

S# 동우의 아파트 주방

동우　(상의 의자에 걸쳐놓고/넥타이 매면서 중간중간/굽지도 않은 맨 식빵 베어 먹고 주스 마시면서)…

S# 미장원

영주 (머리 맡기고 앉아 있다)….

S# 동네 목욕탕 휴게실

윤희 (목욕하고 나온 참. 슈미즈는 입고 머리 말리고 있는데)

조모 (역시 속옷은 입고 화면 밖에서 들어오며)이거 마셔라.(야쿠르트
뚜껑 딴 것 주며)

윤희 (드라이어 끄고 웃으며 받고)

조모 (자기 것 따면서)아이고 그냥 뼛속까지 다 시워언하다.얼마나
잘했는지 몰라 흐흐흐.

윤희 더 있다 나오지이.기다린다니까.(마신다)

조모 손이 퉁퉁 불때까지 있었는데 뭐.(마시며)누가 밀어주는 거보
다 니가 밀어주는 게 젤 맘에 들어.니 이모는 등가죽 다 벗겨놀라구
들구/지숙이년은 겅중겅중 시늉만 하구/간만에 목욕/하는 거처럼
했다.

윤희 할머니 우리 시원하게 냉면 먹구 들어가까요?

조모 니 이모 너 맛사지 하라 그러던데 맛사지 안가?

윤희 집에서 내가 하지 뭐.귀찮아.할머니 우리 냉면 먹자 냉면 먹구
싶어.응?(에서)

S# 김포 공항

일본서 오는 출구/마중객들 사이에 팔짱 끼고 서서 기다리고 있는

영주 ……

둘셋씩 나오는 손님들 거듭되다가…꽤 한참 만에 수연이 나온다.

영주 (발견하고 출구 끝을 향해 움직인다)

영주/수연 부르려는데

기사 사모님.(하며 밀차로 가는)

수연 아 나오셨어요?

기사 저기 이사님은 외국에서 오신 손님하구 (움직이며)

수연 네 됐어요.알아요.(움직이며)

영주 E 안수연씨.

수연 ?(돌아보고…입 벌린다)‥

영주 (다가오며)기억하시죠 노영주에요.

수연 네 그럼요…그런데 무슨 일루/

영주 (오버랩의 기분)얘기할 게 있어서요.큰 무리가 아니라면 한 삼십 분 만 주세요.

수연 ‥‥(보다가)그러죠.무릴 건 없어요.(두리번거리며)‥어디서 하죠?

영주 일단 여기선 나가죠.

영주 네 그래요‥

수연 저기요 아저씨.

기사 (밀차 잡고 기다리다가)네.

수연 아저씨 먼저 들어가세요.

기사 (오버랩의 기분)아니 저 기다리겠습니다.

수연 아녜요 아저씨.그냥 먼저 들어가세요.저 택시타구 들어감 돼요.

영주 내가 모셔다 드리께요.

수연 (영주 돌아보며 조금 웃는)그래두 좋구요.

영주 여행 즐거우셨어요?

수연 동생이 아파서 엄마 대신 잠깐 보구 오는 거에요‥집 치우구 밥해 주다 오는 거에요.

영주　네에..

S#　공항 근처 어느 카페

S#　멀리서 잡은 앉아 있는 두 사람

S#　두 사람

수연　?.....(영주 보는)영주씨 아직두....안 끝내구 있는 거에요?

영주　아뇨.끝낼 생각 없어요.

수연　(입 삐끔한 채)....(보며)

영주　안 끝낼 거에요.

수연　..그만큼....그럴만큼 강동우를 좋아해요?

영주　.....(보며)

수연　그래요?(신기해서)

영주　(시선 잠깐 피하면서 좀 웃는 듯)그렇든데요?....(잠시 있다가 수연
　　　보며)지난 일이구 흔하지는 않겠지만 있을 수두 있는 일이니까요.
　　　남자와 여자 관계는 서루 좋을 때까지에요.

영주　E 내가 문제 삼을 수 있는 건 동우가 나한테 정직하지 못했다는
　　　거 뿐인데/걜 정직하지 못하게 했던 건 나한테두 일부 책임이 있어
　　　요.처음부터 나/다른 여자 얘기는 물어보지두 않았어요.

영주　비슷한 소문 잠깐 들었을 때두/..물론 무섭게 몰아세웠죠.그
　　　렇지만 진실을 말하게 하는 것보다는 내가 원하는 대답을 하게 만
　　　들었었어요..정직할 수 없게 만든 건 나에요.그리구 그냥 넘어갔
　　　어요.

수연　....(보며)

영주　수연씨가 개입하기 전까지 우리 두 사람 아무 문제 없었어요.

수연　(오버랩의 기분)참 대단한 사람이군요.(찻잔 집으며)놀랐어요

....(한 모금 마시고 내리며)한 사람을 그렇게 참혹하게 배신한/ 그런
비인간적인 남자한테 문제가 되는 게/·· 어떻게 정직 뿐이죠?/

영주 수연씨····사랑은 스스루 하는 거죠. 강요받는 거 아니죠.

수연 ···아니죠.

영주 나는 엄격히 얘기해서 사랑은/ 채권 채무관계는 아니라구 생각
해요.

수연 영주씨한테는 그럼 배신이라는 단어 없겠네요.

영주 ·····(보다가)마음이 변해서 돌아서면 배신인가요?마음 얼마든
지 변해요.싫어졌는데두 좋은척 그냥 유지해야하나요?

수연 사랑은 약속이에요.

영주 마음이 달라지면 지키기 싫어지죠.

수연 좋아요.사랑하다 깨지는 사람들 많아요.그렇지만 서루 어느 정
도의 이해와 납득/합의과정은 있어야죠.걘 그런 과정두 없이 일방
적으루 당했어요.

영주 눈치채는 게 좀 늦었던 거 아닌가요?

수연 ····(보다가 바꾸는)그래서/···결혼할 건가요?

영주 물론이에요.

수연 ·····(망연해서 보는)

영주 그런데 그 여자가 누구죠?그걸 알아야 할 일이 생겨서 만나러
나온 거에요.

수연 ···왜요···

영주 ··혹시 친구한테 못들었어요?우리 집안에 동우 과걸 폭로해서
우리 결혼 깬다구 협박한다든데요.

수연 ····(서늘해서 보는)····

영주 들은 적 있어요?

수연 그 소린 누가 해요.

영주 동우요.

수연 (고개 옆으로 돌리고)······

영주 수연씨.

수연 ···(그대로)

영주 수연씨.

수연 (영주 쪽으로 고개 돌리며(오버랩의 기분))맞아요.강동우 그냥 안 둔다구 했어요.

영주 ·····(보며)

수연 그 결혼 포기해요.

영주 아뇨 그건 안해요.

수연 포기해야해요.

영주 (오버랩의 기분)우리 결혼은 누구두 포기 못시켜요.무슨 일이 있어두(남아 있다)

수연 (오버랩의 기분)내친구/영주씨 오빠하구 결혼하겠다구 나선 서윤희에요.

영주 ?········

수연 ·····(보며)

영주 ?···??누구요?

수연 서윤희요.회장님 비서실에 있던 서윤희요.

영주 ·········(보며/그러나 보는 게 아닌)

수연 ···(보며)

영주 ·····(보며)

S# 동네 근처 냉면집

냉면 놓아지고

윤희 (식초병과 겨자 할머니 쪽으로 밀며)할머니.

조모 (냉면 풀며)너 먼저 너어.

윤희 내가 너 드리께.(식초병 들고 넣으며)··이만큼이면 됐죠?

조모 그래.

윤희 (겨자 넣으려는데)

조모 내가하께 내가하께.(넣으며)나는 겨자 너무 넣는 거 싫더라.

윤희 (웃어 보이고/제 냉면에 식초와 겨자 넣고 사리 풀면서)우리 맛있
게 먹어요 할머니.

조모 오냐 맛있게 먹자.

윤희 이모랑 지숙이 걸리네··

조모 우리끼리 먹었다구 배 아파할까 어디.괜찮어.오늘만 날 아니
야.(냉면 국물 마시는)····(그릇 내리며)됐다.간이 딱 맞어.

윤희 (웃어 보이며 먹기 시작)

조모 이모는··너 보내구 나면 얼굴 구경두 못하는 거 아닌가 걱정이
많어.

윤희 얼굴구경을 왜 못해애.

조모 워낙 차이가 나는 집으루 보내니까

윤희 (오버랩의 기분)걱정할 거 없어어.어머님이 아주 좋으세요.알어
서 배려해 주실 거에요.

조모 오죽이나 좋을까.

윤희 ··면이 맛있네에?

조모 그러네에?(입에 넣으며 웃으며)

윤희　많이 드세요.모자라면 사리하나 더 시키구.

조모　갑자기 무슨 코끼리 밥통 됐냐?그나저나 노서방 전화했을까 겁난다.왜 집에 없나아 할 거 아냐.

윤희　뭐가 겁나.목욕갔다 할머니랑 냉면 먹는데?

S# 회장실

회장　거 각 본부별루 이루어지구 있는 사업에 기획실이 너무 콩놔라 팥놔라 시시콜콜 간섭하는 인상 주지 말구 챙겨야 하는 줄기만 체크하구 튕기구 그래.

영국　예 회장님.

회장　간섭이 지나치면 일할 의욕들두 떨어지구/창의력들두 녹슬어.그렇게 쭈욱 가면 어떻게 되는 지 알어?기획실에서 알어서 하겠지.기획실에서 리젝트 당할 텐데 뭐‥그런 식이 돼버린단 말야.그렇게 쭈욱 가면 어떻게 되는지 아냐?

영국　하하,너무 심려마십시오 회장님.알어서 잘 하겠습니다.

회장　들은 소리가 있어서 그래.기획실장 너무 빡빡하단다.

영국　제가요?저같이 느슨한 사람을요?

회장　아첨이겠지.그리구 무엇보다두 명심할 거/너 치켜세우면서 너 듣기 좋은 소리 니 면전에서 대놓구 하는 눔은/무조건 경계해.그런 인성을 믿을 게 못돼.그 입으루 뒤에가서 무슨 모살 꾸밀지두 모르구 특히/그런 사람이 누구 다른 임원에 대해서 평하는 건 귀담아듣지 마.아니 그보다두 그런 인물은 가까이 두지를 마.쓸모없어.

영국　알겠습니다.명심하겠습니다.

S# 카페

영주   ……(고개 창 쪽으로 돌린 채)

수연   ……

영주   ……

수연   …(조심스럽게)영주씨.

영주   어떻게 …그렇게 됐죠?

수연   윤희/졸업하면서 일진 상선에 취직해 다녔어요.강동우 제대해
서 입사시험 쳐 그 회사 들어간 거구요.

영주   ……

수연   다시 한번 말하지만 영주씨 등장하기 전엔 아무 문제 없었어
요.금년에는 결혼하는 걸루 알구 있었어요.

영주   (오버랩의 기분/핸드백 챙기면서)알았어요.이제 그만하죠.(하고
빠르게 나간다)

수연   (잠시 보다가 핸드백 집어 든다)

S# 카페 밖

영주   (빠른 걸음으로 나온다/현관 수위에게)키 주세요.차 어디있죠?

수위   아 예,저어쪽 저기.(영주 시선 가리키는 쪽 따르고/키 받아들고 빠
르게 움직이며)감사합니다.

S# 주차장 쪽 길

수연   (뛰듯이 쫓아나와 영주 잡으며)영주씨.

영주   ….(안 보는 채 팔 빼려 하는)

수연   (좀 흥분해서)네사람이 얽혀서 따루따루 결혼을 하든 말든 어
느 쪽이든 나하구는 아무 상관 없어요.그런데 내가 그걸 밝히는
건/생각해봐요 그런 일은 있어서는 안되는 거 아녜요?

영주   알았어요 수연씨.

수연 (오버랩의 기분)충격 줘서 미안해요.지난 번에 여기까지 안했
던 건 그 정도루두 정리될줄 알았기 때문이에요.

영주 알았다구요 됐다구요.(좀 모질게 뿌리치고 자동차 있는 곳으로 빠
르게)

수연 ……(보며)

S# 자동차 있는 곳

영주 (영주 와서 키를 꽂는데 너무 떨려서 꽂아지지가 않는다)……(꽂으
려 꽂으려 노력하다가 포기하고 자동차 위에 팔 올리고 얼굴 묻는)……
……(한참 만에 몸 떼고 호흡 길게 내쉬고 가다듬어 키 꽂아 열고 오른다)

S# 자동차 안

영주 (오르면서 시트에 상체 던지면서 눈 꽉 감고)………

유리 밖에서 다가오는 수연.

수연 ……(유리 두드리는)

영주 ?………

수연 …(유리 밖에서)영주씨….영주씨…

영주 (몸 떼고 유리 내린다)……

수연 괜찮으세요?…내가 운전해 줄까요?

영주 아뇨…됐어요…괜찮아요…고맙습니다.(하며 유리 올리고 도로
눈 감고 기댄다)……

S# 차 밖

수연 ……(보며)

영주 (천천히 몸 일으키며 유리 다시 내린다)

수연 (무슨 할 말 있는가 싶어 몸 숙이고 보는)

영주 (앞 보는 채)모셔다 주지 못해 미안해요…(시동 걸며)이해해 주

세요.

수연 (오버랩의 기분)저기 그보다두 내가 운전하는 게 좋겠어요 영
주씨.내가 할께요.(하며 문 여는데)

영주 (돌아보며)고마워요.그런데 괜찮아요.(하고 열린 문 도로 닫고/
거칠게 부웅 출발)…

수연 …(보며)
가고 있는 영주의 차.

수연 (심란해서 보는)….(돌아서 도로 카페로 들어간다)

S# 카페

수연 (들어와 공중전화로 가며 동전 지갑 꺼낸다)…(다이얼 찍는)…
F 신호가는

인주 F 네에 기획실입니다.

수연 ?..(목소리가 달라서)저기 서윤희 대리 없나요?

S# 기획실 비서실

인주 아 서대리 언니(영국 들어오자 얼른 일어나면서)어제 날짜루 퇴
직하구 안나오시는데요.댁으루 걸어보세요..(퇴직요?)네 내일 약혼
하시거든요.

영국 누구요(오버랩의 기분)

S# 카페

수연 ???..약혼요?…누구 ..노영국씨하군가요?…(입 벌리고 그냥 끊어
버린다)….(멍해서)

S# 기획실

인주 (인주 끊으며 갸웃)

영국 누구라구 해요.

인주　친군가봐요 상무님.상무님하구 결혼하는 것두 알구 있었습니다.

영국　으음‥(하며 자기 방으로)

S# 카페

수연　(전화 들고 있다)

S# 윤희네 마루

　E 윤희 방에서 울리는 전화벨‥

S# 카페

수연　‥‥‥(전화 끊는다)‥‥

S# 김포 가도를 무섭게 질주하는 영주의 차

S# 차 안의 영주. 얼굴 있는 대로 우그러져서‥‥

S# 같은 김포 가도/훨씬 진행된 곳 갓길로 들어와 깜박이 켜고 멈추는 영주의 차

영주　E 아아아아아아아아악‥‥

S# 차 안

영주　아아아아아아아아악‥‥‥아아아아아아아아아아아아악‥

S# 동우의 사무실

동우　(침울한 채)지난번 비수기 화물집하 전략건 다 됐어?

사원　예 마무리중인데 신통치가 않아요.

동우　그러지 말구 짱구 좀 돌려봐.밤낮 신통찮다 소리만 하는 사람 자기 짱구 신통찮다 소리야 결국은.(에서)

S# 영주의 차 안

영주　E (시트에 머리 대고 천장을 향해)아아아아아아아아아아악‥‥

S# 영주의 차 위에

영주 E 아아아아아아아아악….

S# 영주의 시각에서 흐르는 늦은 오후의 강물

S# 유람선 카페

영주 …..(강물 보면서 앉아)…..(테이블에 두 팔 올려놓고 하염없이)….

웨이터 (와서)리필 해드리까요?

영주 ……

웨이터 …(보다가 그냥 움직이려 하는데)

영주 예?..아 예..감사합니다.(하며 팔 내리고 기대며 시선 다시 강으로)

웨이터 (커피 잔 채워주고 아웃)

영주 (시선은 강물로 준 채 손만 뻗어 핸드백에서 콤팩트 꺼내 펴고 제 얼굴 보는데)…(뚜르르르르 구르는 눈물)……(콤팩트 보며)……(한참 동안 그대로 있다가 손끝으로 눈물 닦아내며 손수건 꺼내 눈물 찍어내고 …이윽고 무표정한 얼굴로 화장 고치기 시작한다….그러나 다시 고여 떨어지는 눈물….눈 깍 감으며 얼굴 강물로 돌린다)…..

S# 동우 사무실

동우 …..(전화기 보고 있다)……(수화기 들어 버튼 두 개 찍다가 멈췄다가 도로 놓고 일어나 나간다)

S# 흡연실

동우 (흡연실로 들어오며 담배 피워 무는)…..(의자에 앉아 담배 태우면서)….

S# 유람선 카페··

영주 ….(커피 잔 테두리에 묻은 립스틱 손가락 끝으로 닦아내는 것처럼)
….

S# 윤희의 방

윤희 (콜드크림 듬뿍 얼굴에 찍는데)

  E 전화벨

윤희 (받는다)네 여보세요.

수연 F 들어왔니?

윤희 어 수연아.너 왔니?일본갔다면서.

수연 F 전화했었어?

윤희 응.언제 왔어?(에서)

S# 동네 카페 앞 길

윤희 (부지런히 와서 카페로)

S# 동네 카페

윤희 (들어와 수연 찾아 그 자리로 가 앉으며)일은 잘보구 왔니?동생
  은 괜찮아졌어?

수연 ··너 약혼한다면서.

윤희 ·····응···해···

수연 너 정말 왜 이러는 거니.

윤희 수연아.

수연 (오버랩의 기분)나 노영주 만났다.만나서

윤희 알아.(오버랩의 기분)

수연 노영주 너한테 왔대?

윤희 아니 혜림아빠한테 들었어.혜림 아빠가/자기/자식까지 있었
  단 사람이라구 얘기했다나봐.그랬더니 너 만나서 벌써 알구 있더
  라구.

수연 아까 몇시간 전에 또 만났어.

윤희 ?

수연 E 집에 들어갔다 다시 나온 거야.너 약혼두 결혼두 이제 잊어

버려.

수연 다 해결봤어.(엽차 집어 든다)

윤희 해··결?

수연 (마시고 내리며)강동우…니가 복수한다구 협박한다 그랬다더

라.그런데두 노영주 끝낼생각은 없구/너하구 해결볼 생각으루 공

항까지 나왔더라.니가 누군지 알려구.그래서 말했어. 아무것두 안

남겼어.

윤희 ?……(아주 많이 놀라서/)……(눈동자가 흔들리면서 맥 떨어지는)…

수연 할짓 아니더라.그 여자 맘에 들어.순수해……결혼 못할 거야.강

동우 망했어.됐지?너한테 칭찬받을려구 한 거 아냐.

윤희 나한테 물어보지두 않구 너 왜 그랬어.(좀 화내듯)

수연 ?….애.

윤희 (오버랩의 기분)나 이제 혜림아빠에 대한 미움··없어졌어.그냥

가만 있지…가만있지 수연아.

수연 ….(보며)

윤희 나…혜림아빠와 아무 상관없이 결혼할 수 있었어.그쪽이 너무

나 나/ 원하구 나두…좋아지기 시작하는 참이야. 결혼해서 그 사람

행복하게 해주구 나두…행복해지구 싶었어.

수연 강동우는 노영주하구 하구?그럴 참이었단 말야?

윤희 자기가 정리할려구 노력하는 눈치였단 말야…

수연 …(입 삐끔해서)…그럼 뭐니.내가 너 초쳤단 거야?너는 결혼하

구 강동우가 정리하기루 돼 있는데 내가 망가뜨렸다는 거야?··넌

그 결혼이 하구 싶었구?

윤희 (안 보는 채)마음은 ‥변할 수두 있구 옮겨갈 수두 있더라 …남의 일인줄 알었어.

수연 ….(보며)

윤희 영주씨는 어떡하구…(두 손으로 얼굴 가리며)노상무 어떡해‥회장님‥/어머님…어떡해애…

수연 (기가 깍 막혀서 보는)….너는/…(버럭)그런 거 같으면 진작 얘기했으면 좋았잖아.

윤희 (손수건 꺼내며 화난 듯)난 너 영주씨 만난 것두 몰랐어.나중에 알구 찾았더니 일본가구 없더라.그렇게 나쁜 맘 먹었었는데 잘되기 바라는 게 말 안되는 거지 뭐.괜찮아 수연아.혜림이두 죽였는데/애두 죽였는데 끔찍해봤자겠지.겪어야지 뭐.겪을께…..차라리 죽는 걸루 끝났음 좋겠다.노상무 어떡하지이?

S# 기획실

영국 (상의 입다가 문소리에 돌아본다)…?…

영주 (들어서 있다/웃으며)오빠.

영국 너 웬일야 엉?

영주 사무실에 앉아있는 오빠 한번 보구 싶어서.

영국 사무실이라…야 나 사무실에 처음 앉아 있는 거 아냐.입사해서 말단으루 어정거릴 때두 사무실 근무 했었구 엘에이에서두 내 사무실 있었다? 많이 앉아 있지는 않았지만.

영주 근본적으루 다르지이.대충 건들거리구 다닐 때하구 본격적인 경영수업 받는 거하군 안그래?

영국 짜식 건들이라니/(쥐어박으며)버릇없어 너어.

영주 밥 안 사줄래?

영국　밥?

영주　응.

영국　실은 윤희씨 잠깐 보구 들어갈려구 했는데 좋지.그럼 우리 서 대리하구 강서방 모아서

영주　(오버랩의 기분)아니,그 사람들 빼구 우리 둘만 하자.(오빠 팔 끼며)

영국　....(보다가)그래?

영주　응.

영국　왜지?

영주　오빠하구만 하구 싶어.그 사람들 성이 다르잖아.오늘은 같은 성 끼리 하자구.

영국　좋아.어려울 거 없다.(문으로 가며)뭐 먹구 싶은데.

영주　글쎄? 오빠 뭐 좋아하지?

S# 기획실 비서실

영국　(나오며)나야 원래.잡식 아니냐.순대국두 오케이 돼지갈비두 오케이/

영주　무드 없게 무슨 순대국 돼지갈비야.

영국　나랑 무드 잡을 일 있어?아 배부장.퇴근해요.

배　예.(목례하고)

인주　내일 뵙겠습니다 상무님.안녕히 가십시오.

영주　네에.

영국　(문 열다가)이거봐요.내일은 나 못봐요.내일 무슨 날인지 까먹었어?

인주　어머나.(영주/여기서 먼저 나가고)

영국　못쓰겠는데에?

배 원래 좀 떨빵합니다.

영국 모레 봅시다.(손 들어 보이고 나가고)

둘 축하드립니다.

영국 E 땡큐.

인주 떨빵요 부장님?

배 (책상 치우며)낼은 잠깐 개인 볼일 좀 봐야겠어요.장인 어른 생
신이시거든.부탁해요.

인주 (제 책상 치우며)네에··제가 카버할께요.

S# 윤희의 방

윤희 ……(쾡하니 앉아서….)

S# 어느 레스토랑

영주를 마치 연인 에스코트하듯 들어오는 영국. 웨이터 장의 정중한 인
사 받으면서 자리로 안내되고··앉고/

영국 (앉으며)우선 와인 좀 주세요.너 좋아하는 거 뭐야.

영주 하우스 와인으루 주세요.

웨이터 장 예 알겠습니다.

영국 왜 얼굴이 뭐 보이냐.

영주 나?

영국 엉.

영주 …(좀 생각하는 척 하다가)글쎄?··늙어서 군살 붙나?

영국 자식 늙기는 하하.

영주 ….(오빠 보며 웃는데)….

F.O

제22회

S# **21회 연결/카페(저녁 7시경)**

　　식사 중인 남매.

영주　..(로브스터 살 자르며 문득 안 보는 채)집에 왜 도통 안와?

영국　?..(먹다가 잠깐 보고)뭐 얼마나 됐다구.

영주　너무 그러지 마..집에 와서두 좀 자구 그래.엄마 안됐잖어.

영국　느이들이 잘해드려.

영주　오빠랑 우리하구 같아?

영국　그 양반은 나 싫어하셔.

영주　엄마를 그양반이니 이여사니 그러는 거 잘하는 거야?

영국　흠흠 잘못하는 거지.

영주　알면서 왜 그래.

영국　나두 모르겠다.

영주　....(보며)

영국　(와인 병 들며)받어.

영주　엉.(글라스 내민다)

영국 (따라주면서)부모 자식이라면…서루 궁금하구 그리운 게 있어야 하는데 말야..구기동엔 그런 게 별루 없어.

영주 (오빠 보고)…

영국 (제 잔에 따르면서)성북동 어머니한테는 그게 있어…그 차이야. 마시자.(잔 내밀며)

영주 (잔 부딪히며)그래두 신경 좀 써.엄마두이제 늙구..아빠두 안계 시잖아.

영국 그러는 너나 잘해.(하고 마신다)

영주 ….(마시는 오빠 보다가 잔 내리는데)오빠 서대리 얼마나 대단하 게 생각해?

영국 ?….(보다가)뭐야.대단한 여자 아니라는 말 하려거든 입 다물어. 다른 사람이 보는 그 여자/나 관심없다.

영주 ……(보며)

영국 무슨 얘길 하구 싶은 거야 너.

영주 (외인잔 입으로 가져가며 시선 내리고)어떤 여자야?(표 나게 무겁 지 않도록)

영국 어떤 의미루.

영주 아니이…(한 모금 마시고 내리며 보는)오빠한테 결혼할 작정을 하 게 한 여자니까 말야.얼마나 대단한가싶어서.

영국 조금두 대단할 거 없는 여자야.

영주 ?..그런데 결혼해?

영국 음…단…나한테 평온과 자신감을 줘.

영주 ….(보다가)그건 대단한건데?

영국 흠흠,그런 면으루 대단하지.

영주　(오버랩의 기분)만약‥서대리가 오빠 옆에서 없어진다면?

영국　(오버랩의 기분)그건 안돼.

영주　…(보는 위에)

영국　E 그건 절대루 안돼……(영주 영국 보는)

영국　……(보는)

영주　…그래?(와인 잔 들며)

영국　E (오버랩의 기분)너 혹시 어디선가 무슨 얘기 들은 거 있는 모양인데(영주 시선 영국에게)

영국　(연결)그 여자/‥남자 있었어.알구 있어.

영주　..? 알아?

영국　아이두 낳았던 사람야.아인 얼마전에 하늘에서 데려갔단다…(직시하며)혹시 그거 알려주러 온 거 아니니?

영주　…(좀 보다가)아냐 난 첨 듣는 얘기야.

영국　?‥그래?(웃으며)이래서 도둑이 제발 저리다구 했나부다.흠흠‥괜히 자백 했잖아.너/ 민구 얘기한 거야.안들은 걸루 해.(가볍게)

영주　(오버랩의 기분)그런 얘기/그 여자가 직접 했어?

영국　물론/그 여자는 정직해.(하며 먹는)

영주　…‥(보다가)그 남자 누구래?

영국　몰라.내가 알바 아니야.궁금하지두 않아.

영주　(오버랩의 기분)서대리가 오빠한테 얼마큼의 의미야?그런 것 두 다 아무 상관없을 만큼의 의미야?

영국　(가볍게)야 너는 그런 유치한 질문이 어딨어.질문이 유치하면 대답두 유치할 수 밖에 없다 너.

영주　유치하게 대답해봐 한번.

영국 너두 알다시피 내가 여자한테 이러구저러구 트집잡을 주제가 되니? 재수 없었으면 나/다 각각 에미 다른 애놈들 여기저기서 크구 있을 수두 있는 눔야. 그건 참 하늘이 도왔지 흠흠.

영주 얼만큼의 의미야?

영국 하늘 땅땅만큼.(먹으며)

영주 ....(보며)

영국 (보며 문득)왜..니 맘에 안들어? 어른들 모두 다 좋아하시는데 넌 왜 그러는 거야.

영주 오빠 입으루 꼭 듣구싶어 그래. 어떤 의미야?

영국 (가볍게 쥐어박듯 하는 말투로)그 여자는 내 운명이다.

영주 .....(보며 서늘해지는)

영국 정말 유치하게 만드네 짜식. 됐냐?

영주 됐어.(쓰게 웃으며)

영국 니 맘에 안드는 점 있어두 이해하구 아껴줘. 불쌍하게 자란 사람야. 니가 내 사람한테 잘해야 나두 강서방한테 잘해. 알아?

영주 ..알아.

영국 옛날의 내가 아니야. 나 힘있어졌다/깔보지 마. 나한테 잘보여야해 너.(물론 농담입니다)

영주 (조금 웃어 보이고)그런데 서대리두 오빠…사랑해?

영국 .....(잠깐 생각하다가/무거워지지 말고)그 질문에는 좀 자신이 없는데?

영주 왜애?

영국 사랑하진 않는단다. 사랑 안하는데 결혼할 수 없다 그러면서 그만두자 그러드라.

368

영주 ?..그런데?

영국 (부지런히 먹으며)내가 사랑하니까 상관없다 그랬지.사랑하게 만들테니까 그점은 걱정말구 나한테 맡기라구.

영주 그럼 오빠 오빨 사랑하지두 않는 여자랑 결혼한다는 거야?

영국 사랑하게 만든다니까.

영주 끝까지 사랑할 수 없으면?

영국 너 지금 악담하는 거야?

영주 오빠 안됐어서 그래.사랑하지두 않으면서 왜 결혼은 한다 그랬었대?

영국 ……(잠시 진지한 눈빛으로 보다가)자기 물먹인 놈한테 뵈줄려구.

영주 …그건 오빠 이용당하는 거잖아.그래두 좋아?

영국 (끄덕이며)나 이용하라 그랬어.(가볍게)내 운명인 여자가/나쁜 놈한테 물먹구 분풀이하는데 내가 뭘루는 못도와 주겠니.도와준다 그랬어.

영주 말 안된다 참.

영국 (싱긋 웃으며)내가 언제 말되는 거 봤니?(하고 또 먹는)····

영주 ·····(보며)

영국 (문득 보며)너 왜 그렇게 안 먹어.맛 없어?

영주 아냐…(웃으며)이제부터 먹을께…(포크 집어 들며 먹고 있는 오빠 보며)…

S# 윤희네 마루··

조모 (주방에서 나오며)어떡하까 얘(윤희 방 향해서)우리 먼저 먹으까 이모 들어올 때 기다리까.

S# 윤희의 방

윤희 ·····(혼자 옆으로 꼬부리고 누워서)···

조모 (문 열며)···자니?

윤희 (일어나며)아네요.

조모 이모 들어오는 거 기다리까 우리 먼저 먹으까.

윤희 기다리지 뭐(돌아보며)

조모 여덟시나 돼야 들어올 거 같다던데 그때까지 괜찮어?

윤희 괜찮어요.배 안고파··

조모 그래 그럼··(문 닫으며)기다리자.

조모 E (윤희 방에서 멀어지며)기다렸다가 같이 먹자.

윤희 ···(문 쪽으로 돌려졌던 고개 되돌려지며)·····(한참 그대로 있는데)

     E 전화벨

윤희 ····(두려운 얼굴로 전화 돌아보는)····

     E 계속 울리는 전화벨···

조모 E 전화 안받니?(밖에서)

윤희 ···(전화 받는다)네에··

수연 F 얘 나야.

윤희 ····

수연 F 어떻게 됐어····

S# 수연의 빌라

수연 (에이프런 입고 숟가락 하나 든 채 서서)끝났니?

윤희 F 아직···아직은 아무일 없어.

수연 아직 안 뒤집어졌어?

윤희 F 아직.

수연 F ?···이상한 사람이다····이번에두 그냥 먹어버리구 말래나?···

370

(소파에 앉으며)얘 어쩌면 걔 이번에두 저혼자 그냥 먹어버리는 거 아니니?···있었던 일은 과거구 따지구 보면 모두 남남인데 무슨 상관이냐/ 그러는 거 아냐?

윤희 F 모르지이···

수연 너 그래··어떡하구 있는 거야.

윤희 F 그냥···

S# 윤희의 방

윤희 사형수 교수대루·····끌려나갈 시간 기다리구 있는 꼴야···무 책임한 소리지만 수연아···나···땅으루 꺼져버리든지 하늘루 흩어져버리든지··그렇게 사라질수 있었음 좋겠어··무슨 짓을 한건지 모르겠어···나 참 바보야 수연아···끊으께··(끊는데 곧 잇달아 울리는 전화벨)·····(두려움으로 전화기 보다가 떨리는 손으로 받는다)·····

영주 F 여보세요?

윤희 (쿠웅)···

영주 F 여보세요.서윤희씨 집 아닌가요?

윤희 ···네··나에요 영주씨.

S# 골목길(오후 8시경)을 나오고 있는 윤희·········

S# 달리는 택시 안의 윤희····

S# 어느 호텔 계단을 오르고 있는 윤희·····

S# 커피숍으로 들어서는 윤희···

S# 커피숍··

영주 (창밖 보면서 앉아 있다)·····

윤희 (다가와서 보는)····

영주 ?····(올려다보는)····

윤희   ·····(조용히 보는)

영주   ···(시선 피하며)앉으세요··

윤희   ·····(시선 피하고 ···앉는다)···

영주   ·····(시선 들어보는)···

윤희   (시선 내린 채)

영주   (찻잔 들면서/시선 찻잔으로)전화느낌으루/··내가 왜 보자구 하
        는지 아는 것 같던데요.안수연씨 연락 받았죠?

윤희   ····(시선 내린 채 끄덕인다)··

영주   (한 모금 마시고 내리며 보며)강동우 상대가 나라는 거 알면서 왜
        가만 있었어요.

윤희   (보며)그때는···나설 수가 없었어요.

영주   ?(왜)

윤희   (시선 내리며)··나한테 문제가 된건·····영주씨가 아니었어요··

영주   (보며)그건 이상한 얘기에요.동우가 문제가 되면 당연히 나두
        문제가 됐어야죠.

윤희   그대루 조용히··끝낼려구 했었어요.놓아주려구요.

영주   어쨌거나 우리 오빠 제물이라면서요?

윤희   (보며)·····

영주   오빨 그렇게 희생시킬수는 없는데요···

윤희   나는

영주   (오버랩의 기분 연결)내가 강동우를 끊어내면 서대리는 어떡할
        거에요.처음부터 다시 시작하나요?강동우가 선택하는 다른 여자
        오빠나 동생/또 잡아야하는 거에요?

윤희   ·····(보며)

372

영주 그럴 작정이에요?

윤희 ……(시선 내리는)

영주 그럼 오빠는 어떻게 되구 숙부님/성북동 어른 어떻게 되죠? 모두 서대리를 구원의 천산줄 알구 계신데요.

윤희 할말 없습니다.

영주 자신이 무슨 일을 저질러 놨는지 알아요?

윤희 …알아요.

영주 촌스럽구 유치하구 이기적이구/……악마적인 발상이었어요. 인정해요?

윤희 (끄덕인다)

영주 강동우하구 나/그리구 오빠는 서대리가 잡아버리게 생겼는데/…세 사람을 망쳐버린 서대리는 누가 해결봐 줄까요.

윤희 (오버랩의 기분 보며)영주씨한테는 감정 없었어요. 정말…미안해요.

영주 (오버랩의 기분)엄청난 일 꾸민 사람 입에서/참 시시한 말이 나오는군요. 그럼 오빠한테는 무슨 감정 있었죠? 우리 집안에 무슨 감정이 있었죠?

윤희 잘못…됐다는 거…어리석었다는 거 이제 알아요.

영주 이제 알아서 …할 일이 뭐에요.

윤희 ….(순하게 보며/자책과 연민과 후회)

영주 연극 끝났다 막 내리구 배우는 퇴장하구 관객은 집으루 돌아 가십시오 그럼 깨끗한 거에요?

윤희 (시선 내리며)상무님한테는··아직 말 안했··죠··

영주 ……안했어요.

윤희　..(눈물 뚜르르 떨어지며 외면)고마워요.내가 말해야해요.

영주　무슨 말을요.

윤희　내가 하께요.

영주　(오버랩의 기분/딱 부러지게)입다물어요.

윤희　?(본다)

영주　무덤까지 갖구 가요.강동우 잡았으면 됐어요.오빠는 살려둬요.

윤희　?...(본다)

영주　내 꽃밭 망가졌다구 오빠 꽃밭까지 망가뜨릴 생각 없어요.눈
치비슷한 것두 보이지 말아요.오빨 얼마나 형편없이 알든 어쨌든/
..일단 내일 약혼식 제대루 치르구 그리구 결혼두 해요.그게 서대
리가 할 일이에요.

윤희　(무슨 말인가 하려는데)

영주　오빠하구 ..깨기만 해요.서대리가 강동우 잡기 위해 전부를 걸
었던 것처럼/ 서대리 잡기 위해 내가/ 평생을 걸구라두 인사불성으
루 뛰겠어요.

윤희　....(보며)

영주　서대리 쓸모없는 복수심에 우리 집 식구들 몽땅 다 천치바보
가 돼 놀아난 거/...용서할 수 없어요.그렇지만 결혼은 해요.꼭/반
드시 해야 해요.왜냐하면 그게...지금으로서는 서대리를 벌주는 유
일한 길이니까요.사랑하지 않는 남자와 결혼해 사는 고통/남잘 속
이구 사는 여자의 가책/겪으세요.그러면서 평생 살아요.

윤희　.....(보며)

영주　대답해요.오빠를 어떡할 거예요.

윤희　.....

영주 어떡할 거에요…다시 물어야 해요? 오빠 어떡할 거에요.

윤희 상무님을 …사랑해요…

영주 ?….사랑…한다구요? (믿기지 않아서)

윤희 사랑하기…시작했어요.정말이에요.할수 있다면…해두 된다면 …결혼하겠어요.

영주 ……(보다가 허탈해져서 고개 옆으로 돌리며)그럼 뭔가요··강동우 만 보기 좋게 나가떨어져야 하는 건가요? (하고 고개 돌려 보며)…

윤희 ….(보며)…

영주 ….(보며)….

윤희 (시선 내리며)…미안해요…어떤 말루두…이해를 구할수두··변명 할 수 없어요…

영주 ……

윤희 ……

영주 ……(보며)

S# 호텔 현관 앞

영주 (앞서 나와 주차장 쪽으로 가는)……

윤희 (몇 걸음 늦게 나와서 영주 가는 것 보며)………

S# 호텔 주차장

영주 (제 차를 향해서 걸어오는)…..(착잡하고 허탈한)……

S# 자동차 있는 곳

영주 (와서 자동차로 오른다)

S# 자동차 안

영주 (올라서….망연히 앞 보면서)……

　　E 핸드폰 울리는…

영주   ⋯⋯(맥없이 받는다)네에⋯

영국   F 야 너 윤희 불러냈냐?

영주   ⋯엉⋯왜?

S# 성북동 거실

영국   아니 전화받구 나갔다 그래서.너 전화한다 그러드니 아예 불러내서 축하해주는 거야?⋯흠흠 그래 신경써줘 고맙다.그 사람 좀 바꿔라.

S# 영주의 차(주차장)

영주   지금 금방 헤졌는데?⋯응⋯헤졌어⋯택시탔을 걸?⋯어 미안해. 데려다준다 그럴 걸 그랬지?그 생각은 못했네⋯(말은 표 안 나게 하면서 얼굴은 우그러지며)

S# 달리는 택시 안

윤희   ⋯⋯⋯

S# 주차장 벗어나고 있는 영주의 차⋯

S# 운전하는 영주⋯

S# 택시 안의 윤희⋯(펑펑 울고 있다)

S# 운전하는 영주⋯⋯

S# 택시 안의 윤희⋯(손수건으로 코 풀며 우는)⋯

S# 슈퍼 앞에서 택시 내리는 윤희⋯

S# 아파트에 파킹하는 중인 영주의 차⋯

S# 골목길 걷고 있는 윤희⋯(집으로)

S# 아파트 승강기 안의 영주⋯⋯

S# 동우 아파트 현관 앞

영주   (키 꽂아 돌리고 문 연다/침착하고 오히려 무표정)⋯

376

S# 동우의 아파트 주방··

동우   ····(혼자 저녁 먹은 빈 그릇 씻고 있다가 현관 기척에)?··(나가는)

S# 거실

동우   (주방에서 나오다가 들어서고 있는 영주 본다)···

영주   ····(보며)

동우   ···(주방으로)····

영주   ····(잠시 동우 사라진 쪽 보고 있다가 주방으로)

S# 주방

동우   ···(설거지 계속하고 있는)

영주   너 서윤희한테 왜 그랬니.

동우   ····(움직이던 손 탁 멎어 있는)···

영주   너 나쁜 자식이잖아. 왜 그랬어.

동우   (돌아서는/안 보는 채)

영주   숙부님 비서실에 니 여자 두구 어떻게 나하구 얼킬수가 있니.
       그 여자 앉아있는 비서실 통해 숙부님 방 드나들면서 느이들 두 사
       람 같이 /어떻게 그럴 수가 있었니 응?

동우   ···(대꾸 없이 그냥 영주 앞 통과해 거실로 나가려는)

영주   (입 꽉 다물고 느닷없이 동우 마구잡이로 두들겨 패기 시작한다)

동우   (그냥 맞으면서 거실로)

S# 거실

영주   (핸드백으로/발로/손으로 마구 두들겨 패면서)나쁜 자식/흉칙한
       자식/··드러운 놈··치사한 자식··비열한 자식/교활한 자식/악랄한
       놈/잔인한 놈/거지같은 자식/(동우 두들겨 맞으면서 영주에게로 돌
       아선다)

영주 (돌아서는 동우 얼굴에 주먹 날리면서)이 악질!사깃군아아아아 아!…(하고 무릎 꺾이며 무너지려)

동우 (잡아 일으켜 품어 안는다)

영주 (버둥질 치면서 벗어나려)놔.이거 놔 이자식아.건드리지 마/내 몸에 손대지 마 이자식아.놔/노라구/노란 말야아!(동우 뒤통수고 어 디고 마구 갈기면서)….

동우 (그러거나 말거나 꼬옥 품어 안고)…

영주 (소리내어 울음 터뜨린다)어..엉엉엉엉엉엉.....어어엉엉엉엉엉…

동우 ….(눈 질끈 감고).....

S# 윤희의 방…

윤희 (전화받고 있는/무릎 꿇고 앉아서)그냥…(눈동자가 조금 뜨면서) 차 마시면서 얘기했어요.

영국 F 글쎄 무슨 얘기.무슨 얘기했냐구 묻잖아요.

윤희 이런 얘기…저런 얘기요.

S# 영국의 방

영국 (클래식 틀어놓고 책 뒤적이며)나 원 이렇게 막연할 수가.이런 얘 기는 뭐구 저런 얘기는 뭐냐 말요…나한테 말못할 화제였소?

윤희 F 아녜요 그런 거 없었어요.

영국 그런데 왜 얼버무려.이런 얘기 저런 얘기라니.

윤희 F 사랑해서 하는 결혼이냐구요…

영국 (다소 긴장하며/그렇지/뭔가 있었겠지)‥그래서 뭐라 그랬소.

윤희 F ….

영국 음?

윤희 F 사랑하기 시작한다구요‥

영국　?‥‥뭐라구?

S# 윤희의 방

윤희　사랑하기 시작하구 있다구 말했어요‥

영국　F ‥‥진심이요 아니면 영주한테 인삿말루 한 소리요‥‥

윤희　상무님‥‥(눈물 고이면서)‥

영국　F 진심이요 인삿말이요‥

윤희　하늘이 허락한다면 상무님‥신발이라두 되겠어요‥‥

S# 영국의 방

영국　?‥‥뭐라구?‥‥뭐가 돼요?‥‥‥뭐가 된다구?

윤희　F 신발요‥‥발에‥‥아주 편한 신발요‥‥하늘이 허락하면요.

영국　‥‥‥‥(벅차다가)‥‥‥하하하하/너무 황송해서 돌아버리겠군 이거.

윤희　F 정말이에요.

영국　(오버랩의 기분)이거봐요.신발은 구두방에서 얼마든지 만들어
　　줘요.웬 신발야 신발이.

S# 윤희의 방

영국　F 당신은 내 아내/내 안사람야.내 아이들의 엄마가 될 사람이구.

윤희　‥‥‥‥(줄줄줄 흐르는 눈물)

영국　F 그리구 찾아헤맸던 내 반쪽‥‥내 ‥사람‥‥

윤희　‥‥‥‥

영국　F 아 어머니가 부르시니까 나중에 다시 얘기합시다.

윤희　네에‥

영국　F 고맙소‥‥끊어요.

윤희　끊으세요‥

　　F 전화 끊기는‥‥

윤희   ······(전화 놓으며)····(복받치는 울음)····

S# 노모의 방

영국   (들어오면서)아주머니가 늦으시네요.

한   (목욕한 노모에게 하의 입혀놓고 이불로 하체 덮으며)내일 새벽에
나 올거야··

영국   ?··그래요?

한   아들보러 가는데···하룻밤 자구 오랬다.할머니 좀 일으켜드려라.

영국   네.(노모 일으켜 앉힌다)할머니··잠옷 입으시자구요··

노모   ····

한   (잠옷 아들과 함께 입히는)···

영국   (거들다가 문득)흠흠··저기요 어머니.

한   ···?

영국   윤희가 저를 사랑하기 시작했대요.

한   그건 무슨 소리야···사랑하지두 않으면서 결혼하기루 했었다
는 말야?

영국   싫어하다가 싫어하지는 않게 됐다가···흠흠 조금은 좋아하는
것두 같더니··이제 드디어 사랑하기 시작했대요.

한   지가 그래?

영국   본인이요··

한   원 무슨 얘긴지···

영국   (오버랩의 기분)그리구요,제 신발이 돼주겠대요.

한   ?····뭐가 돼?

영국   신발요.제가 신구다니는 신발요.

한   그 신발 너무 커서 어디 신겠니.

영국 하하하하하

노모 (오버랩의 기분)너 내 비단신 어쨌어.

한 예 잘 간수해 뒀습니다.

노모 쥐가 안 쏠았는지 몰라.

한 심려마세요.쥐 없어요 어머님.

노모 우리 친정아버님이 따오신 자두 좀 다우.

한 자두가 드시구 싶으세요?

노모 어머니 몰래 나만 먹으라구 하셨어.

한 예에.

노모 아버님이 나를 참 귀애하셨지.(며느리 보며)

한 예 어머니.

노모 영국아.

영국 ?(놀라서)예 할머니.예.

노모 고추 널게 마당에 멍석 펴.

영국 예 예 그러께요··

S# 동우 아파트

영주 ····(소파에 앉아서 저만큼 바닥 보며)····애 죽었을 때 왜 안갔니.

동우 (창 쪽에 서서 영주 보며/주머니에 두 손 찌르고)·····

영주 니 자식인데 왜 안갔어····그만큼 나쁜 놈이니?

동우 (조금 옆으로 돌아서며)죽었다구 안했어.위독하댔어.안 믿었어.나··끌어들일려구 그러는 줄 알았어.

영주 정말인지 거짓말인지 확인두 안해봤니?

동우 아니···안 믿었으니까.

영주 ···나한테 왜 애얘기까지 털어놨니··

동우 ‥나 포기해버리라구.그 여자가 결혼하면…우리는 못해…

영주 왜 못 해.(안 보는 채)

동우 (돌아보는)‥그럴수는…없는 거 아니니?

영주 왜.(시선 들어 보며)‥

동우 (옆의 일인용 의자에 앉으며 안 보는 채)그건…할짓이 아니잖아.

영주 너 별짓 다했잖아.나 속여넘기구 우리 식구 다 바보 만들어 주
물르며 놀구/별짓 다했으면서 갑자기 왜 도덕군자처럼 그러니?

동우 길게 얘기할 거 없다.(바닥의 담뱃갑 집어 올리며)니 앞에 무슨
할말이 있어.(담배 꺼내 물고 불붙여 후우우 내뿜고)할말 없다…할말
없어.

영주 ‥‥‥(보며)

동우 다…(시니컬하게)둘다 작살나구 말았으니 됐어.이제 그 여자나
나나 더 바랄 것두 원할 것두 없이…산산조각나구 말았으니 오히
려 홀가분해…아주 홀가분한 기분이야…

영주 ‥‥‥(보며)

동우 나라는 눔‥흠흠‥(쓴웃음)되는 일이 있나 어디.원래‥되는 일이
라군 없는 눔야.(한 모금 빨아 푸우 내뿜으며)끝장난 일에 미련같은
거 없다…그런데 한 가지…밝혀두구 싶은 건 있어.‥‥

영주 ‥‥‥‥(보며)

동우 ‥‥‥

영주 ‥‥뭔데…

동우 너한테 끌리지 않았다면‥‥‥니가 대통령 딸이었대두 ‥‥‥안움직
였어.

영주 (혼자 웃음 날리며)그말을 믿을 수 있었으면 좋겠다.

382

동우 마음대루…그건 니 자유야…

영주 ….(보며)

동우 이렇게까지 안되게 하려구‥무진 애를 썼어.

영주 ‥그랬겠지.

동우 변명이 싫다…

영주 ….

동우 그런데…누구한테서 알았니.동숙이는 말 안했다든데‥

영주 안수연…

동우 (끄덕끄덕끄덕)…안수연이 또 너를 찾았니?

영주 내가 만났어.

동우 윤희가 보낸 거야.

영주 아냐.내가 만났어.

동우 너 몰라.윤희가 뒤집어버린 거야.

영주 …..(보며)

동우 (끄덕이며)가능하면 니가/거기까지는 모르는채 마무리 하구
싶었어.다 틀렸다.이게 나야.흠흠‥바보같은 기집애…지가 얻은 게
뭐야 그래서.그렇다구 내가 저한테 돌아가나?

영주 바보같은 소린 니가 하구 있어.그 여자는 지금 너한테 관심없어.

동우 ?(돌아보며)그렇지 않아.나는 그여자 하나님이었어.왕이었어.

영주 그런데 너는 독실한 신자를 버린 하나님이 됐구/충신을 버린
왕이 됐었니?

동우 (오버랩의 기분)나한테 얼마나 잘했는지 알아?내가 죽으라면 죽
는 시늉까지 했던 애야.

영주 알아.그랬다구 하더라.들었어.

동우 (어쩐지 초조하게 한 모금 빨고 바닥의 재털이 집어 끄면서)다른 사
람은 몰라.좀 달라…입에 혀처럼 시중을 잘 들지.등 좀 긁구 싶다그
럼 벌써 등 긁어주까 그러던 여자야.냉면 먹구싶다 그러다가두 내
가 다른 거 먹구싶다면 금방 냉면이 먹기 싫어졌던 여자야.

영주 ……(그저 보며)

동우 나때매 고생 많이 했어…나 아니었으면 훨씬 잘됐을 애야…

영주 ……

동우 물론..아니라구 하겠지.어림없다구…그렇지만 그건 본심이 아니
야.지 원대루 다 망쳐놓구..나 잡아당길 거야…미련이 깊은 애거든..

영주 (일어서며 한심해서)누구보다 니가 젤 걱정이구나.

동우 ?…왜.(보며)

영주 착각하지 마.그 여자는 오빠를 사랑해.

동우 (일어서며 비웃듯)사랑아냐.동정야 책임감야.

영주 오빠하구 결혼하기 원해.

동우 나때문이었어.내가 끝이면 걔두 끝이야.

영주 서대리는 오빠랑 결혼해.

동우 어떻게 해..쪽박은 깨지구 물은 다 엎질러졌는데.

영주 쪽박..귀퉁이만 떨어졌어.완전히 다 깨진 거 아냐.일단 예정대
루 내일 약혼식 할거구 결혼식 할 거야.

동우 ?

영주 E (동우 위에)내가 그러라구 했어.

동우 ?……니가?

영주 내가.(똑바로 보며)…

동우 그럼 우리는…

영주 너는/그건 안되는 일이라면서….나는…되는 일인지 안되는 일 인지 좀 더 생각해 볼 거야.

동우 …..(보며)

영주 내일/··옷 단정하게 입구 아무 일 없는 것처럼 약혼식에 참석해. 나두 그럴 거야.

동우 영주야.

영주 (오버랩의 기분)우리 일은··시간을 조금 더 갖자…그런 뒤에 처 리하자.우선은 오빠 행사 잘 치르게 협조해주는 거/··그게 내가 할 일야.그리구 너두/··협조해. 할 수 있겠지?

동우 …..(보며)

영주 우리 결혼까지 여유가 있는 게 참 다행이야.어떤 쪽으루 결론 을 내든/··생각할 시간 충분한 거…(하고 현관으로)

동우 (따르며 잡아 세운다)

영주 ?….왜?

동우 ….(보며)

영주 이해가 잘 안되니?…오빠는 차질없이 약혼하구 결혼해.너하 구 나는 어떻게 해야하는 건지 아직 결론 못냈어.서두르지 않을 거 야.많이 ··그리구 열심히 생각할 거야…이제 알겠니?

동우 (영주 안는다)….

영주 (안긴 채)…..(눈 뜨고)

동우 …..미안하다…미안해 영주야··

영주 어떡하니…(몸 떼고 보며)너한테 안겨두 아무 감흥이 없다….

동우 …..(보며)

영주 내일 보자··(하고 슥슥 나간다)

동우   ....

S# 승강기로 올라 버튼 누르는 눈물 꽉 찬 영주……

S# 아파트 거실

동우   ……(영주 나갈 때 그대로)…

S# 아파트 현관

영주   ……(울며 나와서 이 악물다시피 하고 주차장으로 가는)……

S# 아파트 거실

동우   (의자에 등 대며 바닥에 앉고 있는 중…한 다리는 꺾고 한 다리는 쭉
      펴는 채)……

S# 아파트 주차장에 세워진 영주의 차 안

영주   ……(입술 깨물고 고개 약간 비틀고 눈 뜬 채 울고 있는)……

S# 동우 거실

동우   (앉아서 그대로)……

S# 아파트 침실

동우   (엎어져서 눈 뜬 채)……

S# 윤희의 마루

이모   (약혼식에 입을 한복 다림질하면서)세상에 태어나 이렇게 비싼
      한복 첨이네.원님덕에 나팔 분다.(윤희 그저 조금 웃어 보이고)

조모   (자기 것은 이미 다리미질이 끝났다. 서서 안 구겨지게 옷걸이에 걸
      고 있고)

이모   (연결처럼)깜냥껏은 고상찾구 품위찾어 맞췄는데··촌스럽다
      구나 안할런지 원.비슷한 집안하구 사둔을 해야지 너머 높은 사둔
      신경 쓰여 재미없네.촌스럽니?

윤희   괜찮은데 뭐…잘 골랐어요 이모.

이모 흥,수선 집 몇십년에 그래두 눈은 있잖어.안 그루?

조모 대충 해.금방 찾어온 새 옷 뭐 다릴게 있다구 자꾸 문질러.

이모 구겨진 옷 입구 나가 앉었수?

조모 차타면 아무래두 또 구겨져.걸어나갈래?그만해.

이모 (다리미 놓으며)다 했어…(윤희/눈치 있게 다리미 코드 빼는데)아무리 아무것두 안하구 맨몸으루 간대두 이불 몇채는 해갖구 가얄 거 아냐.약혼식 끝나면 이모랑 장보자.(자기 한복 옷걸이에 걸기 시작하는데/조모 슬그머니 뺏어 자기가 한다)우리 집 단골 손님한테/부잣집들은 어디가서 이부자리 해다 쓰나 내가 알어놨어. 전화루 소개두 해놔준다 그랬구,(윤희 만지면서)까짓 이불값이 들면 얼마나 들거야.우리 최고루 하자 응?

윤희 어머님께 여쭤보께요.

이모 여쭤보긴 뭐하러 여쭤봐.우리가 알어서 하는 거지.

윤희 그래두 어머님 취향두 있으실 거구‥괜히 비싼 돈 주구 해갔는데 맘에 안드시면 어떡해.

조모 (혼잣소리처럼(오버랩의 기분))것두 그렇지.(하며 한복 두 벌 들고 안방으로 아웃/안방 문 닫지 마세요)

이모 아이구 걱정마.고사앙한 걸루 고르면 돼.한다하는 집안 혼수/다 거기서 한다더라.다 알어놨다니까아?

지숙 (수박 한 덩어리 들고 들이닥치면서)다녀 왔습니다아.나 저녁 먹었어요.뭐야.낼 입을 옷?

이모 그래.어때?

지숙 음…좋은데?

조모 (안방에서 나오며)넌 그거 뭐야.(오버랩의 기분)

지숙 어 수박요 할머니.

이모 (오버랩의 기분)철두 아닌 웬 수박은.

지숙 취직이 왜 좋은 건지 이제 알았네 엄마.할머니한테 철두 아닌 수박 사다드릴수두 있구/백수면 꿈이나 꿀 수 있는 일이유?

이모 (오버랩의 기분)어이구우,모 심어 놓구 노름하는 눔하구 똑같네.월급두 안타구 쓰기부터 하는 거야?

지숙 (오버랩의 기분)취재비라는 게 있잖어어어어.빚내서 사왔을까 봐?(칼로 탁 내리치는 시늉하며)하까? 하까요 할머니?

조모 잘자리에 수박먹었다가 변소 들락거리느라 잠 못자.낼 먹어.

지숙 (오버랩의 기분/지금 안 먹는 것 좀 아쉬우면서)꿀맛이라 그러든데.

이모 꿀맛일지 맹맛일지 끄으응(수박 들고 일어서며)어린애 나아봐야 아들 딸 판명나구/(주방으로)수박/ 잘라봐야 꿀인지 맹물인지야.

조모 흐흐흥 그렇지.

지숙 (오버랩의 기분 엄마와 상관없이)언니는 일찍 자지 왜 나와 앉었어?푸욱 자야 화장빨 잘 먹지이.

윤희 늦잠자지 뭐.

지숙 모르는소리.열시부터 두시 사이 수면이 피부에는 젤 좋다네요.몇시야.(제 손목시계 보고)히익/어느새 열두시가 다됐네에?(급하게 일어나며)나 씻어 엄마.내 잠옷이랑 속옷 좀 갖다 줘.

윤희 (일어나려 하는데)

이모 (윤희 팔 잡으며)그냥 씻구 나와 하나두 안춰.

지숙 (욕실로 겉옷 벗으며 가다가)빨가벗구 나오라구?

이모 아 수건으루 가리구 나와아.

지숙 어이그으으 엄만 증말

윤희 (일어나며)들어가 지숙아 내가 갖다주께.

조모 뭐 씹을 거 좀 없냐?

이모 입 궁금해?··글쎄 뭐가 있나아(에서)

S# 영주의 마당

영주 ·····(생각에 빠져 천천히··걸어 집 현관으로···걷다가 잠시 멈췄다가··
다시 걷고··또 잠깐 멈췄다가···마지막에는 탁 털듯이 빠르게)

S# 거실

영주 (들어온다)···

이여사 E 전화두 없이 뭐하는 짓이야?

영주 ···(보고 올라서며)아직 안 들어갔어요?

이여사 늦으면 늦는다구 연락은 해얄 거 아냐.(소파에 앉아서)차 갖
구 다니는 애가 꿩궈먹은 소식으루 안 들어오면 집에 있는 사람 하
는 거 뭐야.

영주 (엄마 쪽으로 오며)걱정.

이여사 말이나 못해야 믿지나 않지.전환 왜 끄구 다녀.

영주 ?(괜히)껐나?···그랬어?(부지런히 전화 꺼내 보고)어 꺼놨었구
나.몰랐네.(전화 도로 넣으며)

이여사 (표 안 내려고 하는 영주가 그래도 어쩐지 이상하다)그녀석은 이
렇게 늦게 들여보내면서 집에 전화하라 소리두 안해?

영주 종일···일이 좀 많았어 엄마.피곤해요.

이여사 (무슨 일이냐 물으려 뻐끔하는데)

영주 무슨 일이냐구 묻지 말아요.그냥 일이 좀 있었어.올라가께.걱

정하게 해서 미안해요.안녕히 주무세요.(하고 계단으로)

이여사 ….(보는)‥(보다가)싸웠니?

영주 ….(그냥 움직이는)

이여사 으응?

영주 네…좀 다퉜어요…(올라가며)

이여사 …(잠깐 보다가 불끈 일어나며)왜…무슨 일루‥

영주 얘기하기 싫다니까…

이여사 영주야.

영주 (오버랩의 기분)서루 잘 안맞는 데가 있어서 왕창 싸웠어.내용까지 알려구 들지 마세요.말 안해.신경쓰지 말라구요.

이여사 쓰지 말라구 안 쓰이니?뭣때매 싸워.(아예 딸 쪽으로 움직이며)주제넘구 건방진 놈/지가 뭔데 내딸을 건드려.

영주 (돌아보며)(오버랩의 기분/못마땅해서)엄마.

이여사 (오버랩의 기분)이유가 뭐야.뭐 잘난 거 있어서 이 시간까지 붙잡구 진을 빼.지깐놈이 무슨 시비야.이유가 뭐야.

영주 (오버랩의 기분)제발 엄마!(빼액) 좀 내버려 둬어!피곤하댔잖어.나 잔다구!자러 올라간다구요!

이여사 ?…(좀 놀라서 보고)…

영주 엄만 왜 꼭 나를 이러게 만들어.아우우‥신경질 나.(하고 빠르게 뛰어올라간다)

이여사 ….(보며)…‥

S# 이 층 방 앞

영주 (제 방으로 오는데)

영은 (제 방에서 나오며)왜그래?

영주 (그냥 들어가고 문 쾅 닫힌다)

영은 ?....

S# 거실

영은 (빠르게 내려오며)언니 왜 그래?

이여사 그 대단한 놈하구 싸우구 들어왔단다.

영은 왜 싸워?

이여사 왜 싸웠냐구 물었다가 벼락맞은 거야.성질머리하구는 암튼. 불꺼라.(하며 자기 방으로)

영은 네에..(하며 이 층 올려다보는데)

S# 이 층 영주의 방

영주 (출입문을 등지고 두 다리 쭈욱 뻗고 앉아 어깨 들먹이며 머리 문짝 에 부비며 괴롭게 울고 있는)……

S# 욕실

영주 (우그렁바가지로 울며 흐느끼며 칫솔질하는)……

S# 동우의 침실

동우 (옆으로 누워서 눈 뜨고)………

S# 윤희의 마루

소주 파티 하고 있는/안주는 총각김치/김/정도

이모 한 밤중에 이렇게 삼대가 둘러앉아 소주 파티하는 것두 이제 끝이다.(훌쩍 마시고 엄마에게)한잔 받으슈.

조모 내잔두 아직 안볐어.각자 마시자 각자.

이모 (윤희에게)너 받어라.

윤희 (받는다)

이모 (따르면서)내가··살림 넉넉찮어 거죽으루 때깔나게는 못해줬어두..마음으루는 지숙이하구 한치한푼 안틀렸던 거 너 알어 몰라.

윤희 알어요.

지숙 (윤희와 함께)거짓말 억수루 하네.

이모 뭐가 거짓말야.

지숙 엄마가 얼마나 차별대울 했는데 한치한푼야.입에 침이나 바르구 그런 말 하슈.

이모 이 기집애가 차별대운 내가 은제!

지숙 아 뭐든지 다 언니 먼저였잖아아아.말해 뭐해.등록금두 언니 먼저/나는 밤낮 추가등록시키구 안그랬어?아냐?(윤희는 미안해서 지숙 보고)그래 뭐 먹는 거 갖구 이러는 건 치사하지만 고깃국을 떠두 할머니랑 언니국에는 이만한 고기가 빼꼭하게 퍼주구 나는 국물만 헝더엉하게

이모 (오버랩의 기분)누가 들으면 진짠줄 알겠네 이 기집애.

지숙 (오버랩의 기분)아 오리발 내밀지 말어요오.나혼자 흘린 눈물이 김장 독으루 다섯 항아리는 되네.

윤희 (오버랩의 기분)미안해 지숙아.그런 의미루 한잔 받어.

지숙 (잔 받으며)나 참 속 좋은 애지 언니.

윤희 움/ 너 착해.(따르며)

지숙 꼬였으면 가출해두 여러번 했다아?

윤희 수십번 했을 거야.

이모 야 쿵짝 맞춰주지 마.진짠줄 알어.

지숙 진짠데 뭐.(하고 쭉 마시고)그런 의미에서 엄마.

이모 (받으며)언니 덕에 정갱이 부러질 거 면한 게 수십번야.고마운 줄 알어.

지숙 (따르며)알지요오.으흐흐흐흐,나 취하네 할머니 자꾸 웃음 나 와 으흐흐흐흐흐

조모 두꺼비 파리 집어먹듯 /주는대루 넙죽넙죽 받어 먹더라.(손으 로 집은 총각김치 베어 물며)

지숙 으흐흐흐흐흐 으흐흐흐흐.

이모 (마시고)크으으/(엄마가 베어 무는 총각 김치에 입 벌린다)

조모 (대어주고)

이모 (베어 물고 씹으며)그래,너 부잣집으루 시집 가 사모님 소리 들 으며 살겠지만서두/흐흐흥/이렇게 둘러앉어 소주 마시며 오손도 손/이런 건 못할 거다.너 우리 무척 그리울 거야.각오해.

윤희 각오하구 있어 이모.

이모 아이구 나두 취하네 엄마.노래 나올려구 하면 취한 거거든?

조모 그만마시구 노래나 한자락 해.

지숙 연분홍 치마.

이모 (오버랩의 기분/노래 시작)연분홍 치마가 봄바람에‥휘날리이 드라아아아

지숙 (벌떡 일어나 집에서 입는 주름치마 자락 잡고 휘날리게 흔들어대면 서)휘이이이이이

윤희 (웃으며 잡아 앉히고)

이모 오늘도 앙가슴 부여안고…

　　　　E 윤희 방 전화벨/이모의 노래는 계속되는데

조모 ?‥누구냐.이 밤중에‥(윤희 일어나 제 방으로)몇시야.

지숙 (시계 보고)한시.

S# 윤희의 방

윤희 (전화받는다/이모의 노래는 계속)네..여보세요..

S# 동우의 침실

동우 (걸터앉아서 수화기 들고)....

윤희 F 여보세요?

동우 영주 왔다 갔다.

윤희 F ....

동우 너두 만났다며.

윤희 F 만났어.

동우 결혼한다면서.....사랑한다구 했니?

윤희 F 그랬어.

동우 진심이야?

윤희 F ..진심이야.

동우 다른 사람은 없다더니.나뿐이라더니.

윤희 F 당신 나 내버렸잖아.당신 생각만하면서 늙어죽을 줄 알았
   어?그런 말 한 적은 없어.

동우 (한 손 이마로 올라가며)..안수연이 풀어서

S# 윤희의 방

동우 F 소기의 목적 달성한 기분이 그래 어때.

윤희 오해하지 마.저번두 이번두 나하군 상관없이 벌어진 일야.

동우 F 안 믿어져.

윤희 맘대루 생각해.상관없어.

동우 F 그래...기분이 어때.통쾌하니?

윤희 ....(밖에서는 여전히 노는 소리)

동우 F 어때.

윤희 통쾌하길 바라면 통쾌해주게…감정 없어졌다구 했는데 왜 꼬

  아.그냥

S# 동우의 침실

윤희 F 고단하구 서글퍼.그뿐야.

동우 ….

윤희 F 할말 더 있어?

동우 (그냥 수화기 놓아버린다)

S# 윤희의 방

윤희 …(끊긴 전화 내리고 잠시 보다가 놓는다)

  E 밖에서 들리는 세 여인 술자리 소리

윤희 (고개가 밖으로 돌아가며)

S# 동우의 침실

동우 (허탈하게 네 활개 뻗고 천장 보고 누워서)….

S# 윤희의 마당(밤)

S# 안방

  모녀 어두운 방에 누워서….

조모 (뒤척인다)….

이모 술을 설먹었나아…잠이 안오네…

조모 (옅은 한숨)….

이모 언니랑 형부….알까?

조모 ‥알겠지…

이모 나더러…잘못했다구는 안하겠지.

조모 고맙다구 하겠지‥

이모 잘 살겠지?

조모 잘 살어야지이..

이모 윤희 저거...엄마는 제엘 가슴 아픈 게 뭐유.

조모 ....

이모 나는 엄마...(등 돌리고 누웠다가 천장으로 뒤집으며)즈 엄마아빠
    죽이구 와서 말유...해만 뉘엿뉘여엇 넘어갈라치면 대문 간에 나가
    쪼그리구 앉어/.. 달기똥같은 눈물 툼벙툼벙 떨어트리면서 울던
    게 영 안 잊혀져....어린 게 소리두 안내구 그저 눈물만 툭툭툭툭툭
    떨어트리며 울 던 거...참 속...마안이 상했네...(하고는 하품)

조모 어이 눈감구 자아..

이모 드는 생각이 많지.

조모 (한숨 섞어 토하듯)드는 생각 입으루 다내보내면....태산두 모자
    란다아...

이모 ....

조모 .....

S# 윤희의 방

윤희 (혜림이 사진 들고 앉아).....너 못데리구 가 혜림아.....미안해..할
    머니들하구 여기 있어...미안해...정말 미안해 아가...

S# 영주의 침실

영주 (침대에서 몸을 이리 뒤척 저리 뒤척하며 괴롭게 울고 있다)........

                                                          F.O

S# 성북동 마당(아침)

영국 (나무 돌보는 정원사와 얘기하고 있다/가볍게 등 펴는 시늉 섞으면
    서)금년에 봄이 빠르다면서요 아저씨.

정원 예에.빠르답니다.

영국 나무 돌보는 것두 보통일이 아니죠?

정원 사람하구 똑같지요.애 키우는 거 하구두 똑같구요…그저 정성 들인 만큼이라구 생각하면 틀림없어요.

영국 예에 하하하.아저씨 오늘이 무슨 날인지 아세요?

정원 ?…글쎄요··

영국 저 약혼하는 날이에요 하하하.

정원 아 예에 그거야 알구 있지요.축하합니다아.

영국 예에,저 당연히 축하받아야 해요.하하.수고하세요 그럼.

정원 예에.예.

영국 (집으로)

S# 거실

영국 (들어오면서)날씨가 아주 기가 막혀요 어머니.

한 E 이리 들어오너라.

S# 주방

영국 (들어오며)날씨가 아주 기가 막히다구요.

한 그래 좋은 날 잡었다 싶다.앉어 먹어.

영국 (앉으며)먹힐 거 같지 않은데요?

한 그럴 거 같어 죽 쒔어.괜히 들뜨 그러지 말구 차분하게 먹어둬. 먹구 나가.먹어두자.(하며 자기도 앉고 수저 들며)어서?

영국 흠흠 네에.(수저 들며)아주머니 오늘 무슨 날인지 아세요?

여자 아이구 참…약혼하는데 저렇게 좋으면 결혼하는 날은 얼마나 좋을까요 사모님.

한 (오버랩의 기분)끝나구 나면 구기동 먼저 가거라.

영국 ?…네.

한　　위로가 되게 해주구…여긴 안와두 돼.거기 며칠 있어.

영국　…..(먹으며)

한　　?…(본다)왜 대답이 없어.

영국　되는대루 하께요…돼가는대루요.

한　　그러지 마.너 그러는 거 나 욕먹이는 짓야.(하는데)

노모　E 야 이년들아아아아아아(자기 방에서/소리 조절 요망)

모두　?

노모　E 이년들 뭐해애애애애/답답해 죽겠어어어어!

　　한여사와 영국 이미 나가면서

한　　네에 어머니이!

영국　(함께)네에 할머니이이!

여자　(혼자 투덜거리는)오늘따라 왜 이렇게 일찍 나오신대애?..손자
　　약혼하는 거 아시나아아..(이것저것 치우면서)에이구..휑하니 큰집
　　에(혼잣말입니다)노인양반들만 계시다가 새식구 들어와 아들낳구
　　딸 낳구…우리 사모님 조오으시겠네에에..

S# 거실

영국　(휠체어 밀고 나오면서)할머니 오늘이 무슨 날인지 아세요?

노모　모른다 이놈아..

영국　하하하 저 약혼하는 날이에요오..

노모　(영국 돌아본다)

영국　저 장가가요.결혼식 하기 전에 하는 약혼 있죠?..오늘이 약혼
　　하는 날이에요(이때는 벌써 자리 잡아 할머니 앞에 무릎 굽히고 앉아 올
　　려다보는)

노모　(손자 보며)그러냐?

398

영국　네에..

노모　(안방에서 나오는 며느리 돌아보며) 얘 장가간단다.

한　네 어머니.

노모　오늘 약혼한대.

한　네..그렇습니다.

노모　그럼 나두 가야지.

영국　? 예에?

노모　(한에게) 뭐 입구 가까.

한　어머님 나가보시게요? (이 여자도 좀 놀래서)

노모　무슨 말뻔새가 그 모양야. 내 손자 약혼식에 내가 안가구 누가 가. 가자. 어이 떠나. 가자구.

영국　할머니 할머니

한　(영국과 동시에) 어머니.

노모　(오버랩의 기분) 아 가자구! 최기사 자동차 대기시켜! 가자구 빨리이!

S# 윤희네 마루

조모　(양말 벗는 사위 옆에 쭈그리고 앉아) 바쁘다더니 그래두 어떻게 용케 시간을 얻었네그려.

남편　아 딸 약혼식인데요 그럼 (옆의 윤희 돌아보며) 딸 약혼식이라 그랬다.

윤희　네에..

남편　축하한다. 고생끝에 낙이 온다구/옛말 그른 거 하나두 없어. 능력없는 이모부 집에 와서 고생 많이 했다 응?

윤희　아니에요 이모부. 너무 많이 폐끼쳤어요.

이모 (욕실에서 나오며(오버랩의 기분))물 다 받았어요.얼른 들어가 씻어요.

남편 어 그래.(일어나며)지숙이는.

이모 출근했지이.취직했다니까?출근했다 얘 미장원으루 온댔어요.

남편 (일어나며)그럼 장모님.저 씨으러 들어갑니다.

조모 (따라 일어나며)그래그래.밤차 타구 잠두 제대루 못잤을텐데‥ 뜨건 물에 폭 들어갔다 나와 잠깐이라두 눈 붙여.시간 있어.

남편 예‥기차에서 잤어요.염려마세요(하며 아웃)

이모 너 안나가?

윤희 아직 뭐‥

S# 영주의 주방

이여사 ‥‥(밥 먹고)

영주 ‥‥(커피만 마시는)‥‥

영은 (빵에 버터 바르며 언니 눈치 잠깐 보는)‥‥

이여사 무슨 일인지 좀 알면 안되는 거야?

영주 별일 아니에요.그냥 기분이 나빠서 그래.

이여사 글쎄 기분 나쁜 이유가

영주 (오버랩의 기분)엄마 내가 말하구 싶지 않은 거 그래서 알아내 본적 있수?

이여사 ‥‥(보는)

영주 그냥 내버려 둬요‥나혼자 처리할수 있어.엄마 도움 필요없다구.

이여사 싸가지 하구는‥그런 얼굴루 나가 앉아 있을 거야?오래비 경사에 재뿌릴 일 있어?

영주 재뿌릴려면 뿌릴 수두 있지 뭐.

이여사 ?..뭐어?

영주 내일은 내가 알어서 해.걱정마.나가서 방싯방싯 웃구 있을테
니까 아무 염려말구….엄마나 술마시구 취해있지나 않었음 좋겠
어.오늘 또 엄마 그럼/..나돌아버릴 거야….마시구 싫음 나중에..나
들어오거든 나하구 같이 마시자구…

이여사 왜 그래…근석 돈 필요하다대?

영주 ?…엄마는 진짜 어떻게 생각하는게/엄마 인생에 테마는 돈이
유?돈밖에 없어?(에서)

S# 성북동

회장 (어머니 앞에서)약혼식에 나가시겠어요?(영국과 한여사는 옆에
서 있고)

노모 (아들 보며)..그래..

회장 누구 약혼식이지요?

노모 아 영국이 놈 장가간다잖어어어.

회장 예에..그거 보러 나가시겠어요?

노모 뭐야..느이들 나 안데리구 갈 작정이었던 거야?

회장 아니요 그럴 리가 있나요..다만 어머님 불편하시니까..

노모 나 죽었냐?

회장 예?

노모 나 죽었어 이눔아?죽지두 않었는데 왜 죽은 사람 취급해 이 나
쁜눔아.

한 어머님.

노모 내 손자 일에 왜 나를 빼돌려 이것들이.이 천하에 배먹지 못한
것들아!

S# 일진상선 로비. 승강기 앞

영주 ……(기다리고)

동우 (열리는 승강기에서 내리며 본다)

영주 (동우 보고 앞선다)··

동우 …(영주 보며 따르는)

S# 현관 앞

영주 (나와서 세워놓았던 제 차 운전대로 오르며)타.

동우 …(잠깐 보고 운전대 옆자리로)

  출발하는 차.

S# 차 안

영주 어쩌면 안나타날지두 모른다 싶어서.(데리러 왔다/앞 보며)

동우 ….(앞 보며)…

영주 혼자 오는 거 보다는··날 거 같기두 하구….

동우 …..

영주 술 먹었니 어제밤에?

동우 ··아니··

영주 그럼 잠을 못잤구나.

동우 …(영주 돌아본다)

영주 못자는 게 당연하지.하나두 가엾지 않아…

동우 …..(보며)

영주 ……(그냥 운전만)

동우 (앞으로 고개 돌리며 시선 내리는)…..

두 사람 ……

제23회

S# 호텔 현관

회장 (노모의 휠체어 밀고 들어가는)

　　　호텔 측 높은 사람들 다 나와서 정중하게 인사하며 맞는/한여사와 영

　　　국 따라 들어가고.

S# 호텔 연회실 복도

회장 (호텔 지배인 안내받으며 휠체어 밀며)여기 호텔 연회실 가는 복

　　　돕니다 어머니.

노모 안다‥‥수다떨지 말어.

회장 허허허허 예에‥(하며 연회실로 들어가고)

영국 (엄마 잡으며)할머니 왜 저러세요.

한 (나직이)글쎄 말이다‥유난히 맑으시구나‥(하며 들어간다)

S# 연회실 안

　　　휠체어와 노회장 앞서 들어오고/한여사와 영국 들어오자 한옆에 모여

　　　있던 조모/이모/이모부/돌아본다.

영국 아 벌써 와 계세요? 잠깐요 잠깐 즈이 할머님부터 모시구요.

한   (노모는 회장과 아들이 있으니까)안녕하십니까.

조모 이모   안녕하세요.

한   일찍 나오셨군요.

조모   예에.

이모   (엄마와 함께)예 좀 서둘렀지요.차가 와서 기다리는데 불안해
서 도무지/그런데 노할머님이 나오셨네요오?

한   예에,꼭 보구 싶다구 하셔서‥저기요 서방님.어머님께

회장   (오버랩의 기분)예에‥어머님…영국이 처 될 애 집안 어른이 인
사드리겠답니다.(노인 고개 사람들 쪽으로 돌아오고)죄송하지만 이
리 좀 와주셔야겠는데요.

조모   예‥예 그러믄요.

이모   (조모 앞으로 허리 밀며 한쪽으로는 남편 잡아끌며 그쪽으로)

조모   안녕하세요.윤희 할밉니다.

노모   …(그저 보며)

S# 호텔 앞

영주 차 대어지고

영주   (내리면서 키 준다)부탁합니다.

보이   예 알겠습니다.

영주   (동우 돌아본다)

동우   (다른 문으로 내려서)…(안 보는 채)

영주   뭐해?…와…

동우   난 참석 못해.

영주   ?…왜.

동우   아직 시간 있어.차 한잔 하자.(앞서 들어가며)

영주 ?····(보다가 들어간다)

S# 호텔 커피숍

　들어와 앉는 두 사람.

영주 (지나는 종업원에게)커피 둘 주세요.

종업 네(하며 아웃)

영주 ····(보다가)왜.

동우 (담배 꺼내며 안 보는 채)윤희네 가족 나 다 알아.

영주 ····(입 뻐끔··/아아)

동우 (담배 꺼내며 여전히 안 보는 채)그 자리서 그집 식구들 나보면(입
　에 물고)난장판 돼.

영주 ·····(보며)

동우 (불붙여 문다)···

영주 (고개 옆으로 돌리며)그렇겠구나.그 생각까진 못했어.

동우 ····(담배 태우며)

영주 왜 이제야 얘기하니.

동우 안올 작정이었으니까.

영주 ····(보며)

동우 차 마시구 가께····적당히 둘러대.

영주 ·····(보며)

동우 난장판돼두 좋다면 들어가구.

영주 ·····(보며)

　커피 와서 놓여진다.

동우 (아무것도 안 넣은 커피 잔 집으며)난장판 만들면 안되잖아.

영주 ·····(보며)

동우   (마시고 내리며 안 보는 채)····이쁘다···어느 때보다··

영주   ····(그저 보며)

동우   (다시 마시는)····

영주   ····(동우 보던 시선 옆으로 피하면서)이런 일 (쓰게 웃으며)남들한
       테 얘기하면 거짓말이라 그럴 거야.

동우   ····(잠깐 보고 그저 마시는)

영주   ···(잠시 더 그대로 있다가 털듯이 찻잔 집으며)눈치껏 잘 빠져나
       가··누구한테 들키지 말구····

동우   ····(영주 보며)

S# 호텔 현관 나오는 동우···걸어서 호텔 뜨려 하다가 문득 돌아보면/
    와서 멎는 영국의 차/ 대기 중이던 한여사의 기사가 문 열어주고 내리
    는 윤희. 다른 문으로 내리는 지숙.

동우   (얼른 돌아섰다가 다시 돌아보면)···

윤희   (지숙과 함께 호텔 현관으로 움직이는데)

영국   (뛰어나오듯 나와 윤희 맞아 들어간다)

동우   ·····(보며)

S# 연회실로 들어서고 있는 영국과 윤희···그리고 가족들/비서실 배실장 인
    주도····특히 영주····

S# 호텔을 걸어서 벗어나고 있는 동우·····

S# 나란히 인사하는 영국 윤희

S# 걷고 있는 동우····

S# 반지 끼워주는 영국과 윤희···

S# 건널목에 우두커니 서 있는 동우···다른 사람 다 건너가는데도···

S# 케이크 자르는 두 사람···

S# 아직도 그 자리에 서 있는 동우…

S# 노모에게 따로 인사하는 두 사람

노모 (함빡 웃으면서 끄덕이는)…

조모 (눈물 훔치는/이모 그러지 말라고 슬그머니 찌르고)…

영주 (옆에 영은이/멍하니 앉아 있는)….(영은은 두 사람 보기 바쁘고)…

회장 부인 (동서/한여사에게 뭔가 말하고)

한 (웃으며 끄덕이고)

S# 아파트

동우 (들어서는데)

동숙 (주방에서 나오며)누구세요?··오빠··

동우 ?··너 언제 왔어.

동숙 쪼끔 전에요.한시간두 안됐어요.

동우 (의자로 가며)뭐하러 와 엄마는 어떡하구.

동숙 엄마는 괜찮다구 자꾸만 가라는 걸 어떡해요.

동우 ·····(무겁게 앉으며)어떠셔··

동숙 역시 삼막골이 좋으신가봐…좋으시대요.

동우 동철이는.

동숙 이사해놓구 그길루 내려갔어요.

동우 (기대며 눈 감고 눈 머리누르는)······

동숙 ·····(보다가)언니 춘천왔었어요··

동우 알아··

동숙 근데 윤희 언니가 협박한다는 게 무슨 소리에요.사실 아니죠?

동우 ····

동숙 오빠.

동우   (일어나며)배고프다.밥해…밥먹자구.

동숙   점심 안 먹었어요?…그동안 밥 한번두 안해 먹었나봐.밑반찬
하나두 안 줄었어요.

동우   (그냥 들어간다)

동숙   (주방으로 들어가며 혼잣소리)언니는 뭐하는 사람야.밥두 안 챙
겨멕이구‥

S# 주방

동숙   (연결)윤희 언니같었어봐라.말두 안되는 짓이지…

S# 동우의 침실

동우   (침대에 아무렇게나 비딱하게 쓰러져서 한 손 눈께에 올리고)‥‥‥

S# 영주의 거실

영국   들어가세요 절하께요.(의자에 앉으려는 이여사에게)

이여사   필요없어(앉는다)…절은 무슨 성황당두 아니구/그냥 앉어…
앉어라.

윤희   …(영국 보고)

영국   앉어요…(앉는다)

윤희   ‥‥(앉는다)

이여사   할머니 나오셨었다면서?

영국   네‥어떻게 아셨어요?

이여사   영은이 전화했더라…노망난 양반이 그래…실수 안하셨니?

영국   아뇨.조용히‥점잖게 잘 하시구 들어가셨어요.

이여사   천만다행이구나.실수라두 하시면 어쩔려구 거긴 모시구 나
가 나가길.같이 노망인가.(차 나와 놓여진다)

영국   할머님이 완강하셨어요.

이여사　아 어찌됐거나 간에…어찌됐거나간에야.그 양반이 지금 그런데 나가실 상태냐구.

영국　(오버랩의 기분)오늘은 전혀 정상이셨어요.아주 맑으셨다구요‥

이여사　됐어/시어머니에 시동생에 병풍치구 광내면서 어떤 한사람 살맛났겠지 ‥‥(하고 윤희 보는)‥

영국　‥‥(엄마 보며)

이여사　누가 해준 거니.

윤희　?‥‥

이여사　너하구 있는 거 말야.네크레스하구 이어링하구(남아 있다)

윤희　(대답하려 하는데)

영국　어머니가 해주시지 누가 해줘요.

이여사　?볼멘 소린 왜 해.니 돈 썼나해서 물어보는 건데.

영국　‥‥(그저 엄마 보고)

이여사　반지 좀 빼 봐라…

윤희　?‥(했다가)네 어머님‥(반지 빼서 준다)

이여사　…(받아서 보며)새루 했다 그러시든?

윤희　가지구 계셨던 거

이여사　(오버랩의 기분)많이두 가지구 있군.먼저 들어왔던 애한테두 꽤 줬는데 아직두 남아있대?

영국　?(불쾌해서 보는)

이여사　E 도대체 얼마나 꿍쳐두구 있는 거야.

이여사　자기는 잘 하지두 않으면서 누가 해다 바친 거야.해다 바쳤을 사람 하나밖에 없지만.

영국　다른 얘기 하세요.(오버랩의 기분)

이여사　내가 모를줄 아니? 늬 아부지 내가 뭐하나 사면 그 비슷한 거 성북동에두 만들어주구 그랬어. 양다리 걸치기 선수.

영국　(오버랩의 기분) 다른 얘기하시라구요.

이여사　(반지 윤희에게 내밀며) 내 안목으루는 이런 세팅 안해.

윤희　(받는다)

이여사　번쩍인다구 다 보석이 아니구. 내용이 어떤지 알게 뭐야.

영국　(질려서 고개 옆으로 트는데)

이여사　너 누가 낳았는지는 잊어먹지 않았니? (아들 보며)

영국　……(보며)

이여사　내가 낳았어 이 자식아. 너 성북동에 어머니어머니 하면서 아무리 아니구싶어서/아닌척 발버둥쳐두/배아파 너 난 사람은 성북동 아니구 나야.

영국　누가 뭐래요? (비난은 아니고)

이여사　이눔아 너는 그것두 잊어버린 눔이잖아. (목이 메며)

영국　잊어버렸다구 누가 그래요.

이여사　나 억울한 인생인건 하늘이 알구 땅이 알어!

영국　(이여사 소리에 놀라서 주방 앞에 나오는 아줌마에게) 얼마나 드셨어요.

여자　많이 안드셨는데에…

이여사　(일어나며) 형식적인 인사 닦았으니 그만 가봐……(자기 방으로)

윤희　(일어나서 보며)….

영국　(앉아 있는 채)….

윤희　….(영국 돌아본다)

영국　……

410

윤희 (주방 쪽으로)

여자 왜 그러세요.

윤희 (주방으로 들어간다)

S# 이여사의 방

이여사 (화장대 의자에 앉아 휴지 뽑아 눈물 닦으며 쿨쩍쿨쩍)…….

　　　E 노크

이여사 (얼른 수습하고)누구냐.

윤희 E 저에요 어머님.

이여사 됐어.그냥 가.

윤희 E …잠시 들어가겠습니다 어머님.

이여사 ?…왜 뭣때매‥

윤희 (꿀물 받쳐 들고 들어온다)

이여사 ‥‥그게 뭐야‥

윤희 꿀물 좀 타 봤어요‥‥(컵 집어 내밀면서)드시구…한 숨 주무세요…

이여사 ‥‥(보다가 컵 받아 놓으며)

윤희 ‥‥(그냥 보는)

이여사 (잠깐 보고는 컵 집어 한 모금 마시고 내려놓으며)어이 가봐라.

윤희 즈이들 저녁 먹구 갈 건데요 어머님‥

이여사 ?(본다)

윤희 (조금 웃으며)저녁‥주실 거죠?

이여사 (외면하고 컵 집으며)영국이두 먹구 간대?

윤희 그럼요‥‥그러기루 하구 왔는걸요.

이여사 황송하구나.어떻게 그런 생각이 다 들었어.(하고 마신다)

윤희 ‥‥(보며)‥

S# 동우의 식탁

동우 …(식욕 없는 밥 먹고 있다)……

동숙 ……(보다가/밥 먹는 건 아니고)영주 언니랑…잘 안돼요?

동우 ……

동숙 그런 얘기 뭐하러 해요.해서 이득될 거 하나두 없는데…

동우 ……

동숙 그럴만한 사정이.. 있었던 거에요?

동우 니가 알아서 뭐해…도움될 거 없어.알려구 들지 마.(하는데)

　　E 전화벨

동숙 (일어나 나간다)……

동우 ……

동숙 E 네 여보세요…네 나 왔어요 언니.

동우 (고개 돌아가면서 일어선다)

S# 거실

동우 (나오는데)

동숙 E 아까요…오빠 배고프다구 해서 밥해서 지금

동우 (수화기 빼내든다)..나야.

S# 아파트에 주차돼 있는 영주 차

영주 올라갈려구 했는데 동숙씨 있어서

S# 차 안

영주 안되겠구나….그래 그러는 게 좋겠다…밑에 있어..(하고 끊고 기대며 눈 감는다)

S# 동우의 거실

동우 (상의 들고 나와 현관으로)

동숙   밥이나 다 먹구 나가지이‥배고프다면서요‥

동우   (그냥 나가고)…

동숙   (뿌우우우)

S# 아파트 영주차‥

영주   (눈 감고 기대어 있는데)

동우   (올라탄다)

영주   (몸 일으키고 시동 걸어 출발하는/보지도 않고)

동우   …(영주 보며)

S# 강변도로를 달리는 영주의 자동차‥

S# 운전하는 영주와 묵묵히 앞 보고 있는 동우…

S# 강변도로에서 고수부지로 들어오고 있는 영주의 차‥‥‥적당한 자리 잡고
    멈춰 선다‥‥‥

S# 차 안…

영주   ‥‥(앞 보며)서울은 참…갈데가 없어…(너무 굳을 필요는 없습니다)

동우   ‥‥(앞 보며)

영주   (앞 보며)약혼식은 …차분하구 격조있게 잘 끝났어…예비신부
    는 맑게 이뻤구…

동우   ‥‥‥(담담하고 순하게 끄덕인다)

영주   어린애 낳았던 여자처럼 안보이더라…(쓰게 웃으며)복수의 칼
    을 갈았던 여자루두 안보이구….(돌아보며)너는…펑계델게 없어
    …회사에서 나오다 갑자기 복통이 나서 병원가 주사맞는 중이라구
    했어.

동우   ‥‥‥(돌아본다)…

영주   (외면하며)우리 할머니까지 나오셨어.꼭 참석하시겠다 그러

시드래.첨부터 끝까지 말짱하셨어…잘 살아라 축하두 해주시구.

동우　……(고개 돌려 앞으로)

영주　내리자…(하고 내린다)

S# 자동차 밖

영주　(내리고)

동우　(다른 문으로 내린다)…

영주　…(말없이 물가로 움직이는)……

동우　……(서서 보는)……

영주　(문득 멈추고 돌아본다)……

동우　……(그자리에 선 채 보며)

영주　와아..

동우　……(영주 쪽으로)….

영주　….(동우 오는 것 기다렸다가)참 슬픈 일이지 동우야.너 ..생각만
해두 웃어졌는데…이렇게 보구있어두 웃어지지가 않는 거.

동우　(시선 내리며 발자국 뗀다)

영주　..(잠깐 보다가 따르면서)그래…말 하지 말자 우리….말하지 말구..
각각 하구 싶은 생각…드는 생각이나 하자…

동우　……(강물 보며)….

영주　(강물 보며)……그래두…보구싶더라….어떡하구 있나 궁금하구…
그랬어…

동우　……(강 보며 바지 주머니에서 담배 꺼내는)…

영주　피우지 마.꽁초버릴 데두 없어.

동우　(상관없이 피워 문다)….

영주　올거라구 기대했었니?

동우   아니…안 그랬어…

영주   차갑구나….

동우   주제를 아니까…

영주   나…칩칩한 여자니?

동우   안그래….깔끔해.

영주   칩칩했으면 좋겠니?

동우   ….(돌아보며)나한텐 선택권 없어…

영주   (돌아보며)선택권은 없어두 바라는 건 있을 거 아냐.

동우   ….(보다가 강물로 고개 돌리며)날 이렇게 상대하구 있는 것만두 감동스러워…더 바라는 거 없어…

영주   (보며)매일같이..매순간 날 속이면서…괴롭기는 했니?

동우   …대답하기 싫어.(안 보며)

영주   (보며)내 존재가 없었으면…그 여자하구 결혼할 거였니?

동우   (안 보며)…금년 안으루 할 예정이었어.

영주   (보며)아이까지 있는데 왜 늘쩡거렸던 거니.

동우   오피스텔에 살림차리기 싫어서…오피스텔 융자 갚으면 다시 융자 뺄 할 작정이었어.(안 보며)

영주   우리…. 그냥 하자면…할래?

동우   ….(돌아본다)..

영주   나두 같이..공범자가 돼서…하자 그러면 할래?

동우   ….(보며)

영주   대답해…니 생각을 알구 싶어.

동우   너….자신있어?

영주   나한테 질문하지 마.니 마음을 묻는 거야.

동우 모르겠어.내가 뭘 원하는지…

영주 나 없이 살 수 있니?

동우 (돌아보며)…너는…

영주 너 먼저…

동우 죽지는 않아.(발밑으로 시선 내리며)세월하구 같이 무뎌지면서
…살아낼 거야.그리구…어느날부턴가는 다시 그럭저럭 살만해지
겠지.(강으로 돌아서며)그러다가 여자두 만나겠지.자식두 낳겠지··
늙어가면서 그럭저럭 살겠지··놓쳐 버린 아까운 여자 생각/가끔은
하겠지.

영주 죽진 않아.그렇지는 죽는 게 차라리 날 거 같은 한동안을 보낼
거야…그러다 니 말처럼/어느 날부턴가 다시 살만해지겠지.그래··
운이 좋으면 남자두 만나겠지…글쎄…너 닮은 남잘 찾을까…아니
면 다시 만난 남자한테서 너를 찾으려구 애쓸까…

동우 (쓰게 웃으며)여자는··(담뱃불 부분 손끝으로 끄며)끝난 남자는
완전히 잊는다더라.

영주 그렇다더라…그게 맞는 말이었음 좋겠어.

동우 (끈 담배 꽁초 바지 주머니에 넣는다)····

영주 별짓을 다하는구나.(찡그리고)바지가 뭐가 되니(꽁초 들어간
바지)

동우 빨면 돼…

영주 ····(보며)

동우 ····(강 보며)

영주 ·····(보며)

S# 황혼으로 물드는 강물(시간 경과 인서트)

S# 고수부지 벤치거나 아니면 어디 공원 벤치거나 무방함/

　　양쪽 가장자리에 떨어져 앉아 있는 두 사람….

영주 ……너한테 악악거리기 싫어…악악거리기 시작하면 너··죽여
　　버려야 끝날 거 같아··

동우 차라리 그러는 편이···낫겠다····너두 참는 거 보다 편할 거야··

영주 ···참는 거 아냐···기운이 없어.

동우 ……

영주 아니/기운두 없지만··난아직두··너한테 잘보이구싶은 게 있
　　어.정나미 떨어지게 안하구 싶어.

동우 …(돌아보는)

영주 앞으루가 어떻게 되든···그동안 너한테 태웠던 내 마음···속았
　　다루 치부하구 비참해지구 싶지 않아. 따지구 호벼파구 싶지 않아.
　　그저··어쩌다 보니까 그렇게 됐겠지···그러구 말구싶어···(문득 동우
　　돌아보며)너는 참 침착하구···편안하다?

동우 (외면하며 쓴웃음)잡혀버렸잖아···도망다니다 붙잡혀 감방에
　　들어가면 편하다구 하더라··

영주 나는···나에 대해서두 그렇게··편안하니?

동우 (일어서며)놔버렸어···더 이상 욕심 안내.

영주 ····(보며)

동우 하느님 잘못했습니다···죽이든지 살리든지 마음대루 하십시오
　　···그래··

영주 ····(보며)

동우 (돌아보며)언젠가··시간이 좀 지나면···하루 날잡아 산에 올라
　　가/미친놈처럼 허허허허 웃을 거야···미친눔··뱁새가 황새 쫓다가

가랭이만 나갔구나하구··

영주 (시선 내리며)이럴 때보면 넌 감정이 없는 애같아.

동우 ····(보며)

영주 지독한 에고구.

동우 (끄덕이며)그래··이제야 내가 제대루 보이는구나···

영주 (일어서며)그럼···나만 결정보면 되겠구나···

동우 ···(보며 끄덕이듯)

영주 ···(동우 앞으로 천천히 다가선다)

동우 ····(보며)

영주 (다가들어 동우 가슴에 실리는)····

동우 (그대로)·········

영주 (눈 감는다)·····안아주라···

동우 ······(부드럽게 안는다)···

S# **야경으로**

S# **이여사의 주방**

말없이 저녁 먹다가

이여사 (문득/먹으며)참 영주하구 강서방 분위기는 어떻대··

영국 ?분위기라뇨.

이여사 (영은에게)니 언니랑 강서방 어때.

영은 어 형부 복통나서 식장에 못왔었어 엄마.

이여사 E (윤희 위에)뭐?

영은 E 회사에서 나오다 갑자기 배 아파죽겠다 그러드래.병원 데려다 주구 언니 혼자 왔었어요.

이여사 갑자기 복통은 웬 복통야.그래서 니 언니는.

418

영은 썩 화창하지는 않았어요.형부 걱정돼 그러는 걸루 생각했는데?

이여사 복통인지 뭔지 알게 뭐야.

영국 ?..왜요.그런 거짓말을 왜 시켜요.

이여사 어제 밤 늦게 들어와서 /좀 다퉜다는데 기색이 좀 다툰 정도 가 아니었어.

영국 E (윤희 위에)강서방하구요?

이여사 그럼 누구하구 다퉈.무슨 그런 바보같은 걸 물어..

영국 왜 다퉈요.

이여사 늬들 말하니? 말하면 답답할 게 뭐야.

영국 사랑싸움이겠죠.

이여사 사랑싸움하구 그 성격에 얼굴 팅팅 붓두룩 울어?

영국 ?...울었어요?

이여사 해산 어멈처럼 하구 내려 왔더라...일찍 들어온다더니 안 들 어오구 있는 거 봐.

영국 너 뭐 아는 거 없어?

영은 (뿌우)없어..

영국 ..별일 아닐 거에요.신경쓰지 마세요.

이여사 어디 아장아장 걷는 애가 불거져 나왔나아..

윤희 ?(수저질 멈춰지고)

영국 어이 참..흠흠..비약 좀 하지 마세요.건강에 해로와요.하하하 하하

S# 윤희네 골목길

　　이여사의 집에서 돌아오는 길…

영국 (윤희의 손 잡은 채)인사만 하구 들여보낼려구 했는데…피곤하죠..

윤희 그래두··잘못한 거 아니잖어요··어머님··조금 편해지셨어요.안 그래요?

영국 고맙게 생각해요.잘 했어요··

윤희 (오버랩의 기분)왜··성북동 어머님 대하는 거하구 ··달라요?

영국 ····안 그럴려구 해두···나두 모르게 그렇게 돼요···또··성격적으루 잘 안맞기두 하구요.

윤희 섭섭하신 거 당연해요···

영국 어렸을 때부터 내 어머니는 성북동이다 그랬어요···구기동은 아버지 애인이다 하하하··웃기죠··

윤희 주제넘지만···두분 다한테 똑같이 공평하게 잘해드리세요.갈등이 별게 아니에요.그런데서부터 시작되는 거 아니에요?

영국 맞소.내가 성북동 구기동갈등의 한 요인이기두 해요.내일은 뭐할 거요.

윤희 할일 없어요.이모하구··침구 가게나 나가면 모를까··

영국 나 출장이니까 집에서 푸욱 쉬어요.침구가게는 모레 가구··

윤희 되는대루 할께요.(대문 앞에서 멈추며)

영국 ····수고가 많았어요···

윤희 가세요··

영국 (벨 누르려는데)

윤희 아네요 열쇠 있어요.(핸드백에서 키 꺼내 열고 돌아서며)들어갈께요.(하는데)

영국 (팔 잡으면서)약혼한 날 너무 맹맹하지 않은가?

윤희 ···(보는)

영국 (가볍게 윤희 뺨에 키스하고 떨어지며)나는 내 신발만을 위해 살

420

거요·····흠흠흠흠··(돌려세워 대문 밀고 들여보내고 문 닫는다)

S# 대문 안

윤희 ····

영국 E 갑니다.(하고 빠르게 걸어 나가는 소리)

윤희 (한숨 작게 내쉬면서 밤하늘 올려다보는)·····

지숙 (제 방문 열고 내다보며)뭐해?

윤희 으응.(현관으로)

지숙 왜 이렇게 늦어?

윤희 어머님 댁에서 저녁 먹구 오는 거야.

S# 마루

지숙 (따라 들어오며)안 피곤해?

윤희 피곤해.죽을 거 같애.

이모 E 왜 이렇게 늦었어.

지숙 시댁에서 저녁먹었대.

S# 안방

윤희 (들어온다/지숙도)

이모 (돌아보고 있다가/혼자 재수패 떼고 있다가)저녁먹구 가라 그러시대?

윤희 네에.할머니 뭐하세요.

조모 콩나물좀 키워먹을려구.(콩나물 콩 고르는 중)

이모 묵은 콩 싹 안 튼다니까.

조모 아 그렇다구 버려? 한번 해보는 거지 밑져야 본전인데.그러게 뭐하러 묵혀 처박어 둬.이건 돈 아냐?

이모 늬 이모부 너 기다리다 그냥 갔다.노서방이 금방 데려다준대서 그런 줄 알었지.

윤희 네에..(애매하게)

조모 (오버랩의 기분)뭐냐 그 니 시누이 약혼자/복통나서 병원갔다 는 사람/ 그래 뭐 별 큰일은 아니구?

윤희 (조모 보며)..

이모 아 그집 사윗감 말야.뭐 맹장 같은 거 아니냐구.

윤희 아닐 거에요.그런 말 못들었어요.

이모 (오버랩의 기분)할머니 내내 궁시렁거렸다 내내.대한민국 걱 정 다하니까 암튼.(그동안 지숙은 윤희 목에서 목걸이 빼서 제 목에 걸 고 거울 보고 하는)너 뭐해?

지숙 목이 훨씬 비싸보이지 엄마.(목 내밀며)

이모 아서라 오르지 못할 나무 쳐다를 보지 말랬어.부황들지말구 어이 벗어.

지숙 (목걸이 벗으며)얼마짜리래?

윤희 몰라.(이어링은 하고 있는 채)(목에 걸어주려는 것 손으로 잡으며)

이모 반지는 어떡했어.

윤희 뺐어.

이모 간수잘해..반지 뺐다 꼈다 그러다 잃어버리기 십상야.

윤희 네에(끄덕이며)

이모 나는 그저 지금 이 순간 소원이..(패 떼면서)강가눔 얼굴 한번 보는 거 밖에 없네.

조모 쯔쯔쯔쯔쯔(흘기며)

이모 아 바루 지 회사 장차 회장 마누라루 들어앉는 거야.등허리가 써 늘하잖겠수?

지숙   써늘하겠지.회사 그만둬야할걸?

이모   생각같어서는 내가 강가눔 집에 편지두 쓰구 싶네.강가 아니
        면 우리 윤희 (남아 있는데)

조모   (오버랩의 기분)아 강가강가 왜 자꾸 그러구 싶어 이 물색없는
        것아.다 잊어버리구 딴 사람하구 혼인하는 애 앉혀놓구 그눔으 강
        가 소린 왜 해 도무지가.

이모   아 나는

조모   (오버랩의 기분)나는이구 너는이구 두번 다시 강가 입에 올리
        지 말어.하지 마.뭐 하기 좋은 소리 듣기 좋은 소리라구 어이그으
        으으으 철날래면 아직두 멀었다.안직두 멀었어.허옇게 백발 나오
        면서 안직두 철딱서니가 그렇게 없어서 언제/죽어서 철날 거야?

이모   엄마는 괜히

조모   (오버랩의 기분)괜히? 괜히냐?/으쩨 그렇게 쫑대가리가 없어
        그래.묻을얘기는 묻을 줄을 알어야지 이거언 묻을 얘기나 까발릴
        얘기나

이모   (오버랩의 기분)아이구 알었어.애들 앉혀놓구 좀 심하네에에. 알
        어들었어.

조모   (꿍얼꿍얼꿍얼)

지숙   할머니 진짜 화나셨어 엄마.

조모   (오버랩의 기분)너두 그래 너두.너두 마찬가지야.

지숙   (찔끔)

조모   좋은 얘기만 해.좋은 얘기만…(콩 고르면서)애 상채기 왜 건드려.
        잊어버리구 싶은 과거지사 왜 자꾸 들쑤셔.(다시 열나서)까마귀 대
        가리야? 하지 말라소리 얼마나 더해.

윤희　그만하세요 할머니‥뭐 그렇게 화내구 그러세요‥

조모　어이 나가 씻구 자라‥‥얼마나 고단할 거야.어이 일어나(안 보 는 채)

윤희　‥‥(일어나며)안녕히주무세요 할머니.

조모　오냐.(안 보는 채)

윤희　이모

이모　그래.쉬어.(올려다보며)

윤희　(나가고)

이모　(엄마 쪽 흘끔거리며 입으로만 풀풀거리는)

조모　(힐끗 보며)뭘 풀풀거려.(주먹 쥐고 무릎으로 픽 나가며)주둥이 이리 내놔 이리 내.

이모　(겁나서 지숙 앞으로 밀며)아 왜그래요오오오

S#　윤희의 방

윤희　(느리게 옷 벗으며)‥‥‥

S#　약혼식장

영주　축하해요.(손 내밀며)

윤희　‥‥(눈에 가득/미안함 담고 손 내미는)

영주　(손잡고)보기 좋으네요.엉성한 우리 오빠 잘 부탁해요.

윤희　(오버랩의 기분)영주씨

영주　(오버랩의 기분/웃음기 없이 나직이)축복하께요.행복하기 바래요.

S#　윤희의 방

윤희　(옷 벗다 말고 앉아 있는)

S#　약혼식장에서의 영주/컷백/

영주　(무표정하게 음료 마시는/의도적으로 활짝 웃는/혼자 생각에 빠져

424

있는/박수 짝짝 치고 있는/가만히 윤희 쪽 지켜보는/등등/물론 배경 사
람들 함께 넣고 찍어야 합니다)

S# 윤희의 방

윤희 ......

S# 약혼식장 화장실

윤희 (들어오며 본다)

영주 (거울 앞에 서서 콤팩트 들고 손수건으로 눈밑 찍어내다가 잠깐 돌
아보고는 콤팩트 닫고 물 틀어 손 씻는다)····

윤희 ·····(보다가 다가서는데)

영주 (물 잠그며)볼일 안봐요?

윤희 ····

영주 (손수건에 손 닦으며)나한테 할말 있어서요?

윤희 영주씨

영주 (오버랩의 기분)혹시 미안하다 그럴려면 안하는게 좋겠어요.(웃
음기 없이)지금 상황에 그말은 약만 더 오르게 하니까.

윤희 잘못했어요··내가 나쁜짓 했어요···그렇지만 영주씨 상처 입게
하는 건

영주 (오버랩의 기분)원래 목적은 아니었다구요?그래서 결과가 바
뀌지나요?이건···그래요.서윤희씨는 동우가 목표였죠··바로 동우
등뒤에 내가 서있는 거 알아요.동우한테 총을 겨눠 쏘았어요.····총
알이 나까지 뚫어버린 거죠.피흘리며 숨넘어가기 직전인 나한테/
너까지 쓰러트릴 생각은 없었어 미안해 이해해줘···똑같아요.(무서
울 필요는 없음)

윤희 ......

영주   원래 목적이 아니었던 게 아니라 나라는 존재는 무시/묵살했던 거죠.나두 서대리와 같은 한 인간/한 여자라는 생각을 해줬었으면…좀 달랐을 거에요.그렇죠?

윤희   (시선 피하며‥끄덕인다)

영주   좋아요.복수극엔 어이없는 희생자 곧잘 나와요.예를들면 목표한 사람 마시게 할 독약을 엉뚱한 사람이 마시고 죽는다든지하는.

윤희   ……(다른 데 보는 채 눈물 뚜르르르)

영주   오빠가 대단히 많이 사랑해요.오빠 책임져요.그럼 돼요.

윤희   ….(보는)

영주   이 일은…가능한한 빨리 잊거나 아니면…뭐 있을 수 있는 일/아무것두 아닌 일루 털어버려야 해요.아니면/오랜 세월/어쩌면 평생을 치료 안되는 고질병하나 껴안구 사는 꼴 될 거에요.그럴 순 없잖아요?

윤희   미안해요.

영주   (좀 웃어 보이며)약오른다니까요.(백 집어 들며)나 먼저 나가께요.(하고 움직이다가)아/내가 어떤 쪽으루 결론을 내든 우리 둘은 비밀 결사대에요.무덤까지 가는…

윤희   ….(보며)

영주   …(빠르게 나간다)

S# 윤희의 방

윤희   ……

S# 어느 바‥

영주   ….(천천히‥아주 천천히 마시는)….

동우   (술잔만 내려다보는)……

426

영주   (후루루루 한숨 내쉬며 옆으로 고개 돌리고 술잔 내려놓는)....

동우   .....(보는)....

영주   지루하지 않니?

동우   ...아니..

영주   너는 놔버리구 편안한데...나는 왜 못놓구 이렇게 머리가 터질
    거 같을까 동우야.

동우   (보며)....

영주   (쓰게 웃으며 술잔 집어 들며)너 내 머리 꼭대기 잘봐.연기나면
    소방차 불러.불날 거 같아.(하고 마신다)

동우   ...(잔 내릴 때까지 기다렸다가)그러지 마 영주야...나 그럴만한
    가치가 없는 눔이라니까.

영주   (안 보는 채 차갑게)멍청한 소리 하지 마.한 남자 한 여자/두 사
    람 사이에 상대방 가치는 완전히 주관적인 거야.

동우   너 아파하는 거...보기 괴로워.

영주   나는 아파 죽을지경인데 구경하기 괴롭다구 투정이니?

동우   ....(보며)

영주   (핸드백 챙겨들고 일어나며)가자.

동우   (일어나서..영주 잡아주며 허리 안는데)

영주   (갑자기 입 꽉 다물고 마구 패기 시작한다)

동우   (처음에는 대책 없이 얻어맞다가/다른 손님들이 쳐다보기 시작하자
    영주 껴안고 맞아가며 끌어낸다)

S# 그 앞

영주   (끌려 나오며)놔!이거 놔!놔 이자식아 놔놔.

동우   가만 있어.데려다주께 가만 있어.진정해 진정하라구!(뒤에서

허리 꽉 안고 움직이려 하며)

영주 나 안취했단 말야!취한 사람 취급하지 마 너.기분 나빠!이거
놔.안놀래?안 놀 거야?!

동우 그만해.그만해그만해.

영주 뭐 놔버렸다구?놔버려 편하다구?거짓말하지 마 이자식아.그
말 내가 믿을 줄 아니?너 거짓말로 똘똘 뭉친 놈이잖아아!

동우 (잡았던 손에서 힘 빠진다)

영주 (마주 서며)너 아직두 꿈꾸구 있어.그렇지.아직두 배 튕기구 있
어.안될 게 뭐냐.하면 하는 거지.과거는 과거/모두 다 남남인데 못
할 게 뭐냐 너 그러지 그러구 있지.(길가던 행인 중에 더러 걸음 멈추
고 보는 사람이 생기기 시작하고)

동우 영주야.

영주 날 놀수 있어?(오버랩의 기분)어떻게 잡은 봉인데 그렇게 쉽게
놔.자식까지 죽이구 잡은 봉인데 어떻게 그렇게 맥없이 놔.

동우 그만해!(열 받아서)

영주 (오버랩의 기분/두 주먹 불끈 쥐고 악쓰는)얼마나 만만한 먹인데!
몽땅 다 먹어치울 수 있는데!얼마나 무서운 놈인데 너!

동우 (오버랩의 기분)그만 안 할 거야?!

영주 꿈 깨.강동우.나 우습게 보지 마!우리 집안 너덜거린다구 우습
게 보지 마 이 납뿐 자식아!소름끼쳐/무서워/겁나아!

동우 끝내애!끝내면 될 거 아냐아!

영주 허/끝내?너 상투적인 소리?끝내자면 더 달라붙으니까?

동우 (오버랩의 기분/꽉 움켜잡아 올리며)정신차려.너 취했어.사람들
구경해. 길바닥이란 말야.

영주   ....(주변을 천천히 돌아본다/눈물범벅인 채)........

S# 주차장

S# 영주 자동차 안

영주   (눈 감고 기대앉아서)

동우   .....(똑같은 자세)...

영주   동우야...

동우   ....(그대로)

영주   동우야동우야동우야...

동우   ....(머리 떼고 돌아본다)...

영주   (흐느끼며)니 이름부르기....얼마나 좋아했는데....

동우   ......(보며)

영주   동우야동우야동우야 동우야(섧게 흐느끼며)

동우   (콱 안아버린다)

영주   ....(마주 안으며 흐느낌이 큰 울음으로)...

동우   ....(미칠 듯한/)

영주   (더 큰 울음으로)

동우   (우는 영주의 입/입으로 막아버린다)....

S# 자동차

    E 영주의 울음...

S# 영주의 집 전경(한밤중)

S# 영주의 샤워실

영주   (옷 입은 채 샤워 맞고 섰는)......

S# 영주의 방

영주   (수건 감고 허탈하게 나오며 머리 수건 벗기는데)

E 노크‥

영주　(돌아본다)

영은　E 엄마가 내려오래‥‥얘기 좀 하재.

영주　얘기할 거 없어 영은아…나 잔다 그래‥(잠옷 집어 들며)

S# 방문 밖

영은　엄마 걱정하셔서…내려와 얘기해.

영주　E 얘기할 거 없다니까.

영은　싸웠다면서……언니가 이상하게 굴잖어. 핸드폰은 왜 안받어.
엄마랑 나랑 얼마나 여러번 했는데.(하며 돌아본다)

이여사　(올라오는 중)

영은　(고개 흔든다)

이여사　너 좀 나와봐.

영주　E 나갈일 없어요 글쎄.

이여사　나와 봐. 얘기 좀 하자구.

S# 영주의 방

영주　(잠옷/와인 따르며)얘기할 게 없다구 아무 것두.

이여사　E 그 녀석 약혼식장에는 왜 안온거야.

영주　배아팠어. 들었을 거 아냐.

이여사　E 도대체 무슨 문제야. 나와서 얘기하란 말야.

영주　엄마 나 말하기 싫다는거 졸라서 들어본 적 있수? 말하기 싫다
면 그냥 내버려둬.(마신다)

이여사　E (버럭)좋아서 죽구 못살다가 왜 이러냐구!…양다리 걸치구
있지 그렇지? 내말이 맞었지?

영주　(오버랩의 기분)아냐! 넘겨짚지 말아요 그런 거 아니니까아!

430

S# 윤희의 방

윤희 (이불 속에 발 넣고 우두커니 앉아 있다)……(한동안 그대로 있다가 움직여 스탠드 끄는데)

S# 영주의 방

영주 (서성거리며 와인 마시고 있다. 술병과 글라스 나누어 들고)……(잠옷 바람으로)……(서성거리고 서성거리고 서성거리다가 침대 옆으로 가 맥없이 술잔과 병 놓고 옆으로 쓰러지는)……(홀떡 몸 뒤집는)……(다시 홀떡 몸 뒤집는)……(눈 휑하니 뜨고 눈물만 줄줄줄 흘리다가 허억하며 불끈 일어나 앉는)……

S# 영주의 대문 앞(밤중)

영주 (잠옷 위에 바바리만 걸친 채 대문 나와 퍽퍽퍽퍽 걷기 시작한다)…(시선 한 곳에 고정하고)……

S# 동우의 아파트 거실(어둠)

그대로 잠시 두었다가…

E 초인종 소리.

잠시 두었다가 다시 눌러대는

E 초인종 소리.

S# 동우의 침실

동우 ……(어둠 속에서 설핏 잠들어 있다가 깨는데)

E 초인종 소리 연속적으로 울리는

동우 (벌떡 일어나 나간다)

S# 거실

동우 (나와서 곧장 현관으로 가는데도)

E 계속 울리는 벨

동우 (현관문 열자)

영주 (앞으로 쓰러질 듯 들어서며 동우 허리 안고 무너져 내린다)동우야
아…(약하고 가늘고··애처롭고 슬프게)

동우 ….(놀라움··자책으로 내려다보며)

영주 우리 그냥 가자.그냥 가버리자.(꽉꽉 안으며)가자 동우야.가자
가자.

동우 (오버랩의 기분/좀 거칠게 영주 일으켜 세우면서 흔든다)이러지
마.침뱉구 돌아서!(소리는 억제하지만 감정은 올라서)너답지 않아.왜
이래.이건 니가 아니야.흔들리지 마.허물어지지마.(영주 턱 두 손으
로 잡아 올리고)너 감당 못해.나두 못해.감정은 배제해.머리루 생각
해.니가 날 사랑하는 건 여기까지야.더 이상 사랑할 수 없어.증오하
게 된단 말야.제발 끝내버리구 더 이상 피흘리지 마!

영주 (오버랩의 기분)동우야.

동우 E 너 데리구 도망칠 수 있는 데가 있다면 나두 그러구 싶다구!

S# 동숙의 방

동숙 (자다 일어나 듣고 있는)

동우 E 도망칠데 어디야.아프리카?사하라?남극./북극?……(그리고
는 아무 소리도 들리지 않는다)

동숙 ……

S# 거실 현관께

동우 (영주 안고 뒷머리 손으로 싸 가슴에 붙이고)그만 해…너 위해서
그만해…제발 ··말들어.자존심 찾아…너…(떼어놓고 보며)훌륭하구
잘난 여자야…재수없었다 생각해.말들어…(얼굴에 손대며)들어 응?
…들어 영주야…들어……

432

S# 구기동 골목을 들어서고 있는 택시··

S# 영주 집 앞에서 멎는 택시···

동우　(먼저 내려서 영주 쪽 문 열고 잡아 내리게 한다)···

영주　·····(내리는)···

동우　(데리고 대문으로)····(벨 누르려는데)

영주　(오버랩의 기분)열쇠 있어··

동우　(돌아본다)

영주　(대문 열고 헛청헛청 들어가는)

동우　······(보며)····(택시는 대기 중)··

F.O

S# 영주의 거실(아침)

S# 주방

영주　····(천천히 커피 마시고 있다)···

이여사　····(먹으며 보는)···

영주　(커피 잔 들고 일어선다)

이여사　밥 안먹어?

영주　생각이 없어.

이여사　며칠째야.굶어죽을래?

영주　죽지 않을 만큼은 먹잖어요.

이여사　왜 이렇게 피를 말려 도대체가.

영주　(그냥 나간다)···

이여사　····(딸 나가는 것 보다가 수저 놓으며)니가 입 안열면 그녀석 불러들이면 돼.

영주　(도로 들어오며)하지 마 엄마.

이여사 ?

영주 개하구 나하구 둘이 해결보면 돼.하지마 절대루 하지 마.

이여사 도대체 무슨 일이야아(야단치는 것 아니고 답답해서 달래듯)

영주 싫증나서 그래.결혼하기 싫어졌어.이런 내 자신이 너무 한심
하구 기막혀서 그래.됐수?….(하고 돌아서는데)

이여사 말이 되는 소릴 해.(영주 되돌아본다)

이여사 E 분명히 뭐 있어.

영주 없어.

이여사 있어.

영주 없어.그냥 시시해진 거야.시들해졌다구.개 엄마두 동생들두
다 짐스럽게 생각돼.그거 해결해주자면 끝두 없겠어.그런 게 다 짜
증나.엄마 말대루 돈 때매 나 붙잡었나 의심두 들기 시작하구 나
복잡해 엄마.

이여사 이제야? 이제야 본 정신 들어온 거야?

영주 그런 거 같아.

이여사 그럼 파혼해버리면 그만이지 골은 왜썩여.(일어나며)

영주 파혼해두 내가 해요.(차분해져서)엄만 나서지 말구 가만 있어요.

이여사 (딸 앞 스치고 나가면서)뭐랬어.왜 그렇게 늦어 맹꽁이…

영주 (엄마 보는)

S# 거실

이여사 (나와서 의자로 가며)아니다싶으면 일찌감치 접구 마는 거야.
아니다아니다 하면서 끌려들어가는 건 화약지구 불루 뛰어드는
거야.

영주 (나와서 대꾸 없이 계단 올라가는데)

이여사 E 파혼해.(올라가는 영주에게)

영주 (돌아본다)

이여사 (신문 집으며)밥 안먹구 골썩일 일두 많다.

영주 (오버랩의 기분/무슨 말인가 하려다가 그만두며/……울음이 차오른
다)…(잠시 그대로 있다가 계단 뛰어 올라가는)‥

S# 영주의 방

영주 (들어와서 문에 등짝 붙이고 서서)……

S# 커다란 빌딩에서 나오고 있는 동우

E 핸드폰 울린다.

동우 (받는다)네 강동웁니다.

영주 F 뭐하니.

동우 …(그 빌딩 주차장으로 걸으며)일하는 중야.

영주 F 밖이구나.

동우 그래‥(마주 오던 사람하고 부딪히며)

영주 F 길인 거 같다. 맞니?

동우 맞어…….

영주 밥은 잘 얻어먹구 나왔니?

동우 그래‥

영주 F 나 아직 끝 못냈어 동우야.

동우 ……

영주 F 끝나면 끝났다구 알려주께…

동우 그래‥그래 줘.

S# 영주의 방

영주 (침대에 옆으로 걸터앉아/시선 좀 올라가며)너 행복하게 해주구

싫었다?….너랑 같이 가구 싶은데 많았는데…모로코…바그다드…
비엔나··뻬쩨르부르그….

S# 최고급 혼수 가게··

윤희   (이모와 함께 주인과 의논하고 있는 중)……

　　　E 윤희 핸드폰이 운다.

윤희   (얼른 핸드백에서 핸드폰 꺼낸다)네에.

영국   F 지금 어딨어요.

S# 기획실

영국   동네가 어디냐구….아 너무 멀다.가까운데면 이모님하구 같이
　　　식사나할까 했는데.(시계 보며)회의까지 사십분 밖에 안남았으니
　　　거기서 여기까지 와 밥먹긴 불가능하구……음··좀 늦었어요.이것저
　　　것 하다 보니까.

S# 혼수집

윤희   전화끊구 빨리 점심부터 드세요….아뇨,우리두 아직 전이에
　　　요.이제 먹어야죠…알었어요.이모··전화··

이모   나 바꾸래?··(반가와서)여보세요?엉 노서방인가?….(듣다가)
　　　아이구 말만 들어두 먹은 거나 진배 없어.맛있게 잘 먹었어 고마
　　　워(윤희와 눈 맞추고 웃으며)··응…그러엄··그래 그럼 윤희 바꿔주께
　　　에?(윤희에게)

윤희   네에··네(하고 웃으며 이모와 눈 맞추는)

S# 기획실 비서실

영국   (나오면서)점심들 마쳤죠.

배와 인주   (일어나며)네 상무님.

영국   나보다 팔짜들이 낫군.흠흠(나간다)

436

S# 복도

영국 (승강기 쪽으로)

　　승강기 열리고

회장 (내린다/청년 비서 하나 따라 내리며 인사하고)

영국 (목례)

회장 점심 먹었니?

영국 지금 내려가는 길입니다.

회장 따라 와.

영국 ··아직 전이세요?

회장 ····(그냥 가는)

영국 ····(따르며)왜 이렇게 늦으셨어요··

회장 하사장 병실에 다녀오는 길이야.

영국 ···상태가···나쁘신가요?

회장 ·····

S# 회장 식당

영국 ····(무거운 회장 보면서)····

　　탕 종류가 나오고 있다···

회장 (냅킨 펴서 무릎에 덮는)····

영국 상태가 좋지 않으세요?

회장 (오버랩의 기분)쉬이 업무에 복귀하기 어렵겠어.

영국 ·····

회장 운이 좋아 회복이 된다구 가정해두···완전회복은 기대할 수 없
　　다 그러구···

영국 담당의 만나셨어요?

회장 인정상 공석으루 비워두는 것두 어느 정도지/빈자리 채울 준비 해라.

영국 네…알겠습니다.

회장 ……

영국 제 생각에는 장 부사장님이 어떨까 싶은데요.

회장 (후추 넣고 젓다가 본다)?

영국 추진력두 있으시구 인품두 좋으시구/뭣보다구 균형감각이 뛰어나신 거 같든데요. 어른을 품평하는 게 좀 건방집니다만

회장 (오버랩의 기분)니가 맡어.

영국 ?…예?

회장 돌아갈 거 없다. 니가 해.

영국 작은 아버지.

회장 밥 먹자.

영국 작은 아버지.

회장 ……

영국 전 아직 멀었어요. 어림없습니다. 삼년 주신다구 하셨잖아요. 삼년이면 어느 정도 자신이 붙을 거 같습니다. 지금 저한테 그 자리 맡으시라는 건 애한테

회장 (오버랩의 기분 안 보는 채)언제까지 애야. 정신자세만 제대루 박혀 있구 하고자하는 의지만 있으면 할수 있어.

영국 (오버랩의 기분)작은 아버지.

회장 (오버랩의 기분)니 나이에 가업 물려받어 꽤 지혜롭게 경영하는 예두 없지 않어.

영국 저기 회장님.

회장　(오버랩의 기분)너혼자 하는 거 아냐.임원들이 베스트를 다해
　　받쳐줄 거야 겁낼 거 없다.

영국　……(보다가)겁나는데요 작은 아버지.

회장　회사에선 작은아버지라구 부르지 마라‥

영국　겁납니다 회장님.

회장　나두 그랬어.형님 자리에 밀어넣어졌을 때 나두 처음엔 겁이 나
　　더라.한 한달 쯤은 밤잠을 못잤어…너두 한달만 밤잠 못자면 돼.

영국　……(보며)

회장　식어.먹어.

영국　……(뜨다가)저기요 회장님.

회장　(오버랩의 기분)저기구 여기구 먹기나 해.

영국　모험이세요.

회장　모험 한번 해보자구‥

영국　……(보며)

회장　한달 쯤은 비워둬 줘야겠지?

영국　……(숙부 보며)……

S#　기획실

영국　……(가만히 앉아서 미동도 않고)‥‥

S#　일진상선(밤)

S#　기획실

영국　(옆으로 의자 돌리고 기대어 앉아서)……

S#　회사 현관
　　대어지는 영국의 자동차‥

영국　(나와서 자동차로 오른다)…

S# 출발하는 차 안…

영국   ·······

S# 윤희 동네 카페…

영국   ······(앉아 있다)

윤희   (들어온다)······(영국의 자리로)

영국   (문득 보고 일어나 마주 앉으려는 윤희 잡아 옆자리에 앉히며)····

윤희   ?······무슨··일이에요?

영국   (윤희 한 손 잡아 쥐고 탁자 내려다보면서)···사장님이 어젯밤에 뇌출혈루 쓰러지셨어요.

윤희   ?

영국   E 숙부님 병원에 다녀오셨는데····무슨 맘을 잡수셨는지 날더러 회살 맡으시래요···

윤희   ······(보며)

영국   (윤희 보며)숙부님 우리 회사 망하기 바라시는 거 아닐까?

윤희   ····(보다가 고개 돌리고 피식 웃어버린다)

영국   (윤희 보는)······나를 뭘믿구 그러시지?

윤희   (영국에게 잡힌 손에 또 한 손 올려 감싸듯 하며)회장님/어떤 분이신데요······겁먹지 마세요.노영국씨는····할 수 있어요···

영국   ······(보며)

제24회

S# 성북동 마당

노모의 휠체어 자리 잡으며.

영국 한 십분만 계세요 네? 아셨죠? 오래 계시면 안돼요 네?

노모 (그저 가만히 뜰 보며)……

윤희 (담요 들고 나와 화면으로 들어오며)감기 드시면 안되니까 어머

님께서 덮어 드리라구 하세요 할머님.

노모 (윤희 본다)…

윤희 (담요 둘러주면서)들어가세요. 내가 있을 께요.

노모 (오버랩의 기분)고운 애야.

윤희 네 할머님.

노모 ……(고개 마당으로)꽃이 아직 시원찮아.

영국 (오버랩의 기분)조금 더 있어야 해요 할머니. 조금 일러요.

노모 (오버랩의 기분)너는/(윤희 보며)시집을 왔으면 얼른 포태를 해

야지 왜 아직 소식이 없는 거야.

윤희 ?(영국 본다)

노모 돌녀야? 애기 안 들어서?

영국 (오버랩의 기분 웃으며)아이구 참 할머니 즈이들 아직 결혼 안했어요.식을 올리구 함께 살아야 애기를 갖죠오‥

노모 아직… 안했니?(윤희에게)

윤희 네에‥

노모 내가 이렇게 왔다갔다 한다.

영국 흠흠,즈이들두 그럴 때 있어요 할머니.(하며 윤희 본다)

윤희 (연민의 미소로 노모 보며)

영국 부탁해요.

윤희 (영국 보고 끄덕인다)

영국 할머님 전 숙부님께서 무슨 말씀이 있으시대요.들어가 봐야겠어요.

노모 (그저 보고)

영국 (빠지는데)

정원 (정원 의자 하나 들고 와 옆에 놓아주는)

윤희 ?(돌아보고)네 고맙습니다‥

S# 거실

영국 (들어오는데)

한 E 아이한테 얘기들었습니다.그런데 그건 너무 빠르지(영국 소파로 움직이는)싶으네요 서방님.

한 어차피 가야할 길/일찍 출발시키는 게 낫다구 생각하시는 거 모르지는 않습니다만/한 사람 쓰러져 병원에 누웠는데 ‥마치 기다렸다는듯이 (영국 잠깐 돌아보며)애 밀어넣는 것두 신경이 쓰이구요.

회장 ……

영국 (앉으며)그렇다니까요 작은 아버지.결국은 제가 맡을 거라구 알구들 있긴 하지만요 /저 아직 그래두 될만한 그릇이라는 믿음/ 못주구 있어요.시간이 더 필요해요.

회장 ……(뿌우우우)

한 이번에는 다른 사람으루 대체하셨다가 다음 번에 생각해보시 는 게/회사 분위기를 위해서두 또/애를 위해서두 좋지 싶습니다.

회장 그런가요?

한 (오버랩의 기분)제가 뭘 알겠습니까만은

영국 (오버랩의 기분)이제 겨우 걷기 시작하는 애/뛰라 그러지 마세 요 작은 아버지.간청드려요.저 다리 힘 좀 더 기르구요 네?

회장 (오버랩의 기분)알었다.좀 더 생각하지요.그건 그렇구/느이 들..주말에는 반드시 구기동 가서 지내.

영국 ..예 알겠습니다.(별로 내키지는 않지만)

회장 이제 이해하구 동정할 줄 아는 나이 됐어.나이/덮어놓구 그냥 주어 먹지 마라.넉넉해지두룩 해.

영국 예 ..그러겠습니다(에서)

S# 구기동 주방

이여사 (멀건 죽 먹고 있다)……

영은 ....(보다가/저는 점심 먹었고/식탁은 말끔히 치워진 채)엄마 참 이 상해. 병원가길 왜 그렇게 싫어해요.

이여사 병원 좋아하는 사람 어딨어.

영은 그래두 아프면 가야지.왜 병을 키우냐구.벌써 며칠째에요.

이여사 (혼잣소리처럼)병원 냄새 지긋지긋해.늬 아부지/병원 몇년

계셨니. 근처두 가기 싫어.

여자   (따끈한 숭늉 대접 옆에 놓으면서(오버랩의 기분))그러시다 이제 큰 병 얻으세요 사모님.

이여사   악담하지 말아요.나 큰 병 얻어 아줌마 좋을 거 없어요.

여자   아이구 사모님두 누가 그런 뜻으루

이여사   (오버랩의 기분)틈새 찾어 끼어들려구 좀 하지 말구 아줌마 볼일 봐요.

여자   예에‥걱정돼서 하는 말이지요오.사모님 걱정돼서요‥(하며 나간다)

이여사   (안 보는 채)…니 언니한테 뭐 들은 얘기 없어?

영은   ‥아니.

이여사   ….

영은   뭐가 있긴 있나봐.매일 밤 와인 한병 씩이에요.

이여사   ?‥매일 밤?

영은   네.

이여사   어디 간다 소리두 못들었구?

영은   아뇨.

이여사   몇날 며칠 틀어박혀 있더니…뭐 말을 붙이게 해야 망정이지 못된 것.속병이 왜 안 낫는지 알어?답답해서 이래 내가……아 싫증 났으면 싫증났다/느이 식구 다 질머지구 못가겠다 그럼 간단한 거 아냐.뭐가 어려워 술 퍼마시며 낑낑거려.

영은   …‥(그저 보며/그건 아닐 텐데…)

이여사   왜 반대했는데.헛똑똑이.

영은   알지두 못하면서 엄만‥

이여사　지입으루 한 말야(영은에게 처음으로 하는 말은 아님)

영은　….

이여사　다시 태어나면 자식 안날 거야.자식 정말 냄새나…

S# 어느 공원 벤치

영주　(혼자 앉아 프렌치프라이 하나씩 씹으면서)…..(지나가는 사람들 가끔 한번씩 유심히 보면서)…..(한동안 그러고 있다가 핸드폰 꺼내 죽었던 것 살리고/살아날 때까지 기다렸다가 단축 누른다)….

　　F 신호가는…

동숙　F 네 여보세요?

영주　나에요.오빠 있어요?

동숙　F 잠깐 기다리세요……

동우　F 여보세요…

영주　…..

동우　F 여보세요?

영주　전화 안했었니?….꺼놨었거든.

동우　F …아니…

영주　집으루두 ..안하더라….몇날며칠 궁금하지두 않디?

S# 동우의 거실

동우　(담뱃갑 집으며)….

영주　F ….뭐하구 있니…

　　짐 싸던 중이었던 남매. 동숙은 계속 꾸리고 있고/

동우　(담뱃갑에서 한 개 밀어 입에 물며)…

영주　F 뭐하구 있냐구.

동우　그냥…있어..

영주 F ···점심은 먹었니?

동우 먹었어···(라이터 불붙인다)

S# 윤희 동네 카페··

수연 (찻잔 들며)나 내일 애들아빠 출장가는데 묻어서 뉴욕가.

윤희 ··?(찻잔 들다 보는)

수연 니 결혼식··못봐··

윤희 그래.(끄덕이며 마신다)

수연 ··(보다가 한 모금 마시고 내리며 보는)너···자신 있는 거니?···그 남자에 대해서 자신있구 너 자신에 대해서 자신 있는 거야?

윤희 (오버랩의 기분/찻잔 내리며)내처지에 뭐가 그렇게 자신있겠어 ··자신없어···(시선 올려 보며 조금 가벼운 걸 가장하고)노상무 지금은 그렇게 한심한 사람 같지 않아.그렇지만 누가 알아.또 나···언제 어떻게 들통나 빠당할지 누가 알어.무슨 자신이 있어.

수연 너····강동우는 완전히 다 털었니?털구 결혼하는 거야?

윤희 (오버랩의 기분)수연아····(잠시 있다가 보며 쓸쓸하게 웃으며)나 아직 그 사람 꿈 꾸다 깨는 일 있어····

수연 ····(보며)

윤희 미련 없냐 물으면 그런 건 없어.그런데 ···아직 꿈은 꿔.미련없어두 흔적은 남아 있나봐.꿈꾸다 깨면···우리 좋았던 지난날/···우리 사랑/···시체를 만진 것 같아서···슬퍼···그 사람 잘못되기 안 바라구··나 잘못 안됐으면 좋겠구···그래··

수연 나 개입했던 거···너 위해서였다는 거 믿니?

윤희 (끄덕이며)원래 정의파잖어.

수연 ····(보다가)노영주 대단해.(찻잔 집으며)나같은 건 흉내두 못내

446

겠어.웃기지.걔하구 친구하구 싶은 거 있지.(마시는)

윤희 (쓴웃음/끄덕이는 듯)··나두 그래.

수연 그 사람들은 어떡한다니.

윤희 몰라···모르겠어.(찻잔 들며)

수연 ··(잠깐 보다가 찻잔 내려놓으며)나말야 노영주··/강동우랑 안끝내구 그대루 밀구나두··이젠 너/운명이다 하구 감수할 수 밖에 어쩔 수 없단 생각이 든다.(하며 본다)

윤희 (끄덕이며)나두 그렇게 생각해···어쩔 수 없다 생각해.노상무··· 너무 딱하구 미안하지만···그래두 완전히 깨버리는 거 보다는···(수연 보며)감수하는 편이 낫다구 나두 생각해.그런 채루···또 (시선 내리며)따루따루 괜찮을 수두 있잖을까? 서루 안보구 살면 ···사람은 망각에 동물이니까··또 ···우리 다 얼마쯤은 뻔뻔스러우니까···

수연 ·····(보며)

윤희 (조금 웃으며)나 얼마나 뻔뻔스러운지 아니?이런 일 저질러놓구 있잖니.행복하구 싶다구 생각해.행복하구 편안해지구 싶어.(시선 약간 옆으로)사랑받구 대우받으면서 살아보구 싶다구···(울먹울먹)태어나자마자 금방 호적에 올릴 수 있는 아이 낳아/출퇴근 안하구 스물네시간 들여다보면서···(목이 찢어지며)그렇게 엄마 노릇두 한번 제대루 해보구 싶구···(고개 꺾고 입 꼭 다물고 눈물 돌면서)

수연 ····(눈물 함께 돌아나오면서 보는)······

윤희 (손으로 눈물 밀어 닦으면서)혜림이 보내구 얼마 되지두 않았는데 벌써 이런 생각해.이렇게 뻔뻔해··

수연 뻔뻔한 거 아냐····(저도 눈물 처리하며)너 이해해. 이해하구 동감해.그렇게 생각할 거 없어.

윤희   ….

수연   (손수건 꺼내는/좀 가볍게)….너 내 웨딩드레스 빌려입는다 그랬
      던 거 기억하니?

윤희   (끄덕이는/안 보는 채)

수연   (눈물 찍으며)드레스 입은거 못봐서 섭섭해.나중에 사진으루 봐
      야겠다.

윤희   (끄덕이며)너한테 신세 많이 졌어.천천히 갚으께.

수연   갚을 신세 없어.괜한 소리마‥(손수건 집어넣으며)

윤희   부잣집 딸(수습하며)나같은 애하구 놀아주면서(조금 웃으며)
      돈두 여러번 꿔주구 취직두 시켜주구 신경두 많이 썼어야했구‥귀
      찮았을거야‥고마워.

수연   다시 안보니?그런 촌스런 소리 왜 하는 거야?

S# 골목길

윤희   (수연의 자리에 있던 쇼핑 봉투 들고 걸어오고 있다)……..
      E 핸드폰 울린다.

윤희   (걸음 멈추고 전화 꺼내 받는다)네 여보세요.

영국   F 아 나에요.차 왜 금방 들여보냈어요.집으루 갔다면서요.

윤희   친구/집 근처서 약속했었어요.(만나기로 했었어요)볼일 다 봤어
      요.집으루 들어가는 길이에요.

영국   F 그래요?나 어머니하구 작은 어머니 만나러 나가니까

S# 거실

영국   (오버랩의 기분)그런줄 알아요.두분 같이 볼일보실 게 있구 그리
      구 저녁 잡수신대요.(한여사 나온다/돌아보며)룸살롱 안갑니다 엉뚱
      한 상상/하지 말아요.

448

S# 골목길

윤희 (조금 웃으며)엉뚱한 상상같은 거 안해요.

영국 F 아까 친구 전화받는 거 봤잖아요.

윤희 (오버랩의 기분)상관안해요.괜찮아요.모르는 여자들 전화만

받게 하지 마세요.(에서)

S# 한꺼번에 푸드드득 날아오르는 공원의 비둘기들

S# 공원을 걷고 있는 동우 영주…너무 느리지도 빠르지도 않게/목적지가 있

는 것은 아니다.

동우 영주 …‥

영주 ‥‥

동우 ‥‥

영주 (문득 후루루 한숨 섞어서/하늘 올려다보며)남에 속두 모르구 날

씨는 참 끝내준다.…‥그치?…

동우 …‥‥‥

영주 꽃은 피구‥새는 노래하구…땅이 숨쉬는 냄새/ 물씬물씬 올라

오는데…어떻게 지냈니.(돌아보며)

동우 …‥그냥…

영주 (오버랩의 기분)난 집에만 있었어…첨 나왔어.…‥궁금했지만 참

았어…참으면서 그 대신 생각이라는 걸 많이 했지…(처지지 말 것)

동우 …‥(걸으며 보는)…

영주 (팔 끼며)그러다 머리가 터질 거 같으면 와인 마시구 자버리구…

깨면 다시 생각이라는 걸 하구.…‥

동우 …(고개 땅으로)…

영주 사랑이 뭐니.…‥

동우　(돌아보며)…

영주　(눈 맞추고)간단히 말해서 너무 좋아서 죽는 날까지 ··내꺼만으루 갖구 싶은 욕심이드라…

동우　····(고개 앞으로)

영주　(고개 앞으로)둘이 서루··참을 수 없이 서루가 욕심나면 그때 결혼이라는 걸 하지…나는 처음부터 니가 엄청나게 욕심났었구…나만큼은 아니었지만 너두…내가 탐난다구 니 입으루 그랬잖어.아니니?(돌아보는)

동우　그래··그랬었어.

영주　(멈추며 보는)내가 너한테 빠진거··허상에 속았다구는 생각 안 할 거야.내가 선택한 사람 시시하게 만들면 나두 같이 시시해지거든…

동우　····(보며)

영주　누가 뭐라든 니 진심이 어떤 쪽이었든 너는 날 사랑했구 아직두 사랑한다구 믿을래.

동우　영주야(오버랩의 기분)

영주　(오버랩의 기분)불만 있어두 정정하지는 마.내 맘대루 생각할 거니까.나 지금 위안이 필요해.안 그럼 (하며 동우 가슴 한쪽에 손바닥 하나 붙이며)나 자신을 지탱할 수가 없어……알아듣지?(좀 차분해지며)

동우　(오버랩의 기분/)다시는 너같은 여자 만날 수 없다는 거 알아…(가슴에 붙인 영주의 손 잡아 내리며)너 놓치구…앞으루 …그저 여자는 만날 수 있을지 모르지만…너처럼 ··아니/ 너하구 비교해두 될 사람은 절대··다시 없어.(울 듯한 쓴웃음)…내 불행에 반은 아마 그걸 거야..

영주 니말 믿으께 동우야......무지무지 고맙다.정말 고마워....

동우 ...(보다가 안아 붙이며)헛소리 아냐.믿어....

영주 ......(안겨서 있다가)...나 내일 비행기 타 동우야....

동우 .....(눈 뜬 채 듣고 있다가).......(눈 감는다)...

S# 벤치

나란히 앉아서

영주 한 사람 비행기 타구 남의 나라루 가버리는 마무리...상투적이
라 말두 못하게 싫었어.

영주 E 그렇지만 다른 방법이 없드라.드라마나 영화가 왜 그러는지/

영주 내가 당해보니까 알겠어....

동우 (안 보는 채 끄덕이고)어디루 가는데...

영주 우선 빠리가 사흘 있다 스톡홀름으루 가...아직 백야 다 안 끝
나서 밤이 길다지만..뭐 어때.잠 많이 자면서 천천히 여행할래.아
는 사람 없는데루 다니면서..내가 아는 유행가 전부 다 속으루 한
번씩 불러보구...그래 볼거야.어떻게 되나.

동우 .....

영주 (동우 돌아보며)너 술취해서 유행가 부르며 비틀거리구 싶지
않다 그러더니/그거 내가 하게 생겼으니 우습지 않니?

동우 ...(안 보는 채)

영주 ....(동우 보며)

S# 카페

동우 ....(찻잔 저으며)집에는..어떡하구...(안 보는 채)

영주 (찻잔 올리며)알아서 하께....(한 모금 마시고 내리며)혹시 나 떠

난 뒤에 우리 집에서 너 불러다 힐책하거나 비난 하거나 그래두…
그저 성격차이루/…결혼하는 거 일단 유보하기루 했다구만 대
답해.

동우 ?

영주 E (동우 위에)다른 말은 할 거 없어.비굴하지두 마.

영주 당당하게 굴어.내 성깔때매라구 해.

동우 유보?

영주 완전 끝이다 그러구 나감/··작은아버지나 성북동 어른…경솔
하다 그러실 거구…어쩌면 사람 풀어서라두 잡아들일려구 드실 거
야··또···오빠 결혼식 전에 나는 파장이다 그래서…집안 시끄럽게
하기두 싫어.잠시 유보다 그러는 게 훨씬 덜 시끄러울 거야.

동우 ·····(보며)결혼식은.

영주 너 또 복통나 식장에 못나타났다 그래?그리구 ··서대리한테
내 존재··굉장한 스트레스야.내가 없어져줘야 해.

동우 ····(보며)

영주 시간 좀 벌어놨다가…뒷처린 나중에 하자··

동우 (끄덕이고)아파트 비울 준비하구 있어.짐싸다 나왔어.

영주 ·····(보며)

동우 춘천 것두 금방 비우께.둘 다 처분하구/모자란 거 어떻게든 메
꿔서/너 없어두 처리하께.

영주 그건 안 그래두 돼 동우야.

동우 (오버랩의 기분)할꺼야.

영주 ····(보며)

동우 아파트 크게 안 밑지구 처분할려면 시일 좀 걸려····알아서 하께.

영주 ·····(보다가)그래···그럼 하구싶은대루 해···

동우 어제 퇴근하면서 ··사표냈어··

영주 ·····(보며)벌써 그랬니?

동우 걱정마.오라는데 많아·····(보다가)건강하게 지내··

영주 ····(보며)

동우 (시선 들어 보며)나두 그럴 거야···나중에···아주 나중에 어딘가
에서 부딪히더라두···서루 상한 모습은 보여주지 말자.너한테 마
지막으루 원하는 거···그뿐이야.

영주 나는 너한테 원하는 거 ····또 있어 동우야.

동우 ····(시선 내린 채)··뭔데··

영주 니 배웅 받구 싶어····

동우 ····(본다)

영주 ····(보며)

S# 윤희의 방

지숙 (퍼질러 앉아 쇼핑백에서 상자 꺼내며)뭐야?

윤희 ?··(다리미질하다가)몰라.

지숙 언니가 산 거 아냐?(벌써 풀며)

윤희 수연이.남편하구 낼 뉴욕간대.결혼식 못온다구.

지숙 (오버랩의 기분)근데 선물한 사람 성의 무시하구 풀어보지두 않
구 그러구 있어?부잣집 마나님이다 그거야?

윤희 심난해서··(좀 쓴웃음/다리미질)

지숙 우아아 너머 이쁘다 언니야.(제 몸에 대보며/최고급 잠옷과 속옷/)
수연 언니 생각 잘했네.무슨 전기스탠드 부부찻잔/그런 거보다 훨
씬 낫다···나 언제 이런 거 입어보지?(브라 제 가슴에 대어보며/싸구려

안 됩니다)수연언니 언니 사이즈 아니?

윤희 ‥나랑 같어.

지숙 왜 심난해?

윤희 (그냥 다리미질)

지숙 시댁어른들/ 언니 내막 모르시는 거때매?

윤희 …

지숙 …(보다가)할머니랑 엄마 걱정하시드라.까딱하다 애 두셋 낳아놓구 알발루 쫓겨나는 거 아니냐구.시집은 보내는데 그거때매 두 노인네가 목에 가시 걸린 것처럼 영 그렇대.

윤희 ‥‥

지숙 그거때매지?

윤희 그래애(한숨 섞어)

지숙 걱정마 그래서 우리 이사간댄다.

윤희 ?(돌아본다)

지숙 아는 사람 아무두 없는 뚝 떨어진 아파트 동네루 가서 산대.왜 있잖어.어린애 양자들이구 비밀 샐까봐 딴데루 이사가는 거.

윤희 ‥‥(보며)

지숙 (솟옥 챙기면서)걱정마.설마 아무리 재수가 없어두 거기까지 재수없을까.하나님 부처님이 보호해주실 거야.그리구/신랑이 좋다 그랬는데 뭐.자기 부모한테 거짓말 한 건 형부지 언니가 아니니까 언니 잘못 아냐.뱃속 편하게 그렇게 생각해.

  E 대문벨

윤희 …(다리미 질로)‥

지숙 (벌떡 일어나며)언니 결혼식에 내친구들 열다섯명 동원했어.

454

우리 쪽 손님 너머 없잖아…(문 열다가)어 우리 선배 방송국 다니는데 엑스트라 조합에서 한 오백명 불러달랠까?(물론 농담이다)

　　E 다시 벨 소리

이모　E 지숙아아아아아!(악쓰는)

지숙　(엄마 악쓰는 소리와 윤희 대사와 함께)나간다구우우!(튀어나가며)

S# 마루

지숙　(현관문으로)

이모　(내다보고 있다가 지숙 윤희 방에서 나오는데 냅다)늬 아부지 온댔어.빨랑 나가봐아!(손은 겉절이 무치다가)

지숙　(오버랩의 기분)나가나가.나가구 있잖아요오(현관문 열고)누구세요?

소리　E 정육점에서 왔어요오.

지숙　정육점이래.네에에‥(신 신으며)돈은

이모　(오버랩의 기분)나중에 내나가 준다 그래.

S# 부엌

이모　(겉절이 무치던 곳으로 오며)삼겹살을 궈어 갈비를 궈.

조모　(북어에 양념 바르며)아무렇게나.

이모　애들은 돼지고기 별루구 노서방은 소고기가 별루구 뭘해야 옳을지 모르겠네.

조모　(오버랩의 기분)낼 갈비 멕이구 저녁엔 삼겹살 굽자.

이모　그러까?(하는데)

지숙　E 엄마 아부지 오셨어.

이모　? 정육점이라드니?…(문으로)

S# 마루

이모　(나오며)오러드니까 자주 오네?귀찮게스리.(온다는 건 이미 알고 있었으면서도/툴툴거리듯)

남편　생일 얻어먹으러 왔어.(잠바 지퍼 내리며)생일 굶으면 일년내애 배고파.

이모　생일 찾어먹다 실업자 되는 거 아닌지 몰라.

남편　실업자가 왜 돼.

이모　아 자꾸 일 빠지다 짤리면 실업자지 별게 실업자야?

남편　(오버랩의 기분/나오는 조모에게)저 왔습니다 장모님.

조모　그래애 생일은 찾어먹어야지.

윤희　(나오며)이모부 오셨어요?

남편　(오버랩의 기분)어 집에 있었니?

윤희　네.

남편　준비는 잘돼가?

윤희　네 이모부.

지숙　(고기 봉지 할머니 주며(오버랩의 기분))할머니.(이거)

남편　(오버랩의 기분)평생 일터에서 짤리구 들어오는 꼴 봤어?(안방으로 움직이며)재수없게 왜 그런 소린 해.

이모　나이가 들었으니까 그렇지이..나이 먹은 사람 서럽잖어.(지숙 찔벅거리며)목욕할라우?

남편　어 안 씻으면 장모님 싫어하시잖어.

이모　온수 너..

지숙　엉.(벌써 안방으로)

이모　삼겹살 굽는다.(조모 따라 들어가려다)너 싫지?

윤희　아냐 이모.괜찮아요.

이모 넓은 갈비 꿔주께.(오늘은 참어/들어간다)

윤희 ....(보다가 부엌으로)

S# 부엌

윤희 (들어오며)나 뭐 할 거 없어요?

이모 부엌 좁아.왜 들어와?

윤희 (오버랩의 기분)이모 우리...이사간다며요.

이모 ?...입방정은 암튼(지숙이)...할머니 아파트 살아보구 싶댄다.

윤희 거짓말...언젠가 이터에 집 새루 짓기루 /..그게 이모랑 할머니 꿈이잖어.그리구 아파트가면 할머니 상추랑 쑥갓 어디가 갈어 잡숴.

조모 (오버랩의 기분)허리 아퍼서 것두 이제 못해.신경쓸 거 없다.집을 언제 지어.어느 천년에.(양념 바르며)그리구..너 잘살아야지 까짓 상추 쑥갓이 무슨 대수야.

이모 무슨 대수야.(겉절이 그릇에 담으며)너만 잘산다면 우리 아오지래두가.

윤희 ....(이모와 할머니 보며).......

S# 이여사의 침실

영주 (침대에 기대앉아 잡지 보던 이여사)...할 얘기 있어요.침대에서 좀 내려와 줄수 없어요?

이여사 ...(보다가 침대 내려서며)지 형제들 다 집 한채씩 사내라는 거야 뭐야.그 볼일보자구 너 홀린 놈인 거 알었구 싫증났으면 그걸루 끝이지/(의자로 가며)왜 밤마다 와인은 한병씩 비워.그러다 알콜 중독 될 거야?그래 얘기 좀 하자.(앉으며)앉어.뭐가 문제야.얘기해 봐 어디.

영주　(서서 보며)….

이여사　앉어 얼른.

영주　…(잠시 더 보다가 앉으며)엄마 좋아할 거야.나 끝내구 들어왔어.

이여사　?….(말은 그렇게 했지만 의외다)..끝내?

영주　(오버랩의 기분/눈물은 돌아나지만 비극의 주인공처럼은 하지 말 것)싫증나서두 아니구 뭘 요구해서두 아니야.그건 다 괜한 소리였 구 엄마..나 동우 사랑해.어떻게 할 수가 없게 사랑해.그러니까 동 우한테두 나한테두 야박한 소린 하지 말아줘요.(처지지 말 것)

이여사　….그런데 왜 끝내.끝내는 이유는 뭐야 그럼.

영주　(오버랩의 기분)여자 있었다구 했었지?그 여자가..(침 꿀컥 넘기 고)동우 나한테 안준대.

이여사　?…그걸 아직두 정리 안하구 있었단 말이야?(올라서)

영주　(오버랩의 기분)오해/..오해하지 마.(거짓말하려니까)동우가 아 니라 여자가 정릴 안해주는 거야.여자가 안해.

이여사　그게 그거지 뭐야 이 빙충아.

영주　(오버랩의 기분)아냐 달라.여자가 앙심먹은 거야.작은..작은 아 버지랑 성북동에 다 꽈바치구/…오온 잡지에 기사꺼리 주구..그런 대.그럼 우리 뭐가 되우.

이여사　….(보며)

영주　그런 망신..당할 수 있어?

이여사　무슨 그런 기집애가 다 있어.지 수준하구 딱 맞는다.글쎄 그 수준밖에 안되는 녀석이라니까.

영주　(오버랩의 기분)야박한 소리 하지 말랬지 엄마.

이여사　….

영주 그래서 그만뒀으니까/ 그러니까 엄마…그런 줄 알구 나 좀 도
와줘요.나 도와줄 사람…엄마 밖에 없어…나 너무 힘들어어어‥너
무 아파…등신이라 그러지 마…으응?…

이여사 …..(보면서 불쌍해지는)

영주 싫증나서가 아니야…나 그래두 우리 노씨 집안 자식이야.나까
지 집안 망신 안시킬래…

이여사 돈으루 해결 안돼?

영주 (고개 저으며)돈 아냐…

이여사 어떤 집 딸야.

영주 알 거 없어요…오빠 결혼식 못보겠어.(안 보는 채)…내일 나갈
거야…

이여사 ….(보며)…

영주 그냥..여행….모두한테는…(보며)엄마가 말해…성격차이루 대
판 싸우구…나가버렸다구…나 성격 못된 거 아시니까 들…그런가
부다 하실 거야…

이여사 그래두 오래비 결혼은 보구 나가야지‥

영주 아냐.(오버랩의 기분)…질척거리면…끝 못내…(엄마 보며)여기
까지 얼마나 힘들었는지 몰라 엄마.(울음 터진다)…

이여사 ….(보다가 손 뻗혀 딸 어깨 건드리는)

영주 …(엎어지며)엄마 미안해…미안해요 못되게 굴어서어…

이여사 그러게 내 뭐랬어.첨부터 그눔은 아니라구 했잖아 이 멍텅
구리야아‥(속 무지 상해서)

S# 영주의 방

영주 (큰 가방 내놓고 짐 싸기 시작한다. 늘쩡거리지 말고 오히려 빠른 템

포로)....

S# 윤희네 마루

남편 (소주잔 장모에게 따르며)윤희 시집보내놓구 장모님 집사람하구 금강산 다녀오세요.

조모 ?

이모 (삼겹살 구워낸 가스 쿠커 집어 내리다가)에에?

지숙 아부지 진짜에요?(윤희도?)

남편 (오버랩의 기분/장모에게)제가 못나서 호강한번 못시켜드렸어요.제 힘껏 해드릴수 있는 게 그저 금강산 구경 정도에요.

조모 (오버랩의 기분)아이구 아이구우우 웬 횡재냐 이게에.이거 늦복이 터지는 거냐아 얼마 못살구 죽을 징조냐 으응?(술잔 든 채 딸에게)

이모 (오버랩의 기분)아니 당신 무슨 돈이 있어서 금강산야아?

남편 (오버랩의 기분)내가 무슨 돈이 있어.버는대루 다 당신한테 바치는데.

이모 ?(조모도 함께?)집엣 돈 풀어 갔다오라구?(겨우 그거였어?)

남편 (오버랩의 기분)한해라두 젊으실 때 다녀오셔야지 나중에는 가구 싶어두 못가셔.내가 예약은 해놨어.

이모 (오버랩의 기분)어으어으어으 난 또오,

남편 (오버랩의 기분)애 닳아하시며 윤희 키우느라 애쓰셨어요 장모님.당신두 수고했어.애쓰구 수고하면 상이 있어얄 거 아냐.제가 상 드려요 장모님.내가 상주는 거야 당신.한잔 받어.

이모 (술잔 받으며)맨입으루 생색내구 으시대기는.아 왜 세계일주는 못보내우.말루 보내는 거.

460

남편 (오버랩의 기분/따르며)세계일주 할테야?

이모 으으응?(어어/점점)

지숙 깔깔깔깔.

이모 (픽 실소 터뜨리고)

조모 못가두 고마워.장모 금강산 보낼 궁리/해준 것만으루두 그 마
음이 고마워서 내가 오늘 술 받게 생겼네.흐흐.(하고 홀쩍 마신다)

남편 네 맘놓구 하세요 하하하하

이모 (오버랩의 기분)천천히 하슈.(엄마 빈 잔에 따르며)깝북 지나쳐
애들 앞에 춤춘다구 일어서지 말구.

조모 (오버랩의 기분)안 그래두 이것만 마시면 벌써 춤추게 생겼
다.그래 춤추자.춤 한번 춰보자(하며 마시려 하는데)

이모 (마시려는 것 막으며(오버랩의 기분))어어어어어 엄마엄마/참
어 참으슈.응?

지숙 (오버랩의 기분)추시라구 해 엄마아.

이모 (오버랩의 기분)그러다 언제쩍 처럼 또 발목 삐면 금강산이구
뭐구 다 황이야.

조모 아이구 옳다 금강산 못가네 차암?그럼 앉아서 춰?(앉아서 춤
추는 시늉하며)천아안 삼거리 흐으으으응 축 늘어졌구나 흐으으
으응…

지숙 (배를 잡고 웃어대고)

이모 어머머머머머.

조모 흐흐흐흐흐흐흐(좋아서 웃어대는)

모두 (한껏 기분 좋고)

윤희 (소리 내어 웃어버린다)

S# 영주의 방

가방은 벌써 출입문 앞에 놓아두고 /빈 방.

S# 거품 속에 들어 있는 영주····천천히 와인 마시면서

S# 영주의 방

영주 (타월 가운 차림. 거울 속의 제 얼굴 보면서 천천히 크림 한 점씩 찍어

놓고)·····(제 얼굴 보며)

S# 침대에 올라앉아 양반다리하고/고개 약간 옆으로 틀고 저만큼 보면서····

S# 티 테이블에 흐트러져 있는 타로 카드들(집시 카드)····

S# 의자에 두 다리 다 끌어 올려 껴안고 고개는 천장으로 완전히 꺾어 올리

고 눈 감고 있는······

S# 방 한가운데 조그맣게 쪼그리고 웅크리고 앉아 있는 영주····

F.O

S# 영주의 집 전경(오전 열 시경)

영주 (이 층에서 내려온다)····

의자에 앉아 있던 영은과 이여사 일어나 움직이고/

영주 나오지 마세요. 나오지 마 영은아.

영은 언니(울먹해서)

영주 뒤통수 보이기 싫어. 알아? 알죠 엄마.

이여사 보는 사람두 괴로워. 너만 그런 거 아냐. (하며 움직이려)

영주 싫다니까.

이여사 ··(보는)

영주 나 가가는 거 쳐다보지두 마. 고개 돌려 영은아. 엄마 돌아서세요···

이여사 언제 올 거야.

영주 (엄마 돌아본다)····지금··나두 몰라. 나두 모르기때매···대답할 수

462

가 없어.

이여사 오래비 행사 끝내구 내가 너한테 움직이께.

영주 아냐 엄마…나중에…나중에 하자구…됐지?

S# 대문 앞

영주 (혼자 나와 대기 중인 자동차에 오르고 자동차 출발)…

S# 구기동 길을 빠지고 있는 자동차

S# 자동차 안

영주 ….(무표정하게 앉아 있는)….(문득 차창으로 고개 돌리며)…..

S# 공항 청사 출발 층으로 들어오는 자동차

자동차가 멎고

영주 (내리는데)

S# 출입문 안에서 본 밖

**S# 동우 시각으로/운전기사 가방 내려 들어다 주려는데 /영주 뭐라고 얘기
하고/혼자**

가방 끌고 입구로 오고 있는··

동우 (출입문 쪽으로)…

영주 (들어오다 앞으로 나서는 동우 본다)…

동우 (말없이 가방 넘겨받으며)티켓 줘.

영주 ….(핸드백 뒤편에서 수속에 필요한 것 꺼내준다)

동우 ……(받아들고 카운터로)

영주 …..(보며)

S# 공항 레스토랑…

찻잔 놓고….

영주 …..(동우 보며)

동우   ····(찻잔 저으며)·····(젓고 또 젓고)···(자꾸 젓는)

영주   그만해 동우야.

동우   ?···(본다)

영주   뭐 녹일 게 많다구 그렇게 자꾸 저어.

동우   (시선 피하며 쓴웃음/커피 잔 들어 마신다)····

영주   ····(보며)

동우   ····(잔 내려놓고)···(담배 꺼내려)

영주   넌 스모킹이야.

동우   (아 하는 얼굴로 담배 도로 넣고)····

영주   내 얼굴 봐·····

동우   ·····(안 보는 채)

영주   ··니 눈에다··오늘 나 ···사진 찍어놔···

동우   ···(본다)

영주   내 얼굴···내 목소리···까먹지 말구···어쩌다 한번 씩은 기억해
        주라.

동우   (시선 내리며 찻잔 집어 든다)·····(집어 들고 찻잔 들여다보듯)····(그
        러다가 마시고 내려놓으며 안 보는 채)너는/나 잊어라···빠르면 빠를
        수록 좋아····소똥 밟았다 생각하구···웃어버려.

영주   (오버랩의 기분)기분 좋았던 순간/나 이뻤던 순간만 기억해.악
        쓰구 고약하게 굴었던 장면들은···잊어버려줘.

동우   (오버랩의 기분)아프지 마···울면서 다니지 말구···유행가두 부
        르지 마.그건··내가 하께···

영주   ·····(보며)

동우   ·····(안 보며)

영주 한가지 물어보께….피하지 말구 나 봐……얼른..

동우 (순하게 보며)왜…뭔데..

영주 내가 너 사랑하는 거…부족하다구 생각한 적 있니?

동우 (잠깐 눈 감으며 고개 좀 세게 흔든다)아냐 절대 아냐.

영주 ….(보며)그럼 너….(좀 아프게 웃으며)내가/..너랑…꽁꽁 숨을데 찾았으니까 오라 그럼…올래?

동우 (보며)….그래 가께…갈 거야..

영주 ……(보다가 고개 옆으로 돌려 저쪽 보면서)…

동우 ….(그대로)

영주 …..(고개 돌린 채 그대로)…

S# 출국 로비 층으로 계단 내려오는 두 사람…(둘이 손잡고)…

S# 로비

　　출국 입구 쪽으로 걸어오는…

영주 (멈추며)동우야(하고 무슨 말인가 하려는데)

동우 (당겨 안아버리는/한 손 잡은 채)…

영주 …..(안겨서)

동우 …..(눈 감고)…

영주 나…안돌아본다…

동우 ….(눈 감은 채)

영주 (몸 떼며)너는…나 사라지기 전에 돌아서지 마…혹시 나두 모르게 돌아봤는데 너 벌써 등보이구 있으면 ..너무 슬플 거 같으니까..응?

동우 (보며)아니..그렇게 안해…(하며 손으로 눈물 닦아주는)

영주 (웃으며 띄워서)간다.

동우　…(그저 보는)

영주　….(웃음기 거두고 잠시 보다가 빠르게 출국 장으로)

동우　….(보며)

영주　…(통과해서 거침없이 사라져 버린다)

동우　……(한동안 그대로 허전하게 서 있는)…

S#　공항 계단을 걸어서 내려오고 있는 동우….

S#　탑승 수속 로비를 빠지는 동우

S#　탑승구 대합실에서 오두마니 앉아 있는 영주….

S#　공항을 빠져나오고 있는 동우의 차…

S#　운전하고 있는 동우……

　　　E (핸드폰 울리는)

동우　….(잠시 두었다가 받는다)네에.

영국　F 자네 지금 어디야.(화난)

동우　…시냅니다.

S#　기획실

영국　(오버랩의 기분)도대체 이게 무슨 짓들야.성격차인 뭐구 사표 뭐
　　야 너!!..

S#　영주의 거실

영국　(동우 세워놓고)누가 늬들 멋대루 결혼 유보하구 출국하구 사
　　표내랬어/결혼이 어린애 장난야?늬들 여태 장난쳤어?

이여사　(의자에 앉아서 어지럽다)조용히 해라.(윤희/이여사 뒤에 서서)

영국　(이여사와 상관없이 연결)성격차이?무슨 개밥같은 소리야 그
　　게/너 영주 성격 어떤지 모르구 시작했어?그만큼 사겼으면 어느
　　정돈 아는 거 아냐.성격차이 없는 커플이 어딨어.사내자식 할 나름

466

아냐 그거?

이여사 (오버랩의 기분)흥분하지 말구 조용하라구.남부끄러.시끄럽게 굴지 마.

영국 (조금 자제하면서)저리가 앉아.앉아서 얘기하자구.

동우 전 할말이 없습니다.

영국 ?..뭐야?

동우 같이 얘기하구 의논해서 내린 결정입니다.영주두 저두 성인입니다.

영국 ?이 자식이.늬들 그래서 내 결혼 불과 이틀 앞에 놓구 이런 짓 해?

동우 죄송합니다.

영국 (오버랩의 기분)일이 이지경이 될만큼 악화되구 있었으면 너 사전에 나하구 한 마디 의논이라두 있었어야 할 거 아냐!문제가 뭔지/어떻게 풀어야 할 건지

동우 (오버랩의 기분)풀릴 수 있는 문제가 아니었습니다.죄송합니다.

영국 …(보다가)그래 좋아 얘기해‥뭐야.풀수 있는 문제였는지 아니었는지 어디 한번 들어보자구.

동우 ….

윤희 ….(동우 쪽 보며)

영국 얘기 해 뭐야.

동우 말할 수 없습니다.

영국 ?‥

동우 E (윤희 위에)얘기할 수 없는 일두 있습니다 상무님.

영국 ‥영주가 변태야?

동우 아닙니다.

영국   그럼 니가··식은 거야?

동우   ··그렇습니다.

영국   ···?

동우   영주두 마찬가지(하는데)

영국   (모질게 후려갈겨 버린다)

윤희   ?···

동우   ···(맞은 채/)··죄송합니다.

윤희   (돌아서 버린다)

이여사   그럴 거 없다···그럴 거 없어.(일어나며)일은 저질러놨구··달
        리 수습할 방도두 필요두 없어.애쓰지 마.보내구 나가 일이나 해
        라.(자기 방으로 움직이며)나 물 좀 한잔 다우.(윤희에게)

윤희   네···(주방으로)

영국   ····(동우 노려보는)

동우   ····(시선 떨군 채)

S# 주방

윤희   ····(컵 찾아 보온 물병에서 물 따르면서)·····

S# 동우 아파트 거실

동우   (창 가까이 서서 담배 태우며 있고)

동철   (큰 짐 끌어내고 있다)··

동숙   (작은 짐들 현관께로 옮기고 있고)···

동우   ····

S# 삼막골 가는 길을 달리는 동우의 자동차······

S# 자동차 안

동철   (운전하며)······

468

동숙 (옆에 앉아서)·····(동숙 문득 뒤 돌아보며)

동우 (자고 있다. 약간 처박힌 것 같은 폼으로)····

동숙 (고개 도로 돌리는)

동철 (동숙 본다)

동숙 (입 모양만으로)자··

동철 ····(운전하는)

동우 ····(자는)

S# 소양호 건너가는 배·····

　　동철과 동숙 같이····

동우 ····(따로)·····

S# 소양호 물과 산과 풍광····

S# 놀리고 있던 밭 괭이질로 파헤치고 있는 동우

　　동숙과 엄마···돌 골라내고 있다···

동우 ···(아무 생각 없이 괭이질만)····

천천히 F.O

S# 수도권 아파트촌(수지 정도)

S# 아파트 거실

조모 (한 팔에 깁스하고 나머지 손으로 마루 걸레질하고 있는데)

지숙 (지쳐서 들어오면서)아구구구구 죽겠다··할머니 손녀딸 원룸
　　하나 만들어주세요··(그냥 벌렁 네 활개 펴고 누우며)이러다간 나 아
　　무래두 시집두 못가보구 죽을 거 같어어어.

조모 그러게 하나 얻어주라는데 에미가 말을 안들으니 어떡해애··

지숙 여기까지 끌구와 출퇴근 시키면 보약이라두 좀 멕여주던지
　　이··(힘들게 일어나며)저두 이제 늙었단 말예요 할머니이.

제24회 469

조모 뎃끼.건방두 떤다.

지숙 (오버랩의 기분)데이트 할 시간이 있어야 연애두 하구 시집두 가지이이.여기서 종로오가까지 정말 장난 아니라니까아?언니때매 나는 진짜 희생/ 너머 한다 머.경기도가 뭐야 경기도가아‥

조모 (걸레 들고 일어나며/일어나는데 등이 많이 굽었다(오버랩의 기분))공기 좋구 살기 좋구 이보다 더 존 데가 어딨어.나는 아주 만족이다 만족‥(하며 욕실 쪽으로 움직이려 하는데)

   E 전화벨

지숙 제가 받으께요…(전화로)네에 평촌인데요….엄마 딸 죽겠어.하루 종일 취재다 촬영이다 쫓아다녔더니 눈뜨구 앉았을 기운두 없어서 일찍 들어왔어.엄마 진짜 나 원룸 하나 안 만들어줄거야?(좀 화내는)

S# 옷 수선집

이모 약발 안받는 원룸 타령 그만하구 시집가라잖어.(시집은 갈 사람이 있어야 가지이)아 글쎄 왜 연애두 못해 잘난척은 독판하는게/중매 죽어두 싫다 연애한다/그럼 연앨해얄 거 아냐 이 칠푼아.할머니 뭐하셔(걸레질하셔)어이구 참 노인네두 못말린다 못말려.엄마 지금 들어간다구 저녁하지 말구 기다리시라 그래.(말린다구 안하셔?)아 밥 안먹구 막국수 먹으러 나갈 꺼라 그래.입 맛없어 죽겠어.막국수 먹자.(에서)

S# 영주의 거실

이여사 …(청년 찬찬히 보며)그래‥아버님은 뭘 하시지?

청년 교직에 계시다가 정년퇴직하셨어요.

이여사 으으응,어머님은‥

청년　어머닌..그냥 살림하세요...평생 살림밖에 모르시는 분이세요.

이여사　.....(너두냐. 실망스러워서 영은 보는)

영은　(엄마 눈치 보는)....

이여사　형제는 몇이나 되지?

청년　누나 둘 하구 형하구 넷이에요.

이여사　몇째?

영은　막내에요 엄마.

이여사　너한테 안 물었어.

영은　...

이여사　교직생활하시면서...공부는 다 시키셨나?

청년　네..공부는 다 했어요.

영은　(오버랩의 기분)형님은 원자력 병원에 있구 누나들은

이여사　(오버랩의 기분)유산이 좀 있으신가부지?

청년　(밝게)아뇨,그런 건 없구 간신히..서루 교대해서 휴학하구 그러면서 간신히 했어요.

이여사　(더 실망)....(그래도)이제 인턴이라면서 봉사활동할 시간 있어?

S#　성북동 윤희의 방

윤희　(화장대에 앉아 화장하고 있다. 파티복에 입고).....

　　E 노크 소리

윤희　?..네에..

여자　(문 열고)준비 다 되셨어요?사장님 곧 도착하신대요 사모님.(먼저 보다 젊은 여자)

윤희　어 다 됐어요..(하고 화장대에서 일어서며 얼굴 마지막 점검하는)...(점검하고 나간다)

S# 거실

윤희 (나와서)어머님은요?

여자 방에 계세요.

윤희 (노모의 방 앞으로 움직여서)어머님?

한 E 오냐‥들어오너라.

S# 노모의 방

윤희 (들어온다)

한 (먼저 가정부와 함께 보행기에 태워놓은 손녀 끌어주다가 돌아보는)준비 다 됐니?

윤희 네 어때요?어머님께 점검 받을려구요.

한 ‥‥(보는)

여자 (오버랩의 기분 윤희에 연결)아이구우우 뭘 입은들 미울까 우리 현이 엄마가아‥

한 (오버랩의 기분)나무랄데 없다.

윤희 어머니 마음에 드세요?

한 마음에 좀 안들어봤으면 좋겠다.애비는

윤희 지금 들어오는 중이에요.(옆에 앉으며)즈이끼리만 나가서 죄송해요 어머님.

한 (좋은 눈으로 보며)나는 내일 음악회 가잖어.

윤희 네 어머님.

한 (보행기 윤희 쪽으로 당겨주며)에미 저녁먹으러 나간단다.우리두 일찌감치 저녁 먹구‥목욕하구 자자아?어으그으으으 내 강아지.

윤희 (애 만지면서)엄마 나갔다 올테니까 떼쓰지 말구 얌전하게 굴

472

어 응? 알었지? 알어듣지? 어머니 뭐 드시구 싶은 거 없으세요? 먼

저 드셨던 초코렛 좀 사오까요?

한　먼저 것두 아직 남었어. 그냥 들어와.

윤희　많이 늦지는 않을 거에요.

한　많이 늦어두 괜찮아.

영국　E (오버랩의 기분) 여보오. 준비 다 됐어?

윤희　어머 벌써 왔나봐. (일어서며) 여깄어요! 그럼 어머니 다녀오겠습

니다.

한　오냐..

윤희　잘놀아아? (손 흔들어 보이고 문 열려 하는데)

영국　(문 열며) 에미 데리러 왔습니다아.

한　오냐.

영국　(들어오며) 어디 우리 공주님 좀 한번 안아보구 나가야지. 웃쌰

아아아 (아이 빼내면서) 오늘 하루는 기분이 어떠셨나요 아가씨. (높

이 치켜들며)

한　아주 떵호아였습니다아아.

윤희　(웃으며 나가고)

영국　(아이에게) 떵호아였어? 기분 좋았어?

S#　윤희의 침실

윤희　(부지런히 들어와 서랍에서 상자 꺼내 열고 반지 끼고 이어링 끼면

서 나이트 백 챙겨 화장대에 놓고 나머지 이어링 끼는데)

영국　(들어오며) 도와줄 거 없어?

윤희　(끼면서) 있어요.

영국　(장으로 움직이며) 어 뭐야.

윤희 (목걸이 집어 들어 내밀며)이것좀.

영국 음.(받아서 걸어주고 뒤에서 안으며)야 진짜 나가기 싫다.

윤희 약속은 자기가 해놓구 꼭 이러드라.

영국 (돌려세우며)향수 좋은데?

윤희 아가씨가 보내준 거에요.오늘 첨 열었는데 좋아요?

영국 당신하구 어울리는데?(턱 끝 들며)

윤희 (슬쩍 손 떼어내며 돌아서는)타이 바꿔매요.

영국 어..뭘루 바꾸까.

윤희 (하나 뽑아 보이며)여보 이거 ..노는 남자루 안보일까요?

영국 노는 남자?

윤희 아저씨같은 타이만 매란다구 불만이면서요.오늘은 노는 남자
처럼 매보라구요 한번.

영국 이이이/(하며 엉덩이 가볍게 때리는)

윤희 (소리 내어 웃으며)

S# **시청 앞 같은 곳을 가고 있는 영국의 자동차……**

　　E 카폰 울리는 소리..

S# **자동차 안**

영국 (카폰 받는다)네에.

영주 F 오빠야?

영국 어 /어 그래 안그래두 통화할 작정이었어.니 올케한테 향수 보
내준 거 말이다.(윤희 미소로 돌아보는)기가 막힌다.그거 행운 목 꽃
향기 비슷하든데 어디서 산 거야.사기 쉬워?

영주 F (오버랩의 기분)뭐야.눈감구 쓰러지면 사망이게 생겼는데두
기쓰구 전화했더니 대짜고짜 어부인 향수 공급책 발령낸다구?

474

영국　(오버랩의 기분)하하하하.그래 알았다 미안하다.등록금 받었지?

영주　F 받았어.고마워.

영국　논문 마무리 잘 돼 가?

영주　F 잘되는 건지 뭔지 모르겠어.언니 좀 바꿔줄래?

영국　어 그래.(전화 윤희에게)당신 바꾸래.

윤희　저에요 아가씨.

영주　F 다음 월요일에 엄마 생신인거 언니 알구 있죠?

윤희　네 그럼요 아가씨.(영국은 그저 좋은 눈으로 보고 있고)

영주　F 혹시 해서요.잘 지내게 해주세요 부탁해요.

윤희　네.잘 하께요.건강하시죠?

영주　F 건강해요.그럼 그만 끊어요.부탁해요오.

　　F 끊기는

영국　뭘 잘하래.

윤희　구기동 어머님 생신 까먹지 말라구요.

영국　(오버랩의 기분)나 원 별 잔소리 다하네 그눔.흠흠…시누라 그거
　　지.지가 시누라 그거야‥흠흠…

윤희　(그저 웃는)

S# 어느 호텔 앞에 와서 멎는 영국의 자동차

경비　(문 열어주며)어서 오십시오 사장님.

영국　(내리고)

윤희　(내리고)

경비　사모님 안녕하십니까.

윤희　안녕하세요.

　　호텔 문으로 들어가려는데

회장   (마주 나온다/가벼운 차림/낚시에서 돌아오는)

윤희   어머나 작은 아버님.

회장   어어‥늬들 웬일야.

영국   동창들 모임있어서요.작은 아버지는요.

회장   낚시갔다 오는 길에 출출해서 간단히 우동 좀 먹느라구 들렀다.

영국   혼자 가셨었어요?(노회장의 차 대어진다)

회장   어 최회장은 딴 볼일 있어 가구…어 나 차 왔다.

영국   예.들어가세요 작은 아버지.

회장   (타면서)즐거운 시간 가져라 아가.

윤희   네‥(하며 목례)

       회장의 차 떠나고‥

두 사람   (인사하고 돌아선다)

S# 호텔 로비

두 사람 들어와서 승강기 쪽으로 가는 데서 카메라가 커피숍 쪽으로 움
직여 들어간다.

S# 커피숍

동우   …(커피만 마시고 있다)‥…

동숙   (대학 이학년쯤)‥…(오빠 보다가 미워서)얘기 좀 해요오‥…오빠아.

동우   ?…(본다)

동숙   얘기 좀 하라구요‥(옆 돌아보며)우리 오빠 원래 말수가 많은 편
은 아니에요 언니.

아가씨   응 괜찮아‥

동숙   말 좀 해요 응?

동우   무슨 말을 하라 그래…할말이 있어야 하지…

동숙 …(기막혀서 보는)

아가씨 저기…제가 별루..그런가보죠?

동우 예..그런데요?

동숙 ?(놀라서)오빠.

동우 (오버랩의 기분)미안해요.먼저 실례합니다(일어서며)너 다시는 쓸데없는 짓 하지 마.(하고 나간다)

동숙 (입 벌리고 어쩔 줄 몰라 하는)…

S# 호텔 로비를 걸어 나오는 동우….그대로 문 밀고 나간다…

S# 담배 태우며 운전하는 동우….

영주 E ….(보며)그럼 너….(좀 아프게 웃으며)내가/..너랑…꽁꽁 숨을 데 찾았으니까 오라 그럼…올래?

동우 (쓴웃음 날리며 담배 끄는)

S# 달리는 동우의 자동차(다리를 건너갈까)

   E 전화벨 울리는…

동우 E 네에..한일해운 강동우 차장입니다…..

   달리는 동우의 자동차……

S# 흐르는 강물…

〈끝〉

부록

TV 드라마

〈무지개〉
1972년, MBC, 주간 드라마.

〈상록수〉
1972년, TBC, 주간 연속극(문예물 각색).

〈새엄마〉
1972~1973년, MBC, 일일 연속극.
재혼한 여성이 대가족을 자신의 의지로 슬기롭게 끌고 나가는 이야기.
가족 중심 일일 연속극의 새 지평을 열다.

〈심판〉
1972년, KBS무대, 단막극.

〈강남가족〉
1974년, MBC, 일일 연속극.
고지식하면서도 정직하고 단란하게 살아가는 공무원 가정의 서민적 일
상생활 이야기.

〈수선화〉
1974년, MBC, 일일 연속극.
여성을 중심으로 지혜롭게 살아가는 가정살이 이야기, 세칭 '김수현표

드라마'로 평가받기 시작.

〈하얀 밤〉
1975년, KBS무대, 신년 특집극.

〈안녕〉
1975년, MBC, 일일 연속극.
가정과 부부 윤리의 변화를 그림.

〈신부일기〉
1975~1976년, MBC, 일일 연속극.
시골서 갓 시집온 영리하고 해맑은 새 며느리 중심의 부드럽고 화목한
가정 개혁.

〈아버지〉
1975년, TBC, 토요무대(단막극).

〈탄생〉
1976년, MBC, 신년 특집극.

〈여고 동창생〉
1976~1977년, MBC, 일일 연속극.
여고 시절 단짝이었던 다섯 명의 동창생들이 사회와 부딪치며 살아가는
이야기.

〈말희〉
1977년, KBS무대, 작가 스스로가 드라마 선집에 추천한 대표 단막극.

〈보통 여자〉
1977년, TBC, 단막극.

〈당신〉

1977~1978년, MBC, 일일 연속극.

새 며느리가 겪는 주변의 질투와 멸시 등의 어려움을 극복하고 부부애를
되찾는 홈드라마.

〈후회합니다〉

1977~1978년, MBC, 주말 연속극.

가족의 오해와 갈등 속에 인생을 살아가는 중년 여인 이야기.

〈청춘의 덫〉

1978년, MBC, 주말 연속극.

배신한 남자를 응징하는 애정 복수극. 1999년 SBS에서 리메이크되어
"당신 부숴버릴 거야"라는 유행어를 낳았다.

〈불행한 여자의 행복〉

1978년, TBC, 단막극.

〈행복을 팝니다〉

1978~1979년, MBC, 일일 연속극.

한 집안에 모여 사는 일곱 세대의 애환.

〈엄마, 아빠 좋아〉

1979년, MBC, 주말 드라마.

〈고독한 관계〉

1980년, TBC, 주말 드라마.

〈입춘대길〉

1980년, KBS, 신년 특집극.

〈잃어버린 겨울〉
1980년, TBC, 주말 드라마.

〈아롱이다롱이〉
1980년, TBC, 주간 드라마.

〈옛날 나 어릴 적에〉
1981년, KBS, 신년 특집극.
1993년 KBS 설날 특집극으로 리메이크.

〈첫 손님〉
1981년, MBC, 신춘 특집극.

〈안녕하세요〉
1981년, MBC, 주말 드라마.

〈사랑의 굴레〉
1981년, MBC, 〈사랑의 계절〉 100회 특집극.

〈불타는 다리〉
1981년, MBC, 육이오 특집극.

〈사랑합시다〉
1981~1982년, MBC, 일일 연속극.

〈야상곡〉
1981~1982년, MBC, 주말 드라마.
비교적 진한 애정극.

〈아버지〉
1982년, MBC, 신년 특집극.
중년 가장의 남자 이야기.

〈어제 그리고 내일〉
1982~1983년, MBC, 일일 연속극.

〈다녀왔습니다〉
1983년, MBC, 일일 연속극.
밝고 경쾌한 홈드라마.

〈딸의 미소〉
1984년, KBS, 신춘 특집극.

〈사랑과 진실〉
1984년, MBC, 주말 드라마.
대조적 성격과 엇갈린 운명의 자매 이야기.

〈사랑과 진실〉 2부
1985년, MBC, 주말 드라마.
인기가 높아 속편, 즉 시즌 2가 나온 셈이다.

〈사랑과 야망〉
1987년, MBC, 주말 드라마.
2006년 SBS 주말 드라마로 리메이크. 시대적 배경과 함께 서로 다른 두 형제가 살아가는 이야기.

〈모래성〉
1988년, MBC, 미니시리즈.
자신의 원작 소설을 극화한 멜로드라마.

〈배반의 장미〉
1990년, MBC, 주말 드라마.
식물인간에서 깨어나는 남편과 아내 이야기.

〈사랑이 뭐길래〉
1991~1992년, MBC, 주말 연속극.
전통적인 가정과 비교적 개방적인 두 가정 사이의 문화적 갈등과 충돌
이야기로, 주인공 아들 '대발이 아버지'로도 유명.

〈두 여자〉
1992년, MBC, 미니시리즈.

〈어디로 가나〉
1992년, SBS, 창사 특집극.
병든 아버지와 자녀들 간의 갈등과 삶과 죽음 이야기.

〈산다는 것은〉
1993년, SBS, 주말 드라마.
미혼 여성이 가정을 책임지는 생활 전선 이야기.

〈작별〉
1994년, SBS, 주간 드라마.
시한부 인생의 의사와 그 가족의 슬픔.

〈인생〉
1995년, SBS, 창사 특집극.

〈목욕탕집 남자들〉
1995~1996년, KBS, 주말 연속극.
목욕탕을 하며 삼대가 함께 사는 서울 변두리 집안의 전통과 현대가 섞

인 이야기.

〈사랑하니까〉
1997~1998년, SBS와 HBS(케이블 현대방송) 동시 방송.
김수현 드라마 가운데 유일하게 우리 곁을 떠난 죽은 영혼이 드라마 속에 등장.

〈아들아 너는 아느냐〉
1999년, SBS, 창사 특집극.
주로 남자(아버지) 중심의 이야기.

〈불꽃〉
2000년, SBS, 주간 드라마.
프리랜서 커리어우먼의 생활과 애정 편력 드라마.

〈은사시나무〉
2000년, SBS, 창사 특집극.
현실 속의 부모 자식 간의 관계 다시 생각하기.

〈내 사랑 누굴까〉
2002년, KBS, 주말 연속극.
자녀들의 짝 찾기를 중심으로 펼치는 홈드라마.

〈완전한 사랑〉
2003년, SBS, 주말 드라마.
희귀병에 걸린 연상의 아내와의 애틋한 사랑.

〈혼수婚需〉
2003년, KBS-2TV, 추석 특집극.
결혼의 현실과 이상에 대하여.

486

〈부모님 전상서〉

2004~2005년, KBS, 주말 연속극.

경기도 여주를 배경으로 매일매일 살아가는 이야기를 돌아가신 부모님
께 그날그날 보고하는 형식의 드라마.

〈홍소장의 가을〉

2004년, SBS, 창사 특집극.

경제 위기로 퇴직에 내몰린 중년 남자가 끝내 극단적 선택을 하는 비극
으로 '홍소장'은 그의 형이다.

〈내 남자의 여자〉

2007년, SBS, 미니시리즈.

가까운 친구가 남편과 불륜에 빠진 이야기.

〈엄마가 뿔났다〉

2008년, KBS, 주말 연속극.

살림에 지친 주부가 휴가를 선언하는 홈드라마.

〈인생은 아름다워〉

2010년, SBS, 주말 드라마.

제주도 배경의 성소수자를 포함한 가족 이야기.

〈천일의 약속〉

2011년, SBS, 미니시리즈.

알츠하이머에 걸린 아내를 보살피는 순정극.

〈아버지가 미안하다〉

2012년, TV조선, 개국 특집극.

환경미화원 가장이 겪는 애환.

〈무자식 상팔자〉
2012~2013년, JTBC, 주말 연속극.
한 집안 삼대의 세대별 우여곡절.

〈세 번 결혼하는 여자〉
2013~2014년, SBS, 주말 연속극.
결혼의 의미를 되새겨 보는 젊은 층의 풍속도.

〈그래, 그런 거야〉
2016년, SBS, 주말 연속극.
아버지와 아들 세 형제가 살아가는 이야기.

라디오 드라마

〈저 눈밭에 사슴이〉
1968, MBC라디오 공모 당선 연속극.

〈약속은 없었지만〉
1968, MBC라디오 연속극.

〈지금은 어디서〉
1968, MBC라디오 연속극.

영화 시나리오

〈잊혀진 여인〉(1969), 〈아빠와 함께 춤을〉(1970), 〈필녀〉(1970), 〈미워도 다시 한번〉 3편(1970), 〈미워도 다시 한번〉 4편(1971), 〈보통 여자〉(1976), 〈불행한 여자의 행복〉(1979), 〈어미〉(1985)

소설

『상처』,『겨울로 가는 마차』,『안개의 성』,『포옹』,『유혹』,『청춘의 덫』,『여자 마흔 다섯』,『겨울새』,『결혼』,『모래성』,『그늘과 장미』,『망각의 강』,『눈꽃』(이 가운데 일부는 다른 작가의 각색으로 TV 드라마로 방송됨)

산문집

『미안해, 미안해』(1979),『生의 한 가운데』(1979)

영화화 된 원작들

『눈꽃』,『유혹』,『겨울로 가는 마차』,『마지막 밀회』,『내가 버린 남자』,『청춘의 덫』,『상처』,『약속은 없었지만』,『죄 많은 여인』,『욕망의 늪』,『버려진 청춘』,『너는 내 운명』,『나는 고백한다』,『이 밤이여 영원히』

1943   3월 충북 청주에서 출생.

청주여자고등학교, 고려대학교 국문학과 졸업.

잡지사 기자로 잠시 활동.

1968   MBC 문화방송 개국 기념 라디오 연속극 공모에 「그해 겨울
의 우화」(〈저 눈밭에 사슴이〉)가 당선. 방송 드라마 작가로 공식
등단 이후 두어 편의 라디오드라마를 더 집필.

1969   〈잊혀진 여인〉 1970년 〈미워도 다시 한번〉(3, 4편) 등 10편
안팎의 영화 시나리오를 직접 썼고, 이 가운데 '필녀'는 1971년
제8회 청룡영화상 시나리오 각본상을 받았다. 이밖에 〈눈꽃〉 등
원작만을 가져가 영화화한 작품도 10여 편 더 있다.

1972   MBC-TV 주간극 〈무지개〉 집필 도중 일일 연속극 작가로 전
격 발탁. 그 해 8월 말에 시작한 일일극 〈새엄마〉가 폭발적인 인기
로 무려 411회나 방송되어 당시로서는 최장수 드라마의 기록을
남겼다. 이는 곧 현실적 일상생활을 바탕으로 하는 일일극 패턴의
시작을 알림과 동시에 일일극 중흥을 예고하는 '김수현 드라마'
의 화려한 등장이었다. 〈새엄마〉는 1973년 한국 방송 사상 최초로
제1회 한국방송대상 극본상 수상. 1974년 〈강남가족〉, 〈수선화〉
등 쓰는 연속극마다 시청률 1위는 계속되었고, 앞서 〈새엄마〉 때
부터 1980년대 초까지 약 10년 동안 거의 하루도 쉬지 않고 쓰는
실로 초능력의 작가가 되었다. 매일 또는 주간 연속극이라는 특징
도 있지만 단순히 집필량으로만 치자면 아마도 이 지구상에서 가
장 많은 원고를 쓴 작가로 기록될 것이다.

1975   〈신부일기〉 때부터는 '시청률 제조기'라는 별명과 함께 명실

공히 TV 드라마 일인자 자리를 굳혔다. 덕분에 MBC는 그때부터 한동안 '드라마 왕국'이라는 소리를 듣기도 했다. "김수현 드라마라면 죽은 시체도 벌떡 일어난다"는 말도 이때 나왔다. 실제로 김수현 드라마가 방송되는 저녁 시간에는 거리가 한산했고, 그 시각 설거지를 미루고 TV 앞에 앉는 주부들 때문에 전국의 수돗물 사용량이 줄어든다는 말까지 나왔다. 〈신부일기〉는 제3회 한국방송대상 최우수 작품상을 받았고, 1980년 TBC-TV를 통해 방송한 주말극 〈고독한 관계〉는 제16회 백상예술대상 극본상을 받았다.

1977 월간 여성 잡지 연재소설 「상처」를 시작으로 1990년까지 드라마와 별개로 무려 13편 이상의 소설을 발표. 단행본으로 출간된 이들 소설들은 단번에 베스트셀러 반열에 올랐다. 소설 『겨울로 가는 마차』, 『여자 마흔 다섯』 등이 모두 이 시기에 나왔다.

1980 컬러 TV 방송 시대가 열린 후 2000년대까지, 긴 연속극에 비해 상대적으로 작품성이 뛰어난 각 방송사의 명품 단막극 또는 순도 높은 2, 3부작의 특집극을 사실상 도맡아 집필하며 TV 드라마의 또 다른 진수를 보여주었다. 모두가 인간의 본질을 끊임없이 추구하는 내용들로, 3부작을 하룻밤에 연속 방송하는 집중 편성을 통해 더 많은 시청자들에게 전율에 가까운 충격과 감동을 안겨주었다. 이들 특집극 가운데 〈옛날 나 어릴 적에〉는 1981년 또다시 제17회 백상예술대상 극본상을, 〈어디로 가나〉는 제20회 한국방송대상 TV 드라마 부문 작품상과 그해 한국방송작가상을 받았고, 〈은사시나무〉는 다시 한번 제37회 백상예술대상 TV 부문 극본상을 수상했다.

1984 5월부터 11월까지 방송된 〈사랑과 진실〉은 최고 시청률을 76%까지 끌어 올리며 김수현 드라마 '사랑 시리즈'의 신호탄이 되기도 했다. 이 무렵부터 일일극에서 빠져나와 TV 드라마의 흐름을 주간 연속극 위주로 바꿔놓았고, 1987년에는 '사랑 시리즈' 제2탄이라 할 수 있는 〈사랑과 야망〉을 써서 또 한 번 최고 시청률 70% 이상이라는 선풍적인 인기를 안방에 몰고 왔다. 1988년

제24회 백상예술대상에선 TV 부문 대상을 차지했고, 2006년 SBS
에서 리메이크되어 또다시 폭발적인 인기를 얻었다.

1988　사단법인 한국방송작가협회의 이사장직을 맡아 이후 8년여
동안 방송 작가들의 권리 찾기에 앞장서 투쟁과 헌신으로 저작권
확보를 완성했다. 후진 양성을 위한 '방송작가 교육원'도 개설해
향후 이곳 출신 작가들 대다수가 방송 프로그램을 거의 장악해 방
송 콘텐츠 향상을 주도함으로써 드라마를 비롯한 방송 발전에 크
게 공헌하였다.

1990　11월부터 1992년 5월까지 방송된 주말극 〈사랑이 뭐길래〉는
코믹 홈드라마라는 새로운 장르를 개척함과 동시에 TV 드라마의
수준과 흥미를 한 단계 높였다는 평가를 받았다. 기왕의 수식어인
'언어의 연금술사'에 이어 TV 드라마에 관해 드디어 '신神의 경
지'에 이르렀다는 극찬을 세상 사람들과 언론으로부터 들었다.

1992　〈사랑이 뭐길래〉는 한국 방송 사상 처음으로 중국에 진출, 한
류의 원조 또는 효시로 최초의 수출 드라마가 되었다. 당시 〈사랑
이 뭐길래〉가 방송되는 주말 저녁 8시 시간대에 남의 집에 전화하
는 일은 크게 실례라고 할 정도로 온 국민이 이 드라마에 빠져드
는 일종의 '김수현 신드롬'을 낳았다. 중국 역시 그 반응이 엄청나
당시 10억이 넘는 인구의 온 대륙이 들썩였다는 중국 CCTV 관계
자의 증언이 있었다. 국내 최고 시청률 64.9% 또한 결코 그저 그
냥 넘길 만한 수치가 아니었다.

1993　〈산다는 것은〉과 〈작별〉과 같은, 주로 삶과 죽음에 대해 진지
하게 접근하는 작품들을 SBS 주간 드라마를 통해 선보였다. 번뜩
이는 재치와 시청자의 말문을 트이게 하는 생생하고 맛깔스런 대
사, 언어 문학의 상승 효과, 빠른 전개와 충만한 리얼리티, 인물들
의 다양한 캐릭터와 상황 반전에 지치지 않는 서사 구조를 거침없
이 쏟아냈다.

1995　KBS 주말 연속극 〈목욕탕집 남자들〉은 수많은 '김수현표 가
족 드라마' 가운데 또 하나의 전범을 보여준 경우다. 이 드라마 한

편으로 그때까지 상대적으로 다소 열세에 있던 KBS 드라마들을 단 한 방에 강세로 돌려놓는 마법을 보여주었다. 1995년 당시 한 유력 월간지가 해방 후 '한국을 바꾼 100인' 가운데 방송계에서는 유일하게 드라마 작가 김수현을 선정 발표했다. 가령 시청률 30% 면 대략 1천만 명, 70% 안팎이면 아무리 깎아도 2천만 명 이상이 한꺼번에 동시 시청한다는 계산이다. 게다가 이와 같은 특정 작가 드라마에 대한 꾸준하고 열광적인 시청 행태는 1970년대 초 김수현의 드라마가 처음 등장한 때부터 2010년대 초까지 약 40여 년 간 견고하게 유지됐다. 그간의 '김수현 드라마'가 한국인의 생활 양식이나 의식과 문화, 대중적 가치와 정서에 미친 긍정적인 영향을 올바르게 평가한 결론으로 볼 수 있는 일이었다.

2000   SBS 주간 드라마 〈불꽃〉을 시작으로 〈완전한 사랑〉(2003), 〈내 남자의 여자〉(2007)까지 시대의 변화와 함께하는 〈청춘의 덫〉 리메이크를 비롯해 새로운 감각의 멜로드라마를 모색해 동시대의 사회 윤리적 문제와 정서적 도덕 방향을 정리해보기도 했다. 2004년 KBS 주말 연속극 〈부모님 전상서〉는 두 번째로 한국 방송작가상을 받았고, 〈엄마가 뿔났다〉(2008), 제주도를 무대로 한 〈인생은 아름다워〉(2010)와 JTBC의 주말 연속극 〈무자식 상팔자〉(2012)까지 2000년대에 들어 괄목할 만한 '가족 드라마 4종 세트'를 내놓으며 역시 김수현 드라마의 기본 단위는 '가족'이라는 점을 상기시켰다. 계속된 여러 편의 '국민 드라마'로 여전히 많은 시청자의 공감을 이끌어내는 데 성공했다.

2008   한국방송협회 주관 '서울 드라마 어워드'에서 '올해의 대한민국 대표 작가'로 선정됐다.

2012   대한민국 대중문화예술상 은관문화훈장을 수여받았다.

김수현 드라마 전집 4
청춘의 덫 2

1판 1쇄 인쇄	2020년 10월 26일
1판 1쇄 발행	2020년 11월 5일

지은이	김수현
펴낸이	임양묵
펴낸곳	솔출판사

책임편집	임우기
편집장	윤진희
편집	최찬미, 윤정빈
디자인	오주희
마케팅	이원지
제작관리	박정윤

주소	서울시 마포구 와우산로29가길 80(서교동)
전화	02-332-1526
팩시밀리	02-332-1529
홈페이지	www.solbook.co.kr
이메일	solbook@solbook.co.kr
출판등록	1990년 9월 15일 제10-420호

ISBN	979-11-6020-124-6	04680
	979-11-6020-120-8	세트

· 이 도서의 국립중앙도서관 출판예정도서목록(CIP)은 서지정보유통지원시스템
  홈페이지(http://seoji.nl.go.kr)와 국가자료종합목록 구축시스템(http://kolis-net.nl.go.kr)에서
  이용하실 수 있습니다. (CIP제어번호:CIP2020005397)
· 잘못된 책은 구입한 곳에서 바꿔드립니다.
· 책값은 뒤표지에 표시되어 있습니다.